Zukunftschancen

Jürgen van Capelle (Hrsg.)

Zukunftschancen

Ausbildungsbeteiligung
und -förderung von Jugendlichen
mit Migrationshintergrund

 Springer VS

Herausgeber
Jürgen van Capelle
ESTA-Bildungswerk gGmbH
Bad Oeynhausen, Deutschland

Mit finanzieller Unterstützung des Landes Nordrhein-Westfalen und des Europäischen Sozialfonds

 EUROPÄISCHE UNION

Europäischer Sozialfonds

**Ministerium für Arbeit,
Integration und Soziales
des Landes Nordrhein-Westfalen**

ISBN 978-3-658-03174-9   ISBN 978-3-658-03175-6 (eBook)
DOI 10.1007/978-3-658-03175-6

Die Deutsche Nationalbibliothek verzeichnet diese Publikation in der Deutschen Nationalbibliografie; detaillierte bibliografische Daten sind im Internet über http://dnb.d-nb.de abrufbar.

Springer VS
© Springer Fachmedien Wiesbaden 2014

Lektorat: Stefanie Laux, Vivien Bender

Gedruckt auf säurefreiem und chlorfrei gebleichtem Papier

Springer VS ist eine Marke von Springer DE. Springer DE ist Teil der Fachverlagsgruppe Springer Science+Business Media.
www.springer-vs.de

Vorwort

Bildungs- und damit Zukunftschancen sind in der Bundesrepublik Deutschland ungleich verteilt. Dies gilt auch und vor allem für den Übergang von der Schule in die Ausbildung. Versteht man diese Transitpassage als ein prägendes Element für den Aufbau einer individuellen Berufs- und Lebensgestaltung, so ist dieser Übergang für junge Menschen mit Migrationsgeschichte mit besonderen Hindernissen gepflastert.

Nicht nur in dem bevölkerungsreichsten Land Nordrhein-Westfalen, sondern in Deutschland insgesamt bilden Personen mit einer türkischen Familiengeschichte die mit Abstand größte Gruppe der Menschen mit Migrationshintergrund. Um den Eintritt in eine berufliche Ausbildung für Jugendliche und junge Erwachsene mit einem diesbezüglichen Familienhintergrund zu unterstützen, führt das ESTA-Bildungswerk zwischen 2010 und 2013 das Projekt FIBA (Förderung in Berufswahl und Ausbildung) durch. In den Städten Bielefeld, Bochum, Dortmund, Duisburg und Oberhausen werden mit finanzieller Unterstützung des Ministeriums für Arbeit, Integration und Soziales des Landes Nordrhein-Westfalen und des Europäischen Sozialfonds für jeweils zwei Jahre Beratungsbüros eingerichtet, in denen türkeistämmige junge Männer und Frauen auf ihrem Weg in eine berufliche Ausbildung begleitet werden.

Ende 2012 führte das ESTA-Bildungswerk im Rahmen dieses Projekts eine Fach- und Transferveranstaltung zum Thema „Bildungs- und Arbeitsmarkt für Menschen mit Migrationsgeschichte" in Dortmund durch. Aufgrund des großen Interesses an dieser Veranstaltung erklärten sich die Referentinnen und Referenten bereit, ihre Redebeiträge zu modifizieren und als Fachartikel für diesen Band zur Verfügung zu stellen. Darüber hinaus erklärten sich Inken Sürig, Maren Wilmes, Monika Stürzer und Mona Granato dazu bereit, mit weiteren Beiträgen das thematische Panorama wissenschaftlich abzurunden und damit den Bereich „Migration - Schule - Beruf" zu komplettieren. Der Band teilt sich in theoretische und empirische Erkenntnisse zur Bildungs- und Ausbildungsbeteiligung von Jugendlichen mit Migrationshintergrund und in Erfahrungen und Erkenntnisse aus der Praxis der Ausbildungsförderung.

Im Selbstverständnis der Akteure des NRW-Modellprojekts FIBA (Förderung in Berufswahl und Ausbildung) ist der Migrationshintergrund lediglich *ein* Beobachtungsmodus neben anderen, der ungleiche Verteilungsstrukturen im Bildungs- und Ausbildungssystem sichtbar werden lässt. In der Praxis des Projekts wird die programmatisch geforderte ethnische Kategorisierung lediglich in der Zielgruppenauswahl und -ansprache berücksichtigt. Auch wenn diese Perspektive der unzulässigen Homogenisierung unterschiedlicher Bevölkerungsgruppen Vorschub leistet, so sind die Aktivitäten insgesamt doch in den Kontext einer migrationssensiblen Ausgestaltung der Unterstützung eingebettet. Die jungen Menschen selbst verstehen sich in der Regel sowieso eher als Bewohnerin oder Bewohner von Bielefeld, Duisburg oder Bochum und weniger als Mensch mit türkischer Migrationsgeschichte.

Inken Sürig und Maren Wilmes beschreiben in ihrem Beitrag genau diese unterschiedlichen Perspektiven einer ethnischen Kategorisierung. Gerade in der Erforschung von Bildungs- und Ausbildungsprozessen werden „ethnische" Differenzierungslinien, die vor allem anhand der nationalstaatlichen Herkunft zugeschrieben werden, als Erklärungsmerkmal für Erfolg und Misserfolg herangezogen. Doch sind diese ethnischen Unterscheidungen nicht ein künstlich gesetztes Kriterium der Migrationsforschung, um aus der sprachlichen, methodischen und theoretischen Hilflosigkeit bei der Grenzziehung von Gruppen einen Ausweg zu finden? Die Autorinnen gehen der Frage nach, wann und wo ethnische Unterscheidungen eigentlich einen Unterschied machen und verweisen darauf, dass die Fokussierung auf Jugendliche mit türkischem Migrationshintergrund auch „unser eigenes Verständnis von bedeutsamen Unterscheidungen reflektiert". Ihre Analysen zur Bedeutung der ethnischen Herkunft für die Bildungsarbeit bilden gewissermaßen auch das Selbstverständnis der Projektbeteiligten ab, wenn sie schreiben, dass der Migrationshintergrund „in der funktional differenzierten Gesellschaft nur unter ganz bestimmten aufenthaltsrechtlichen Bedingungen ein Exklusionskriterium [ist], nicht aber an sich schon ein Merkmal, das funktional über Teilnahme und Teilnahmeerfolge entscheidet."

Monika Stürzer fasst in ihrem Beitrag den aktuellen Stand in der Bildungsforschung zusammen und beschreibt die wesentlichen statistischen Benachteiligungsformen im deutschen Bildungssystem. Sie zeigt, dass Jugendliche mit Migrationshintergrund sowie ausländische Jugendliche im bundesdeutschen Bildungs- und Ausbildungssystem trotz einer Annäherung in den letzten beiden Jahrzehnten auch heute noch durchschnittlich weniger erfolgreich sind als Jugendliche ohne Migrationshintergrund bzw. mit deutscher Staatsangehörigkeit. Jugendliche mit Migrationshintergrund sind an Haupt- und Förderschulen überrepräsentiert und ihre Chancen auf einen höherwertigen Schulabschluss sind geringer als bei anderen Gruppen; sie sind im Übergangsbereich Schule-Beruf überrepräsentiert und ein Direkteinstieg in eine Berufsausbildung gelingt dieser Gruppe seltener als anderen. Stürzers Fazit, dass Jugendliche mit Migrationshintergrund im bundesdeutschen Bildungs- und Ausbildungssystem „durchschnittlich weniger erfolgreich als Jugendliche ohne Migrationshintergrund sind, weil sie bestimmte formale Voraussetzungen seltener und in geringerem Umfang erfüllen", bildet gewissermaßen den Hintergrund des Projekts FIBA. Durch die Projekterfahrungen wird zwar nur punktuell, aber sehr deutlich die wissenschaftliche Erkenntnis bestätigt, dass es den Jugendlichen mit Migrationshintergrund keineswegs an Bildungsaspirationen mangelt und insofern unzureichende Bildungspläne keine Erklärung für geringere Bildungserfolge bieten.

Genau dies ist die Ausgangslage des ersten Beitrags von Mona Granato. Sie untersucht im Detail die Bildungsorientierung und die Berufsfindungsprozesse junger Frauen und Männer mit und ohne Migrationshintergrund und setzt sich dabei mit der Bildungsmotivation in den Familien sowie mit der Bedeutung der sozialen Herkunft für Bildungsentscheidungen auseinander. Granato entschlüsselt die angeblich mangelnde Bildungsmotivation als Fehleinschätzung, wenn sie zeigt, dass die jungen Erwachsenen in hohem Maße verschiedene Such- und Bewerbungsstrategien nutzen und dabei eine „ausgeprägte Mobilitätsbereitschaft und eine beachtliche Flexibilität" an den Tag legen. Diese Einschätzung wird durch die Erfahrungen im Projekt FIBA in hohem Maße gestützt. Die Projektleistungen sind daran ausgerichtet, Orientierungs- und Entscheidungsprozesse der Jugendlichen und deren Eltern zu begleiten und bei allen Beteiligten Laufbahnkompetenzen zu stimulieren. Eine weitere Position Granatos wird durch die mehrjährigen Erfahrungen des nordrhein-westfälischen Modellprojekts in die Praxis umgesetzt und ist eines der Erfolgskriterien des Projekts: „In der Phase der Berufsfindung geht es nicht nur darum, den eigenen Weg in Ausbildung und Beruf zu finden, sondern um ein Gesamtkonzept für den eigenen Lebensentwurf, der auch die anderen Lebensbereiche der privaten Lebensführung umfasst."

In ihrem zweiten Artikel untersucht Granato die Bildungsübergänge und Bildungserfolge von jungen Frauen mit Migrationshintergrund und kommt zu dem Ergebnis, dass genau diese Zielgruppe die geringsten Zugangschancen in eine betriebliche bzw. vollqualifizierende Ausbildung besitzt. „Selbst bei vergleichbaren Schulabschlüssen gelingt es ihnen seltener in eine nichtakademische Ausbildung einzumünden als jungen Männern mit Migrationshintergrund, aber auch seltener als jungen Frauen ohne Migrationshintergrund". Granato zeigt, dass die Bildungsetappe der beruflichen Ausbildung soziale Verwerfungen entlang der Ungleichheitsachse „ethnische Herkunft" insbesondere beim Zugang in berufliche Ausbildung (re)produziert. Die Autorin führt betriebliche Selektions- und

Rekrutierungsstrategien als Gründe für diesen Sachverhalt an und plädiert dafür, gerade die Qualifikationspotenziale junger Frauen mit Migrationshintergrund erheblich besser als bisher zu nutzen.

Anne-Kathrin Will wählt in ihrem Beitrag einen neuen Ansatz zur Analyse der Integrationsgesellschaft und Integrationspraxis. Den Strukturdaten von Bildung und Beschäftigung stellt sie die „gefühlte Integration" zur Seite bzw. die gesellschaftliche Stimmung, in der Integration stattfindet. Das „Integrationsbarometer" des Sachverständigenrats deutscher Stiftungen für Integration und Migration erhebt die Meinung über Integration in unterschiedlichen Bevölkerungsgruppen. Will kommt zu dem Ergebnis, dass das Integrationsklima in der Einwanderungsgesellschaft derzeit verhalten positiv ist. Zuwanderer- und Mehrheitsbevölkerung teilen gleiche Wertvorstellungen und Erwartungen aneinander und an die Politik. Allerdings berichtet das Barometer auch über Benachteiligungen, denen Personen mit Zuwanderungsgeschichte häufiger ausgesetzt sind als Personen ohne Migrationshintergrund und unter jenen mit Migrationshintergrund vor allem Personen mit Wurzeln in der Türkei.

Gerburg Benneker greift in ihrem Beitrag einige der zentralen Forschungsergebnisse auf und verdeutlicht, dass u. a. die Herkunftsgruppe der Jugendlichen und die Einstellung von Unternehmerinnen und Unternehmern einen gleichberechtigten Zugang verhindern. Demgegenüber steht die Notwendigkeit, aufgrund der demografischen Entwicklung alle Potenziale der Jugendlichen für die Fachkräftesicherung zu nutzen. Als möglicher Ansatz zur Förderung der Ausbildungsbeteiligung jugendlicher Zuwanderer wird das KAUSA Jugendforum vorgestellt, das die Kompetenzen der Jugendlichen mit Migrationshintergrund in den Vordergrund stellt, damit sowohl die Jugendlichen selbst als auch die Verantwortlichen in den Betrieben diese bewusst wahrnehmen.

Yunus Ulusoy fragt in seinem Beitrag nach einer „ethnischen Zielgruppenansprache wider Willen?". Er kennzeichnet die Regelangebote der bildungs- und ausbildungsrelevanten Förderlandschaft als nicht hinreichend, um Chancengerechtigkeit für junge Migrantinnen und Migranten zu gewährleisten und plädiert deshalb für spezifische ethnische bzw. herkunftsspezifische Projektangebote und Engagementformen. Ulusoy betont, die Durchführung dieser Projektangebote sowohl in die Hände von mehrheitsgesellschaftlichen Organisationen als auch von Migrantenorganisationen zu legen. Unter dieser Perspektive ist die Förderung der Zukunftschancen von Jugendlichen mit Migrationshintergrund durch zielgruppenspezifische Projektangebote die Realisierung einer praktischen Integrationspolitik – mit einem unmittelbaren Nutzen für die betroffenen jungen Migrantinnen und Migranten und mit einem mittelbaren Nutzen für die Gesellschaft.

Diese perspektivische Teilung nehmen Jürgen van Capelle, Cengiz Yildirim und Nevzat Izci in ihrem Beitrag auf und definieren sechs Erfolgsfaktoren des Projekts FIBA. Der direkte Kontakt zu Ausbildungsbetrieben und die systematische Einbindung der Eltern sind dabei die primären und belastbaren Erfolgsfaktoren des Vorhabens, doch die Autoren plädieren auch dafür, die Kompetenzentwicklung der Jugendlichen in einem breiten, angemessenen und thematisch offenen Themenangebot zu formulieren, um kurzfristig Akzeptanz zu finden und langfristig Wirkung zu entfalten.

Wolfgang Sieber fasst in seinem Beitrag langjährige Erfahrungen mit arbeitsmarktpolitischen Integrationsprojekten zusammen und beschreibt drei Erfolgsfaktoren dieser Vorhaben, die sich auch im FIBA-Projekt finden. Zum einen plädiert Sieber für einen ressourcenorientierten (statt defizitorientierten) Ansatz, der die vorhandenen Kompetenzen von Migrantinnen und Migranten berücksichtigt. Zum zweiten beschreibt Sieber die Notwendigkeit, stärker als bisher das soziale Umfeld von Migrantinnen und Migranten in den Blick zu nehmen und den Aufbau und die Pflege von direkten persönlichen Kontakten als grundlegende Aufgabe in der Berufswahl- und Arbeitsmarktorientierung zu begreifen. Zum dritten reflektiert der Autor die Ansprache-Konzepte zur Einbeziehung von Unternehmen und beschreibt praktikable Auswege aus dem Dilemma der oft abstrakt formulierten Angebote von „Diversity Management" und „Kultursensibilität".

Monika Pramreiter beleuchtet Angebote einer bedarfsgerechten Gestaltung beruflicher Bildungsangebote für Migrantinnen und Migranten im Nachbarland Österreich. In ihrem Beitrag beschreibt sie zunächst die Zuwanderungsgeschichte, die derzeitige Gesellschaftsstruktur und die Zuwanderungspolitik in Österreich. Anschließend werden die zentralen Probleme und Handlungsfelder der Integrationspolitik in den Bereich Bildung und Arbeitsmarkt vorgestellt. Neben einer Darstellung verschiedener in Österreich praktizierter Lösungsansätze zur Verringerung der Jugendarbeitslosigkeit betrachtet Pramreiter insbesondere die Initiative zur Erwachsenenbildung, die die Versäumnisse der Erstausbildung in den Segmenten Grundbildung und Pflichtschulabschluss korrigieren soll. Die Autorin kommt zu dem Schluss, dass der Ansatz viele positive Elemente beinhaltet, die Umsetzung aber zahlreiche Mängel aufweist.

Jürgen van Capelle

Inhaltsverzeichnis

Teil II:
Praktische Erfahrungen der Ausbildungsförderung von Jugendlichen mit Migrationshintergrund

Teil I:

Ausbildungsbeteiligung von Jugendlichen mit Migrationshintergrund – theoretische Überlegungen und empirische Erkenntnisse

Bildung, Ausbildung und „ethnische Herkunft": Machen Unterscheidungen einen Unterschied?

Inken Sürig & Maren Wilmes

1 Einleitung

In der internationalen Studie „The Integration of the European Second Generation" (TIES)[1] zur Integration der zweiten Generation von Zuwanderern in Europa wurden in Deutschland 1.407 Personen befragt, die zwischen 1972 und 1990 geboren wurden – 503 davon mit aus der Türkei eingewanderten Eltern, 403 mit aus dem ehemaligen Jugoslawien eingewanderten Eltern[2] und 501 Personen ohne Zuwanderungsgeschichte. Die überwiegende Mehrheit der Elterngeneration kam im Rahmen der „Gastarbeiter"-Anwerbungen und anschließender Familiennachzüge in die Bundesrepublik, und in den meisten untersuchten Fällen stammen beide Elternteile aus dem Herkunftsland. Die Befragten selbst kamen ausnahmslos in Deutschland zur Welt und absolvierten dementsprechend ihre gesamte Schullaufbahn in der Bundesrepublik, was für die Studie ein wichtiges Auswahlkriterium war. Nur 16,2% der Interviewten mit aus der Türkei und 10,9% jener mit aus dem ehemaligen Jugoslawien stammenden Eltern besaßen zum Zeitpunkt der Erhebung nicht die deutsche Staatsangehörigkeit.[3]

---

1   „The Integration of the European Second Generation". Ein Überblick über die TIES-Ergebnisse aus Deutschland findet sich in Sürig und Wilmes 2011. Weitere Publikationen und Ergebnisse: http://www.tiesproject.eu/.

2   Ein „jugoslawischer" Migrationshintergrund bezieht sich auf die Kinder der Gastarbeiter/innen aus dem ehemaligen Jugoslawien, die nicht als Bürgerkriegsflüchtlinge oder bereits aus den Nachfolgestaaten in die Bundesrepublik kamen.

3   Dabei ist zu beachten, dass bis zur Änderung des Staatsangehörigkeitsrechts zum 1. Januar 2000 die deutsche Staatsbürgerschaft nicht automatisch qua Geburt im Gebiet der Bundesrepublik vergeben wurde, sondern sich an der Staatsangehörigkeit der Eltern orientierte.

So lassen sich bereits anhand weniger Indikatoren Unterscheidungen zwischen den Gruppen und innerhalb der unterschiedenen Gruppen selbst treffen, während jedoch die zur Verfügung stehenden begrifflichen Differenzierungen wie „Zuwanderer der zweiten Generation" verallgemeinernd und ungenau bleiben und, wollte man stets präzise sein, komplizierte ergänzende Beschreibungen erfordern. Das heißt, wir haben es zunächst einmal mit einem nicht zu unterschätzenden sprachpraktischen Problem zu tun – wie viel Differenzierung müssen wir im mündlichen wie schriftlichen Sprachgebrauch vornehmen, um „korrekt" zu bleiben, ohne umständlich oder gar unverständlich zu werden? Ein „Migrant der zweiten Generation" ist ja – das soll der Zusatz „zweite Generation" ausdrücken – eben gerade kein Migrant und eine „Türkin der zweiten Generation" aller Wahrscheinlichkeit nach staatsangehörigkeitsrechtlich keine Türkin. Auf der sprachlichen Ebene lässt sich dieses Problem mit Erläuterungen, Definitionen und Eingrenzungen lösen; kaum eine Publikation aus der Migrationsforschung kommt umhin zu erklären, wer mit welchem auch immer gewählten Ausdruck gemeint ist und welche Beobachtungskriterien die jeweilige Bezeichnung ein-, aber auch ausschließt.

So sagt die Bezeichnung „Ausländer" de jure ausschließlich etwas über die Staatsangehörigkeit aus, diese aber nichts über Geburtsland und Aufenthaltsdauer, derweil die nicht-deutsche Staatsbürgerschaft eine Reihe rechtlicher Einschränkungen (Wahlrecht, Zugang zu Sozialleistungen, ggf. Wohnortwahl u.a.) impliziert, die wiederum mit dem Aufenthaltstatus zusammenhängen. Kaum noch eine zeitgenössische Studie befasst sich mit der Gruppe der Ausländer/innen im Allgemeinen – sie wird beispielsweise nach aufenthalts- und arbeitsrechtlichen Kriterien weiter unterteilt in Saisonarbeiter, Touristen, hochqualifizierte Arbeitsmigranten, Asylbewerber oder illegale Einwanderer. Die jeweilige nationalstaatliche Herkunft ist dann eine Sekundärkategorie, da für Bürgerinnen und Bürger verschiedener Staaten unterschiedliche rechtliche Bedingungen gelten, zum Beispiel hinsichtlich Visumspflicht oder Freizügigkeitsregelungen.

Ausländerinnen und Ausländer wiederum fallen in die Gruppe der Personen mit „Migrationshintergrund": Dies sind der amtlichen Begriffsbestimmung nach „alle nach 1949 auf das heutige Gebiet der Bundesrepublik Deutschland Zugewanderten, sowie alle in Deutschland geborenen Ausländer und alle in Deutschland als Deutsche Geborenen mit zumindest einem zugewanderten oder als Ausländer in Deutschland geborenen Elternteil" (Statistisches Bundesamt 2012, S. 6). Danach ist „Migrationshintergrund" primär in Abhängigkeit von nicht-deutscher Herkunft im weiteren Sinne definiert und stellt eine maximale demographische Sammelbezeichnung der ersten Einwanderergeneration und ihrer direkten Nachkommen bereit, die sich mittlerweile vielleicht auch nur in Ermangelung eines besseren Begriffs landläufig durchgesetzt hat. Generell fungiert der Ausdruck als Hinweis darauf, dass auch Personen mit deutscher Staatsangehörigkeit als Einwanderer oder Kinder von Einwanderern in die Bundesrepublik gekommen sein können. Als Beobachtungskategorie verwendet, ist dem „Migrationshintergrund" zugleich aber auch eine distinktive Bedeutung zugewiesen, die sich generationenübergreifend in der Relevantsetzung sowohl der Einwanderung wie auch der Herkunft aus den jeweiligen Nationalstaaten ausdrückt, und dies unabhängig davon, ob der oder die so Bezeichnete selbst zugewandert ist oder das Herkunftsland seiner Vorfahren jemals auch nur betreten hat.

Dies gilt auch im Zusammenhang mit der Analyse von Bildungs- und Ausbildungsbeteiligung. „Migrationshintergrund" ist hier einer von diversen möglichen, nicht-exklusiven Beobachtungsmodi (z.B. Geschlecht, Bildungshintergrund, Einkommen), in denen ungleiche Verteilungsstrukturen im Bildungs- und Ausbildungssystem sichtbar gemacht werden können. Gerade weil die Ungleichverteilung von Bildungsabschlüssen und Ausbildungszugängen als Problem auftritt, das Gesellschaft trotz formaler Gleichheit nicht zu lösen in der Lage ist (Bommes 2004a), interessieren solche Ungleichheitsbeobachtungen nicht nur deskriptiv zur Bestimmung des Status Quo sozialer Integration, sondern auch normativ zur Bestimmung und Hervorhebung von „Missständen".

Dabei sollte freilich beachtet werden, dass zumindest kein formaler Zusammenhang zwischen dem Schulabschluss und dem Ausbildungszugang existiert: Für die meisten Ausbildungsberufe gilt, dass Betriebe die Zugangsbedingungen individuell und autonom festlegen, was nicht zuletzt daran erkennbar ist, dass Stellenanforderungen an Bewerberinnen und Bewerber sich selbst im gleichen Ausbildungsberuf noch deutlich unterscheiden können und auch die Auswahlverfahren, die zur Anwendung kommen, zum Teil sehr verschieden sind. Nicht nur der Migrationshintergrund stellt sich dann als eine höchst unbefriedigende analytische Kategorie heraus, mit der die Entstehung und Reproduktion von Ungleichverteilung nicht erklärt werden kann. Denn ein Migrationshintergrund ist in der funktional differenzierten Gesellschaft nur unter ganz bestimmten aufenthaltsrechtlichen Bedingungen ein Exklusionskriterium, nicht aber an sich schon ein Merkmal, das funktional über Teilnahme und Teilnahmeerfolge entscheidet. Was sich also zunächst als sprachpraktisches Problem darstellt – das möglichst treffende Bezeichnen einer zu unterscheidenden Gruppe – ist schlussendlich immer auch ein theoretisches Problem, wer eigentlich anhand welcher Kriterien unterschieden werden soll oder muss, und nicht zuletzt auch ein methodisches Problem, wer überhaupt unterschieden werden kann.

2   Nationalstaatliche Herkunft, Ethnizität und ethnische Differenzierung

Bei der Analyse von Bildungs- und Ausbildungsbeteiligungen fällt die Entscheidung für die Beobachtungskategorie „Migrationshintergrund" in der Regel zusammen mit einer weiteren Differenzierung nach nationalstaatlicher Herkunft; wir unterscheiden zwischen türkischem, russischem, rumänischem, kasachischem usw. Migrationshintergrund. Dies ist eine mittlerweile so übliche Vorgehensweise, dass sie kaum noch begründungsbedürftig scheint; gleichzeitig muss man sich darüber im Klaren sein, dass die Tatsache, dass wir Jugendliche mit türkischem Migrationshintergrund beobachten und nicht beispielsweise mit Schuhgröße 39, einem „-mann" im Nachnamen oder einem Großvater, der Schuhverkäufer war, auch unser eigenes Verständnis von bedeutsamen Unterscheidungen reflektiert. Dies lässt sich besonders gut anhand des Ethnien- bzw. Ethnizitätsbegriffs und seinem Zusammenhang mit der nationalstaatlichen Herkunft nachvollziehen, wobei es im Folgenden nicht in erster Linie um die theoretische Belastbarkeit des Begriffs gehen soll, sondern um die empirische Untersuchbarkeit des Konzepts.

Ethnische Identität ist, wie Identität im Allgemeinen, kein vorsoziales Merkmal (Hormel 2011), sondern entsteht in einem sozialen Prozess der kollektiven Abgrenzung zu anderen Gruppen. Eine solche Abgrenzung kann, auf der Basis eines subjektiven Glaubens an eine gemeinsame Abstammung, zum einen anhand kultureller Merkmale vorgenommen werden, die als kennzeichnend und unterscheidend wahrgenommen werden, beispielsweise angestammtes Territorium, Sprache, Religion, Gebräuche und Werte. Zum anderen kann bei der ethnischen Abgrenzung von Gruppen auch das ähnliche physische Erscheinungsbild von Individuen eine Rolle spielen, wie Haut- und Haarfarbe, Körperbau oder Augenform. Die Beobachtung von „Ethnizität" enthält damit sowohl eine Binnen- als auch eine Außenperspektive in Form der Wahrnehmung der jeweils anderen als „anders"; doch erst wenn sich diese Wahrnehmung zu einer „wiederkehrende[n] soziale[n] Beschreibungspraxis" mit limitierten Anschlussformen (Bommes 1994, S. 366) entwickelt, erhält sie soziale Relevanz.

Im Migrationskontext setzt die Beobachtung von „Ethnizität" aus der Binnenperspektive der „ethnischen Gruppe" dementsprechend die Annahme voraus, dass die territoriale bzw. nationalstaatliche Herkunft (auch der Eltern) Identifikationsmöglichkeiten bietet, von denen auf unterschiedliche Weise Gebrauch gemacht werden kann. Hier lässt sich zum Beispiel untersuchen, ob und wie stark sich Zuwanderer und ihre Nachkommen mit der alten und der neuen Heimat verbunden fühlen, wie wichtig ihnen die Pflege ihrer Herkunftssprache und gegebenenfalls die Ausübung ihrer „mitgebrachten" Religion ist, welche Kontakte sie in das Herkunftsland oder das der Eltern aufrechterhalten und welche sozialen Beziehungen sie zur „Mehrheitsbevölkerung" des Einwanderungslandes unterhalten. Freilich sind solche Orientierungen erstens immer auch schon ein Ergebnis der Bedingungen und der diesbezüglich geführten Diskurse im Einwanderungsland (s. hierzu ausführlich insbesondere Bommes 1994; Radtke 2008); so zeigt sich in der TIES-Studie (Sürig und Wilmes 2011) die vergleichsweise unbeobachtete und wenig beschriebene Gruppe der Nachkommen jugoslawischer „Gastarbeiter" in den meisten untersuchten Kategorien weniger „abgegrenzt" als die häufig thematisierte und problematisierte Gruppe der Nachkommen türkischer „Gastarbeiter". Besonders aufschlussreich ist dabei dann, dass die Diskriminierungserwartungen aufgrund ethnischer Zuschreibungen die angegebenen Diskriminierungserfahrungen regelmäßig weit übersteigen: Beispielsweise glauben 76,4% der Gesamtbefragten, dass „Türken" regelmäßig Opfer von Diskriminierung werden, während nur 9,3% der Befragten der türkischen zweiten Generation von häufigen oder regelmäßigen rassistisch motivierten Feindseligkeiten und Benachteiligungen berichten; für die Nachkommen jugoslawischer Gastarbeiter liegt dieses Verhältnis bei 60,9% zu 4,1% (Sürig und Wilmes 2011, S. 171). Die Identifizierung „ethnischer Minderheiten" als Ergebnis sozialer Beschreibungspraxis im Einwanderungsland enthält also bereits Annahmen über Stigmatisierung und Benachteiligung, die „ethnische Minderheiten" nicht im Hinblick auf „Diskriminierung" empirisch beschreiben, sondern im Hinblick auf „Diskriminierbarkeit" sozusagen theoretisch definieren. Zweitens sind untersuchte Indikatoren für Ethnizität, die ja ihrerseits bereits auf einer Interpretation ethnischer Identität beruhen, auf ihren symbolischen und strategischen Gehalt im Abgleich mit ihrer alltagspraktischen Relevanz hin zu überprüfen (vgl. hierzu Eriksen 2001). Zum Beispiel haben nur 24,6% der in der TIES-Studie befragten Nachkommen türkischer „Gastarbeiter" viele oder sehr viele „deutsche" Freunde und Freundinnen, aber 76% sprechen in ihrem Freundeskreis hauptsächlich Deutsch (Eriksen 2001, S. 172). Gleichzeitig scheint aber die Zusammensetzung des Freundeskreises auch im Zusammenhang mit dem politischen Wahlverhalten zustehen; für die in TIES untersuchte zweite Generation insgesamt gilt, dass die Wahrscheinlichkeit, vom Wahlrecht Gebrauch zu machen, mit der Anzahl der „deutschen" Freunde steigt, während andererseits nur bei den Befragten der zweiten Generation türkischer Herkunft ein Zusammenhang zwischen einer stärkeren Identifikation mit „Deutschland" und einer höheren Teilnahmewahrscheinlichkeit an Wahlen auszumachen ist (Eriksen 2001, S. 168). Drittens, und dies darf nicht unterschlagen werden, ist an derartigen Ergebnisse zur „ethnischen Identität" nicht die Art und Weise festzumachen, „in der Personen *mit Referenz auf ihre ethnische Herkunft* sich selbst in Beziehung setzen zu einem oder mehreren sozialen Systemen und in der sie wahrnehmen, dass andere sie in Relation zu diesen Systemen bringen" (Radtke 2008, S. 654; Hervorhebung der Autorinnen).

„Ethnizität" aus der Binnenperspektive der jeweiligen Gruppen steht im Migrationskontext stets einer Außenperspektive gegenüber, in der Gruppen hinsichtlich ihrer sozialstrukturellen Positionierung unterschieden werden können. Im Migrationskontext findet hier in der Regel kein Abgleich mit den Ausprägungen ethnischer Identifikation statt, sondern Gruppenzugehörigkeit wird aufgrund nationalstaatlicher Herkunft (auch der Eltern oder eines Elternteils) zugewiesen. Nicht unbedingt werden solche Gruppenzugehörigkeiten dabei a priori auch als „ethnische" Zugehörigkeiten definiert; insbesondere die Beobachtung von „Migrationshintergrund" ist ja zunächst einmal aufnahmelandorientiert und bezieht sich im Rahmen der Integrationsfrage auf die Teilnahme in den verschiedenen gesellschaftlichen Bereichen, zielt also auf die Analyse von Integrationsprozessen ab. Migrationshintergrund kann demgemäß als ein Kriterium verstanden werden, das nicht ethnisch im Sinne von Abstammung, sondern biographisch differenziert, nach individueller oder familiärer Einwanderungserfahrung. Wird dann festgestellt, dass der Faktor sozialstrukturell signifikant ist, ist damit jedoch nur gesagt, dass die Einwanderung in einen neuen nationalstaatlichen Kontext ein spezielles, generationenübergreifendes Merkmal darstellt, das sich anders auswirkt als Nichteinwanderung. Da die Teilnahmebedingungen in der modernen Gesellschaft zwar zumindest formal für alle gleich, die Teilnahmechancen aber verbunden sind mit den Verteilungsstrukturen sozialer Ressourcen (Bommes 2004b), erscheint „Migrationshintergrund" als analytische Kategorie schließlich zu ungenau und verlangt nach weiterer Differenzierung. So lassen sich zum Beispiel die Bedingungen in den Blick nehmen, unter denen Individuen oder ihre Eltern und Großeltern eingewandert sind; wer als Gastarbeiter/in die Bundesrepublik kam, traf auf andere Bedingungen als Flüchtlinge oder Aussiedler/innen und Spätaussiedler/innen, und wer als ungelernte Arbeitskraft zuwanderte, tat dies unter anderen Bedingungen als Hochqualifizierte. Auf diese Weise werden aufenthalts- und sozialrechtliche Einschränkungen, aber auch individuelle soziale Ressourcen als Faktoren untersuchbar, die ungleiche Teilnahmechancen zur Folge haben können. In diesem Rahmen kann überdies die Unterscheidung zwischen erster und zweiter Generation, im Ausland und im Inland geborenen Ausländern und Deutschen sowie Deutschen mit eingewandertem Elternteil als relevant angenommen werden. Während solche Kategorien auch ganz unabhängig von „ethnischen" Beschreibungspraktiken analysiert werden können, ist die weit üblichere nächste Unterscheidung (nach „mit bzw. ohne Migrationshintergrund"), wie oben angemerkt, jedoch die nach dem Herkunftsland (auch der Eltern).

Damit kommt eine dritte Perspektive ins Spiel, aus der sich ein Interesse daran artikuliert, ob es sich bei der „ethnischen" Einteilung von Personengruppen nach Herkunftsländern um eine soziale Beobachtungspraktik handelt oder um eine Beobachtung der sozialen Beobachtungspraktik. Es rückt die Unterscheidungshandlung selbst in den Vordergrund; genauer gesagt stellt sich die Frage, „ob und inwiefern vorliegende Konzeptualisierungen der sozialen Kategorie Ethnizität sich notwendigerweise an einem Gruppenparadigma orientieren, das dazu beiträgt ein Gesellschaftsverständnis zu verallgemeinern, mit dem soziale Verhältnisse als Intergruppenbeziehungen bzw. Intergruppenkonflikte interpretiert und repräsentiert werden" (Hormel 2011, S. 101).

3 „Ethnische" Gruppen im Schul- und Ausbildungssystem

Ausländische Jugendliche sind im deutschen Schul- und Ausbildungssystem von je her schlechter gestellt als deutsche Jugendliche. Sie haben höhere Schulabbrecherquoten und niedrigere Schulabschlüsse, machen seltener eine Ausbildung im dualen System oder verfolgen eine akademische Laufbahn und finden sich überproportional häufig in den Bildungsgängen des Übergangsbereichs (vgl. Autorengruppe Bildungsberichterstattung 2012). Doch die Gruppe der ausländischen Jugendlichen, also jener ohne deutschen Pass, bezeichnet nur den kleineren Teil der Jugendlichen mit Migrationshintergrund; die Quote der Gesamtbevölkerung mit Migrationshintergrund übersteigt im Bundesdurchschnitt die der Ausländer um mehr als das Doppelte, bei Jugendlichen liegt sie noch höher (Statistisches Bundesamt 2012).

Während es aber plausibel erscheint, dass ausländische Jugendliche auch Quereinsteiger ins deutsche Schul- und Ausbildungssystem sein können und dadurch spezielle Nachteile haben – von der Unkenntnis der Verfahren bis hin zur Nichtanerkennung oder Nichtübertragbarkeit ausländischer Zeugnisse –, können solche Bedingungen nicht unbedingt für Personen geltend gemacht werden, die keine eigene Migrationserfahrung haben. Dennoch gibt es einen „außerordentlich strikten Zusammenhang zwischen sozialer Herkunft, Migrationshintergrund, unzureichenden Schülerleistungen und formalen Schul(miss)erfolgen" (Radtke 2008, S. 661), wobei die meisten Studien, die mit Vergleichen von Herkunftsländern arbeiten, zu dem Schluss kommen, dass Unterscheidbarkeit nicht nur allgemein anhand der Erfahrung oder Nichterfahrung von Migration herstellbar ist, sondern spezifischer auch entlang „ethnischer Differenzierungslinien" (Granato et al. 2010, S. 5). Vor dem Hintergrund des bisher Gesagten ist die entscheidende Frage dann, ob eine solche Linienziehung als soziale Praxis, als soziale Beobachtungspraxis oder als Beobachtung einer sozialen Beobachtungspraxis geltend gemacht werden kann: Lassen sich „ethnische" Unterscheidungen nach Kontrolle aller relevanten Faktoren überhaupt noch aufrechterhalten? Wenn ja: Wie lässt sich das erklären? Und wenn nein: Sind sie dann vollständig redundant?

Derweil von Expertinnen und Praktikern oft darauf hingewiesen wird, dass es nicht „die" Jugendlichen mit Migrationshintergrund gebe, sondern viele sehr unterschiedliche Lebensläufe mit ganz individuellen Einflüssen und Herausforderungen, ist bereits das Beobachtungskriterium „Migrationshintergrund" eine Form der Differenzierung, die im Alltag von Schulen und Ausbildungsbetrieben keine Rolle spielt, denn in den Praktiken des Schul- und Ausbildungssystems gilt Migrationshintergrund – sofern nicht ausdrücklich mit Förderbedarf (z.B. Sprachförderung) assoziiert – als dysfunktionales Kriterium, das weder bei der Vergabe von Noten und Zeugnissen noch bei der Beurteilung der Ausbildungseignung formale Berücksichtigung findet. Wird das Beobachtungskriterium „Migrationshintergrund" dann nachträglich eingeführt, d.h. werden die Resultate schulischen und betrieblichen Entscheidungsverhaltens mit dem Faktor „ethnische Herkunft" abgeglichen, zeigt sich regelmäßig seine Relevanz, macht sich also eine Unterscheidung, die formal nachvollziehbar nicht getroffen wird, statistisch in Form von Wahrscheinlichkeiten zuungunsten der so Beobachteten bemerkbar.

Bei der Erforschung der Ursachen für eine solche „ethnische" Unterscheidbarkeit ist es dann wichtig, ebenjene Faktoren zu kontrollieren, die auch bei der Mehrheitsbevölkerung einen Einfluss auf Bildungs- und Ausbildungsbeteiligung in Form von Herkunftseffekten haben (zum Beispiel der Bildungshintergrund oder der soziale und berufliche Status der Eltern). Wichtig ist aber auch, sich zu vergegenwärtigen, anhand welcher Merkmale die Abgrenzung zur Mehrheitsbevölkerung dabei vorgenommen wird und auf der Grundlage welcher empirischen Daten die Analysen erfolgen. Im Folgenden sollen daher empirische Studien zur Bildungs- und Ausbildungssituation Jugendlicher mit Migrationshintergrund exemplarisch dahingehend beleuchtet werden, zu welchen Ergebnissen die Beobachtungen entlang „ethnischer" Differenzierungslinien führen und ob bzw. welche Kriterien für eine „ethnische" Unterscheidung – im Abgleich mit den zur Verfügung stehenden Daten – angelegt werden.

4   „Ethnische Differenzierungslinien" in national und international
         vergleichenden Studien

In einem Forschungsprojekt des Bundesinstituts für Berufsbildung (BIBB) untersuchten Granato et al. (2010) die Ursachen für die geringen Erfolgsaussichten von Jugendlichen mit Migrationshintergrund beim Übergang von der Schule in die Ausbildung. Dabei sollte eine explizite Binnenunterscheidung[4] entlang „ethnischer Differenzierungslinien" (Granato et al. 2010, S. 5) der Gruppe der Personen mit Migrationshintergrund mögliche Unterschiede aufdecken. Datengrundlage waren verschiedene BIBB-Studien aus den Jahren 2006 und 2008, an denen die Autoren einerseits nachweisen konnten, dass nicht nur Bildungsabschluss und Schulnoten, sondern auch Netzwerkressourcen und der sozioökonomische Status der Eltern eine statistisch relevante Rolle bei der Ausbildungsbeteiligung spielen. Andererseits bleiben jedoch selbst nach der Kontrolle dieser Variablen „geringere Ausbildungsplatzchancen und überdurchschnittlich lange Übergangsprozesse von Schulabsolventen und -absolventinnen mit Migrationshintergrund bestehen und lassen sich *nicht* vollständig erklären" (Granato et al. 2010, S. 8, Hervorhebung im Original; vgl. dazu auch Beicht und Granato 2009, S. 23; Beicht, Granato 2010:12). Eberhard und Ulrich (2010) gehen auf der Grundlage der BIBB-Bewerberbefragung dann noch einmal explizit auf die Binnendifferenzierung der Gruppe der Jugendlichen mit Migrationshintergrund ein und stellen eine gewisse Zwischenposition der Aussiedler/innen fest, die signifikant schlechtere Ausbildungschancen gegenüber Jugendlichen ohne Migrationshintergrund haben, aber deutlich bessere Chancen als Bewerberinnen und Bewerber mit sonstigem Migrationshintergrund. Im Verhältnis zu den Aussiedler/innen schlechter gestellt sind demnach insbesondere die Gruppen der Bewerber/innen türkisch-arabischer Herkunft und aus sonstigen Anwerbestaaten (s.a. Eberhard und Ulrich 2011). Alle Beiträge dieses Forschungsprojektes schließen unter anderem mit der Aufforderung, auch (berufs-)schulischen und betrieblichen Eigenlogiken „als Erklärung für die geringen Zugangschancen zu Ausbildung mehr Aufmerksamkeit zu schenken" (Beicht und Granato 2009: 5).

Hunkler (2010) stellt in seinem Beitrag zu „ethnischen" Unterschieden beim Übergang in die Ausbildung explizit die zweite „Gastarbeiter"-Generation in den Mittelpunkt seiner Analysen mit dem Ziel, den offenen „Resteffekte[n] von ethnischer Herkunft" (Hunkler 2010, S. 234) auf den Grund zu gehen, wie sie in vielen Studien auch nach Kontrolle von Humankapitalunterschieden zutage treten, und diese nicht a priori als Hinweis auf Ungleichheit oder Arbeitgeberdiskriminierung zu interpretieren. Auf der Grundlage des GSOEP (German Socio-Economic Panel) aus den Jahren 1984 bis 2007 analysiert er den Übergang für die genannte Gruppe im Vergleich zu Schulabgänger/innen mit nicht-eingewanderten Eltern und definiert dabei die zweite Generation über das Einreisealter (vor dem fünfzehnten Lebensjahr) und die „ethnische" Zugehörigkeit über das Geburts-

---

4   Nach welchen Kriterien diese vorgenommen wurden, kann anhand der vorliegenden Literatur nicht klar definiert werden.

land beider Eltern. Im Unterschied zur TIES-Studie (s.o.) ist damit die Geburt in Deutschland kein Definitionskriterium, so dass freilich auch Jugendliche mit eigener Migrationserfahrung, die gegebenenfalls über weniger Kenntnisse der deutschen Sprache und des deutschen Bildungs- und Ausbildungssystems verfügen sowie weniger gesellschaftlich relevantes soziales Kapital aufweisen, mit in Deutschland geborenen und aufgewachsenen Jugendlichen gleichgesetzt werden. Hunkler trennt zwischen Jugendlichen mit türkischem und solchen mit anderem Migrationshintergrund (ehemalige Anwerbeländer) zunächst mit dem Ergebnis, dass die türkischstämmigen Jugendlichen in fast allen untersuchten Dimensionen (Höhe des Schulabschlusses, Ausmaß der Deutschkenntnisse, Heterogenität der Netzwerkzusammensetzung) schlechter abschneiden als die Jugendlichen ohne und mit anderem Migrationshintergrund. Da die Unterschiede zwischen den untersuchten Gruppen auch nach Kontrolle der Schulabschlüsse nicht aufgelöst werden, überprüft Hunkler daran anschließend in Anlehnung an Kalter (2006a, s.u.) die „ethnischen" Residuen auf Herkunftsindikatoren und auf die Ausstattung mit aufnahmelandspezifischen Kapitalien, womit dann – bis auf die Gruppe der männlichen türkischstämmigen Jugendlichen – fast alle „ethnischen" Resteffekte im Übergang von der Schule zur Ausbildung erklärt werden können. So scheinen insbesondere fehlende aufnahmelandspezifische Kapitalien für den Misserfolg der weiblichen Jugendlichen mit türkischem Migrationshintergrund und aller Jugendlicher mit anderem Migrationshintergrund verantwortlich zu sein. In einem letzten Schritt kommt Hunkler vor dem Hintergrund unterschiedlicher Interaktionsmodelle zu dem Schluss, dass gerade für männliche türkische Jugendliche „eine statistische Diskriminierung durch die Arbeitgeber oder deutliche Unterschiede in den Übergangsstrategien" (Hunkler 2010, S. 246) vermutet werden können.

Weniger die Arbeitsmigrant/innen der zweiten Generation als die Aussiedler/innen stehen bei Eulenberger (2011, 2013) im Zentrum, der in seinen Untersuchungen die Daten des Übergangspanels des Deutschen Jugendinstituts (DJI) im Hinblick auf den Statusübergang von der Schule in die Ausbildung analysiert. Die Gruppe der Aussiedler/innen grenzt er dabei von Personen ohne und Personen mit anderem Migrationshintergrund ab. Begründung für diese Unterscheidung ist insbesondere die Annahme, dass Aussiedlerjugendliche mit dem Alleinstellungsmerkmal der Zuerkennung der deutschen Staatsangehörigkeit direkt nach der Einreise eine spezielle Migrantengruppe darstellen. Zudem habe sich in einigen Studien eine gewisse „Zwischenposition" (Eulenberger 2013, S. 107) der Gruppe der Aussiedler- und Spätaussiedlerjugendlichen in der Bewältigung von Bildungs- und Ausbildungsprozessen herausgestellt, die eine genauere Untersuchung der Ursachen nahe lege, dies jedoch durchaus in Ergänzung zu den schon zahlreich vorhandenen Forschungen zu Abstiegsprozessen erwachsener Aussiedler/innen, wie sie vor allem durch die Entwertung beruflicher Qualifikationen zustande kommen. Als Aussiedler/innen definiert Eulenberger Jugendliche, die selbst über den Nachweis der deutschen Volkszugehörigkeit nach Deutschland immigriert sind oder bei denen dies auf mindestens einen Eltern- und/oder Großelternteil zutrifft. Ein Migrationshintergrund wird dann attestiert, wenn der Befragte oder ein Elternteil nicht in Deutschland geboren ist und/oder eine andere Staatsangehörigkeit hat und/oder zu Hause eine andere als die deutsche Sprache[5] spricht. So grenzt Eulenberger (2011, 2013) in seinen Analysen zunächst die Gruppe der Aussiedler/innen über ihren rechtlichen Status von den anderen Gruppen ab, diese rechtliche Differenzierungslinie beobachtet er später jedoch insbesondere als „ethnische" Grenzziehung, indem er von „ethnische[n]" (Eulenberger 2013, S. 108) oder „ethnischen wie auch geschlechtlichen" (Eulenberger 2011, S. 159) Disparitäten spricht. Im Rahmen einer Ereignisdatenanalyse des DJI-Übergangspanels (Datenerhebung März 2004 bis November 2005) kommt er dann zu dem Ergebnis, dass Aussiedler/innen in den ersten fünf Monaten nach dem Schulabschluss ähnliche Übergangsraten aufweisen wie Jugendliche mit anderem Migrationshintergrund (ca. 22%), diese jedoch im Jahresverlauf weiter steigern können, so dass nach Jahresablauf 46,5% der Aussiedlerjugendlichen, aber nur 39,5% der Jugendlichen mit anderem Migrationshintergrund den Übergang in eine Ausbildung geschafft haben. Erstere nehmen damit, ähnlich wie die Befragten der TIES-Studie mit Eltern aus dem ehemaligen Jugoslawien (s.o.), eine Zwischenposition insofern ein, als die Jugendlichen ohne Migrationshintergrund noch höhere Übergangsraten (56,9%) vorweisen. Über Sequenzmusteranalysen kann Eulenberger (2011) außerdem zeigen, dass jene Aussiedlerjugendlichen, die einige Monate nach dem Schulabschluss noch keinen Ausbildungsplatz haben, dieses Defizit eher als andere mit einem weiteren Schulbesuch oder berufsvorbereitenden Maßnahmen kompensieren und daran anschließend auch häufiger einen Ausbildungsplatz finden. Mit den Gründen des schlechten Abschneidens der Aussiedler/innen beim direkten ersten Eintritt in eine Ausbildung befasst sich Eulenberger (2013) in einer weiteren Analyse des DJI-Übergangspanels und findet zunächst seine Ergebnisse von 2011 bestätigt. Insbesondere Jugendliche mit türkischem Migrationshintergrund, definiert als Jugendliche, „die entweder selbst oder deren Vater und/oder Mutter in der Türkei geboren sind bzw. die türkische Staatsbürgerschaft besitzen" (Eulenberger 2013, S. 112), haben schlechte

---

5   Dabei ist zu beachten, dass Angaben zu Sprachkompetenz und Sprachverwendung in quantitativen Datensätzen stets nur subjektiv als Selbsteinschätzung der Befragten erhoben wird. Die Aussagekraft ist damit u. E. erheblich eingeschränkt (vgl. hierzu Sürig und Wilmes 2011, vor allem aber Maas 2008).

Chancen, den Statusübergang direkt erfolgreich zu bewältigen. Ihnen folgen die jugendlichen Aussiedler/innen, die jedoch wiederum schlechtere Chancen aufweisen als die untersuchten Jugendlichen mit anderem Migrationshintergrund. Auch nach Kontrolle von Drittvariablen (Schulabschluss, Anzahl der Bewerbungen, Praktika, familiale kulturelle Praxis, schulische Kontextmerkmale etc.) bleibt der statistische Effekt des Migrationshintergrunds auf die Bewältigung des Übergangs in die Ausbildung bestehen und verstärkt sich sogar für die Aussiedler/innen. Eulenberger vermutet, dass die Ursachen dafür unter anderem in den Organisationslogiken der Betriebe bei der Lehrstellenbesetzung zu suchen sind, wie es bereits von anderen herausgearbeitet (Imdorf 2008a, 2010) oder angedeutet (Seibert und Solga 2005; Beicht und Granato 2009, 2010; Eberhard und Ulrich 2010) wurde, er schließt aber auch Netzwerkeffekte und Effekte der Verfügbarkeit unterschiedlicher Ressourcen bei der Ausbildungsplatzsuche nicht aus.

Seibert und Solga (2005) untersuchen anhand von Mikrozensusdaten vor dem Hintergrund der Signaling-Theorie Unterschiede „ethnischer" Gruppen nicht wie die bisher genannten Studien am Statusübergang Schule – Ausbildung, sondern am daran anschließenden Übergang in den Arbeitsmarkt mit oder ohne abgeschlossene Ausbildung. Vertreter/innen der Signaling-Theorie gehen davon aus, dass betriebliche Rekrutierungsentscheidungen unter anderem auf der Grundlage von leicht beobachtbaren und kostengünstigen Indikatoren getroffen werden, die *„Wahrscheinlichkeitsannahmen* über die Leistungsfähigkeit, die Arbeitsmotivation und Leistungsbereitschaft" (Seibert und Solga 2005, S. 366, Hervorhebung im Original) der potentielle Bewerber/innen ermöglichen. Damit können jedoch auch „ethnischspezifische Perzeptionen" (Seibert und Solga 2005, S. 367) seitens der Personalverantwortlichen an Bedeutung gewinnen, wobei Seibert und Solga allerdings insbesondere die Frage interessiert, inwieweit „ethnische" Benachteiligungen sich auch im Abgleich mit Ausbildungsabschlüssen noch als konsistent erweisen. Zum Zeitpunkt der Studie bot der Mikrozensus keine Angaben zum Migrationshintergrund, sondern ausschließlich zur Staatsangehörigkeit; dementsprechend bezieht sich der Aufsatz von Seibert und Solga auf Ausländerinnen und Ausländer im Alter von 26 und 27 Jahren, die bis zum fünfzehnten Lebensjahr nach Deutschland eingereist und damit so genannte Bildungsinländer sind.[6] Die Differenzierungslinien ziehen die Autoren – u.a. wegen der eingeschränkten Datenlage – also entlang der Staatsbürgerschaft. Zunächst betonen sie hier den Signalwert von Ausbildungsabschlüssen, ließen sich doch „hinsichtlich des Arbeitsmarktvorteils von ausgebildeten gegenüber ausbildungslosen Ausländern keine Unterschiede im Vergleich zu Deutschen" (Seibert und Solga 2005, S. 379)

---

6   Im Endeffekt beobachten sie hier ähnlich wie Hunkler 2010 somit die etwas anders als in der
     TIES-Studie definierte „zweite Generation".

feststellen. Anders verhält es sich dann mit der Chance auf eine ausdrücklich qualifizierte Beschäftigung, die sich für junge türkische Erwachsene trotz deutschem Ausbildungsabschluss als deutlich geringer herausstellte. Die Autoren sehen hierin einen Hinweis auf „ethnienspezifische Leistungsannahmen" (Seibert und Solga 2005, S. 377) der Personalverantwortlichen, womit freilich der zuvor konstatierte Signalwert eines Ausbildungsabschlusses „ethnisch" relativiert wird, und gehören damit zu den ersten, die nicht von einer vollständigen Neutralisierung „ethnischer" Unterschiede durch gleiche Bildungs- Ausbildungsabschlüsse ausgehen, sondern ungeklärte Residuen zwischen „ethnischen" Gruppen auch als Resultat von Arbeitsmarktstrukturen in Betracht ziehen.

In seiner Replik auf Seibert und Solga (2005) versucht Kalter (2006a) die These der „ethnischen" Diskriminierung durch betriebliche Entscheidungsprozesse zu entkräften, indem er weitere potenzielle Ursachen des spezifischen „türkischen" Nachteils auf dem Arbeitsmarkt vorschlägt und hier weniger Diskriminierung als vielmehr gesellschaftsspezifische Kapitalien für den Erfolg oder Misserfolg bei der Arbeitsmarktintegration verantwortlich macht. Im Unterschied zu Seibert und Solga zieht Kalter für seine Analyse die Daten des SOEP (Sozio-Ökonomisches Panel) heran, das einige Variablen enthält, die zu den wichtigen gesellschaftsspezifischen Kapitalien gezählt werden können. Die „ethnische" Zugehörigkeit definiert Kalter über das Geburtsland der Eltern und nicht über die Staatsangehörigkeit: Sind beide Eltern im gleichen Land (Deutschland, Türkei und weitere ehemalige Anwerbeländer) geboren, wird dem Befragten jeweils kein, ein türkischer oder ein anderer Migrationshintergrund zugerechnet. Um nur die so genannten Bildungsinländer zu erfassen, schließt Kalter wie Seibert und Solga alle Jugendlichen aus seiner Analyse aus, die nicht in Deutschland geboren sind und erst mit fünfzehn Jahren oder später einreisten. Nachdem er die Schlechterstellung der Jugendlichen mit türkischem Migrationshintergrund im Bildungs- und Ausbildungssystem bestätigt (63% der deutschen Jugendlichen, aber nur 39% jener mit türkischem und 45% jener mit anderem Migrationshintergrund können mindestens einen Realschulabschluss vorweisen; 81% der deutschen, 67% der türkischstämmigen und 78% der Jugendlichen mit anderem Migrationshintergrund haben im Laufe der im SOEP erfassten Jahre eine Ausbildung abgeschlossen), stellt Kalter (2006a, S. 153) in Bezug auf die Erwerbschancen fest, dass „die türkischen Jugendlichen [...] auch dann signifikant geringere Erwerbschancen [haben], wenn man die formalen Bildungsqualifikationen – neben der schulischen insbesondere also auch die berufliche Ausbildung – kontrolliert. [...] Die Jugendlichen anderer Herkunft weisen dann jedoch keinen Nachteil mehr auf." Da der sozioökonomische Hintergrund hier keine weiteren Anhaltspunkte biete, lässt der Autor die Indikatoren für gesellschaftsspezifische Kapitalien (Anteil Deutscher unter den besten Freunden, Deutschkenntnisse) mit einfließen und erweitert damit das Modell von Seibert und Solga (2005). So gelingt es ihm aufzuzeigen, dass unter Berücksichtigung der Variablen „Mehr an Deutschen unter den besten Freunden" und „gute Deutschkenntnisse" für die türkischstämmigen Jugendlichen „kein nennenswerter Residualeffekt" (Kalter 2006a, S. 154) mehr nachweisbar ist, und er kommt zu dem Schluss, dass „gesellschaftsspezifische Kapitalien [...] somit bei der Erklärung der ethnisch differentiellen Erwerbschancen eine entscheidende Rolle [spielen]" (Kalter 2006a, S. 154). Dabei räumt Kalter zwar ein, dass es zu Messfehlern bei der subjektiven Selbsteinschätzung der deutschen Sprachkenntnisse oder auch zu Scheinkorrelationen kommen kann. Insgesamt sieht er jedoch seine Vermutung, dass gesellschaftsspezifische Kapitalien wie „ethnische" Netzwerkstrukturen und Deutschkenntnisse einen direkten Einfluss auf die Arbeitsmarktpositionierung haben, „auf verhältnismäßig sicherem empirischen Grund" (Kalter 2006a, S. 157).

Darauf antworten Seibert und Solga (2006), dass selbst bei Berücksichtigung des Ausbildungsabschlusses, der Deutschkenntnisse sowie der sozialen Kapitalien im Sinne von sozialen Netzwerken die geringen Chancen türkischer Ausbildungsabsolventen, nach der Ausbildung in eine qualifizierte Beschäftigung zu gelangen, bestehen bleiben. Unter anderem sei die Frage ungeklärt, ob es Unterschiede in der Suchressourcenausstattung bei den Ausgebildeten türkischer und anderer Herkunft im Vergleich zu Deutschen gibt. Wenn dies für die Ausgebildeten türkischer Herkunft zutreffe, könnten auch andere Einflussfaktoren auf der Arbeitgeberseite wirken, die dann möglicherweise Ausdruck eines „ethnisch modifizierten Signalwerts einer abgeschlossenen Berufsausbildung und/oder einer ethnisch differenzierten Nutzung von Rekrutierungsnetzwerken seitens der Arbeitgeber" wären (Seibert und Solga 2006: 416).[7]

An diese Kritik ausschließlich ressourcentheoretischer Erklärungsansätze schließt Imdorf (2007, 2008a, 2008b, 2010) an und weist auf die Potentiale organisationstheoretischer Erklärungsangebote hin, mit denen die „Rekrutierungs- und Selektionspraktiken" (Imdorf 2007, S. 411) der Betriebe genauer in den Blick genommen werden können. Die Besetzung von Lehrstellen wird aus dieser Perspektive zu einem organisatorischen Problem der Betriebe, das diese lösen müssen, um Stabilität und Effektivität im Betriebsablauf gewährleisten zu können. In seiner Studie unterscheidet Imdorf (2010) zunächst nur zwischen Schweizern und Ausländern, wobei er unter dem Begriff „Ausländer" – im Unterschied zu den zuvor angeführten Studien – Personen fasst, „die im öffentlichen Diskurs eines spezifischen regionalen und historischen Kontextes als ausländisch

---

7   Auf Kalters Replik (2006b) soll hier aus Platzgründen nicht näher eingegangen werden.

gelten. In Deutschland und in der Stadt Basel sind dies gegenwärtig Personen türkischer Abstammung, in der übrigen deutschsprachigen Schweiz hingegen primär Immigranten aus den Nachfolgestaaten des ehemaligen Jugoslawiens" (Imdorf 2010, S. 198). Seine Kategorisierung sagt somit nichts über Staatsangehörigkeit oder Geburtsland der Eltern aus, sondern orientiert sich allein an der sozialen Beschreibungspraktik. In seinen Untersuchungen zur Lehrlingsselektion in Ausbildungsbetrieben in der Schweiz wird dann deutlich, dass Betriebe jenen Lehrstellenbewerbern den Vorzug geben, von denen angenommen wird, dass sie einen reibungslosen und störungsfreien Betriebsablauf fördern, und die Ergebnisse zeigen, dass Betriebe unter anderem „betriebliche Rechtfertigungsstrategien verwenden, um den Ausschluss von als Ausländer geltenden Jugendlichen [...] zu begründen" (Imdorf 2007, S. 418). Solche Rechtfertigungsstrategien sind oftmals an Diskursen aus der betrieblichen Umwelt orientiert, berufen sich also beispielsweise auf mangelnde Sprachkenntnisse (Imdorf 2008a, 2008b), doch ausländischen Jugendlichen wird auch unabhängig davon ein gewisses Störpotential zugeschrieben (Imdorf 2008b). Dabei lässt sich bei der Ausbildungsplatzsuche allerdings auch eine tendenzielle Hierarchisierung innerhalb der Ausländerkategorie beobachten, in der Jugendliche mit italienischem oder spanischem Migrationshintergrund Vorteile gegenüber türkischen, albanischen oder osteuropäischen Bewerber/innen zu haben scheinen; so erachten Ausbildungsbetriebe zum Zeitpunkt der Forschung vor allem solche Schulabgänger als Ausländer, „deren Familien aus Staaten außerhalb der europäischen Union in die Schweiz zugezogen sind" (Imdorf 2008b, S. 152).

Zusammenfassend lässt sich vor dem Hintergrund der angeführten Studien, die hier stellvertretend für die quantitative Forschung zu „ethnischen" Differenzierungen im Übergang Schule/Ausbildung in den Blick genommen wurden, nun konstatieren, dass nicht nur teilweise sehr unterschiedliche Kriterien bei der Definition der untersuchten „Migrantengruppen" angelegt werden, sondern auch stets nur ganz bestimmte Gruppen aus der Menge der Personen mit Migrationshintergrund von Forschungsinteresse im Rahmen der Ausbildungsbeteiligung sind. Diese Personen werden in den meisten Fällen anhand einer im weiteren Sinne nationalstaatlichen Herkunft (auch der Eltern) identifiziert, und da nur „Türken" im Vergleich zu „Deutschen" kontinuierlich unterschieden werden, lässt sich eine wiederkehrende soziale Beschreibungspraxis bereits insofern identifizieren, als sich der Fokus stets auf eine sozusagen „anerkannte Problemgruppe" richtet. Ob es sich dabei aber beispielsweise um türkische Staatsangehörige, um Nachkommen türkischer „Gastarbeiter" und/oder um „Bildungsinländer" im weiteren Sinne (zugewandert vor dem fünfzehnten Lebensjahr, d.h. mit in Deutschland absolvierter Schulpflicht) handelt, ist von Studie zu Studie unterschiedlich. Insofern ist die Vergleichbarkeit der Ergebnisse auch dann, wenn sie im Großen und Ganzen übereinstimmen, von vornherein eingeschränkt: Je nach dem, wo die „ethnische Differenzierungslinie" in den sich jeweils auf unterschiedliche Befragtengruppen beziehenden Datensätzen gezogen wird, entstehen de facto unterschiedliche Gruppen „mit türkischem Migrationshintergrund". Gemeinsam bleibt diesen verschiedenen „türkischen Migrantengruppen" dann eher überraschenderweise ihre konstante Schlechterstellung im deutschen Bildungs- und Ausbildungssystem.

Mit einem Blick über die Landesgrenzen hinweg kann dann versucht werden, solche Ergebnisse im internationalen Vergleich einzuordnen.

Die international zwischen fünfzehn Städten in acht europäischen Ländern vergleichende TIES-Untersuchung basiert auf der Befragung von fast 10.000 jungen Erwachsenen im Alter zwischen achtzehn und 35 Jahren, von denen jene, die zur zweiten Einwanderergeneration zu zählen sind, als Kinder von Zuwanderern aus der Türkei, Jugoslawien und Marokko im jeweiligen Land der Umfrage geboren wurden. Die Umfang sowie die Anlage der Daten ist derzeit im europäischen Vergleich nahezu einmalig. Im Unterschied beispielsweise zu den Analysen von Seibert et al. (2009), die Berufsbildungschancen und „ethnische" Herkunft in Deutschland und der Schweiz vergleichen und sich dabei einerseits auf die deutschen Mikrozensusdaten und andererseits auf den Schweizer Zensus stützen, bietet TIES die Möglichkeit, auf einen international einheitlich erhobenen Datensatz zurückzugreifen. So entstehen unter anderem weniger Ungenauigkeiten bei der Eingrenzung der Personen mit Migrationshintergrund, denn alle so zugeordneten Befragten gehören in jedem Fall der europäischen zweiten Generation an.

Während die TIES-Ergebnisse hinsichtlich der Schul- und Ausbildungskarrieren im deutschen Kontext mit den Ergebnissen der nationalen Studien zumindest in den Tendenzen weitgehend übereinstimmen (vgl. Sürig und Wilmes 2011), bietet der internationale Vergleich einen Überblick über einige wichtige strukturelle Gesichtspunkte (Durchschnittsalter beim Eintritt in die erste Bildungseinrichtung und bei der Verteilung auf Schultypen, Jahre des gemeinsamen Lernens) wie auch über den Anteil an erfolgreichen Schulabsolvent/innen in den untersuchten Ländern (Anteile im gymnasialen Zweig und Anteile bei Hochschulzugängen als Indikator dafür, wie viele Befragte den höchstmöglichen Schultyp oder eine akademische Ausbildung erreichen). Tabelle 1 stellt diese Aspekte für die Gruppe der zweiten Generation türkischer Einwanderer in verschiedenen Ländern gegenüber.

Tabelle 1: Anteile der türkischen zweiten Generation in akademischen Schulformen (Gymnasien o.Ä.) im Zusammenhang mit nach Schultypen differenzierten Bildungsjahren nach Ländern

	Durch-schnittsalter beim Eintritt in die erste Bildungs-einrichtung	Durch-schnittsalter bei erster Selektion nach Schul-typen	Jahre gemein-samen Lernens	Anteil im gymna-sialen Zweig in %	Anteil bei Hochschul-zugängen in %
Schweden	4,9	15	11,9	56,2	35,2
Frankreich	3,0	15	11,9	53,6	52,0
Belgien	3,1	14	11,0	51,3	24,2
Niederlande	4,2	12	8,0	25,6	33,2
Deutschland	4,0	10/12	5,8/7,8	12,7	7,5
Schweiz	3,1	12	6,8	8,2	13,8
Österreich	5,2	10	5,1	n.a.	19,7

Quelle: Wilmes et al. 2011, S. 41.

Die Aufstellung zeigt, dass sich eine längere gemeinsame Schulzeit und ein früher Einstieg ins Bildungssystem (über den Kindergarten) insoweit bemerkbar machen, dass in den entsprechenden Ländern der Schulerfolg der türkischen zweiten Generation um einiges höher ist. In Schweden wie auch in Frankreich, beides Nationalstaaten, in denen Kinder vergleichsweise spät auf verschiedene Schultypen verteilt werden, erreicht mehr als die Hälfte der zweiten türkischen Generation die Gymnasialstufe. In den deutschsprachigen Ländern hingegen, in denen im Unterschied dazu relativ früh nach Schulleistungen selektiert wird, finden sich im Verhältnis sehr wenige Jugendliche mit türkischem Migrationshintergrund im gymnasialen Zweig wieder.[8] Der wiederum höhere Anteil an Studierenden mit türkischen Eltern in der Schweiz lässt sich, so ist zu vermuten, auf eine größere Durchlässigkeit des Schweizer Schulsystems in der Sekundarstufe I, möglicherweise aber auch auf bessere Übergangsangebote zurückführen. Ähnliche Tendenzen sind in Bezug auf die Schulabbrecherquoten herauszustellen: Insbesondere den Gesamtschulsystemen in Frankreich und Schweden gelingt es relativ gut, niedrigen Bildungsabschlüssen und hohen Schulabbruchquoten entgegenzuwirken. So verlässt in Berlin und Frankfurt fast ein Drittel der Befragten ohne Schulabschluss die Schule, in Stockholm und Paris, aber auch in der Schweiz (Basel und Zürich) höchstens ein Zehntel. Im Falle der Schweiz ist die

---

8 Die Deskriptivität der Analyse lässt keine Aussagen über den kausalen Zusammenhang zu, aber Tendenzen lassen sich daraus sicherlich ableiten.

Ursache dafür aber vor allem in der sehr gut funktionierenden Vermittlung in die duale Ausbildung zu sehen (Wilmes et al. 2011). Der Bildungs- und Ausbildungskontext, aufgezeigt an Faktoren wie der Dauer der gemeinsamen Schuljahre, der Durchlässigkeit im Schulsystem von unten nach oben oder der Effektivität von Unterstützungs- und Vermittlungsangeboten in die berufliche Ausbildung, macht somit einen merklichen Unterschied hinsichtlich des Schul- und Ausbildungserfolgs der zweiten Generation: „Based on comparative integration context theory, we predict that second-generation groups of the same ethnic origin would perform very differently across countries and cities" (Crul et al. 2012, S. 150).

Bemerkenswert ist also, dass Unterschiede zwischen „ethnischen" Gruppen auch als Unterschiede zwischen den gleichen „ethnischen" Gruppen in verschiedenen Ländern sichtbar werden, die Unterscheidung entlang „ethnischer Differenzierungslinien" an dieser Stelle folglich in dem Sinne nicht mehr funktioniert, als sie nicht zur Erklärung von zentralen Unterschieden in Schul- und Ausbildungsbeteiligung herangezogen werden kann. Im Gegenteil wird der so beobachtbare Effekt im internationalen Vergleich zu einem Effekt nicht der „ethnischen", sondern der „deutschen" Herkunft. Denn gerade das deutsche, aber auch zum Beispiel das österreichische Schulsystem mit seiner frühen Einteilung in verschiedene Schultypen, einer geringen Durchlässigkeit von unten nach oben sowie zentralen Statusübergängen, die erfolgreich bewältigt werden müssen, führt dazu, dass Schüler durch das Raster fallen und ihre Schul- und Ausbildungskarriere nicht erfolgreich abschließen können.

5   Zur Relevanz „ethnischer" Unterscheidungen in der Analyse von Ausbildungsbeteiligung

In unseren Gesprächen in aktuell laufenden Forschungsprojekten mit Lehrkräften und Ausbildern stellen wir immer wieder fest, dass „ethnische" Semantiken global abgelehnt werden („wir behandeln alle gleich"), um dann in bestimmten Begründungs- und Legitimationszusammenhängen wieder eingeführt zu werden (siehe hierzu auch Imdorf 2008a, 2010). Das ist nicht weiter verwunderlich. Denn Schule und Ausbildungssystem sind keine Elfenbeintürme, in denen unter Nichtbeachtung solcher Semantiken operiert wird. Und das gilt auch für die Migrationsforschung. Um alltägliche Entscheidungen zu treffen und zu begründen oder empirische Forschungsergebnisse zu generieren und beschreibbar zu machen, müssen Unterscheidungen getroffen werden. Im Gegensatz zu Praktikern wie Lehrer/innen, Erzieher/innen oder Arbeitgeber/innen befinden sich die Migrationsforscherinnen und Migrationsforscher jedoch in der vorteilhaften Lage, sich systematisch dabei beobachten zu können, wie sie dies tun.

In den letzten Jahren bemühen sich Migrationsforscherinnen und Migrationsforscher zunehmend darum, gesellschaftliche Positionierungen und Teilhabemöglichkeiten verschiedener Gruppen von Personen mit Migrationshintergrund zu untersuchen und klare Differenzierungen im Rahmen der erhebungstechnischen Möglichkeiten zu treffen. Migrationserfahrungen, Bildungs- und Berufsbiographien und alltägliche Lebenslagen werden dabei (wie für die Bevölkerung ohne Migrationshintergrund) nicht als homogen angenommen, sondern ihrerseits untersucht und auf ihr Erklärungspotential für ungleiche Verteilungsstrukturen hin untersucht.

Hinsichtlich der Ausbildungsbeteiligung und der Gestaltung von Statuspassagen in die duale Ausbildung lassen sich solche ungleichen Verteilungsstrukturen für „ethnische Gruppen" zwar nachweisen, doch nur im Falle der Feststellung organisationaler Diskriminierung kommt „Ethnizität" tatsächlich auch als soziale Zuschreibungspraxis ins Spiel. Ansonsten bleibt der Bezug auf das „Ethnische" diffus, und damit implizierte „Semantiken der Differenz" (Hormel 2011, S. 95; vgl. auch Diehm et al. 2010) sind mit den meisten untersuchten Variablen (wie z.B. Staatsangehörigkeit oder Herkunftsland der Eltern) nicht plausibel in Verbindung zu bringen. Von den Personen, die wir als „ethnische" Gruppen zusammenzufassen geneigt sind, können wir dementsprechend auch nach Kontrolle solcher Variablen kaum sagen, ob sie eine „ethnische" Gruppe im Wortsinn sind, also Zusammengehörigkeiten auf der Basis mehr oder weniger beliebiger kultureller und physischer Gemeinsamkeiten konstruieren. Mit Sicherheit können wir aber sagen, dass sie als „ethnische Gruppe" in der Außenperspektive wahrgenommen werden, wenn sie auf diese Art und Weise zusammengefasst werden.

Unterschiedliche „ethnische" Differenzierungen sind vermutlich nicht zuletzt bestimmten methodischen und analytischen Beschränkungen der vorliegenden Datensätze und der darin enthaltenen Variablen geschuldet, aber auch dem methodischen (quantitativ orientierten) Zugang. Gleichzeitig zeigt sich jedoch auch eine allgemeine sprachliche Hilflosigkeit, Gruppen begrifflich einzuordnen und alltagssprachlich zu bezeichnen: Wir benutzen Begriffe wie „ethnisch", „türkisch", „arabisch" oder „italienisch", wie eben auch den Ausdruck „Migrationshintergrund", vor allem in Ermangelung besserer Begriffe, um zusammenzufassen, was unserer Ansicht nach zusammengehört – wie gezeigt wurde, mit teilweise erheblichen Abweichungen in den jeweiligen Unterscheidungsgrundlagen. Einerseits stellen wir damit eine Beschreibungspraxis zur Verfügung, die die politischen und medialen Diskussionen um „ethnische Minderheiten" und Personen „mit Migrationshintergrund" zu legitimieren scheint; andererseits führen wir auf diese Weise politisch und medial geführte Diskurse, gekennzeichnet durch eine „ungenierte Verwendung ethnologischer Kategorien" (Radtke 2008, S. 655), zunehmend in der Sprache der Wissenschaft fort (vgl. hierzu Diehm et al. 2010). Schließlich sei darauf hingewiesen, dass, wenn heute wieder vermehrt die Schlechterstellung von Jugendlichen mit Migrationshintergrund im Ausbildungssystem problematisiert wird, dies nicht vor dem Hintergrund neuer Forschungsergebnisse geschieht, sondern angesichts eines erwarteten Fachkräftemangels im Zuge des demographischen Wandels. Falls nun aufgrund zunehmender Rekrutierungsschwierigkeiten Zugangsbarrieren (in Form von Mindestqualifikationen) heruntergesetzt werden, erhöht sich aber zunächst einmal nur die Anschlussfähigkeit niedriger Schulabschlüsse; eine ganz andere Frage ist, ob sich auch Praktiken institutioneller und organisationaler Diskriminierung als abhängig von Arbeitsmarktlagen erweisen.

Literatur

Autorengruppe Bildungsberichterstattung. 2012. Bildung in Deutschland 2012. Ein indikatorengestützter Bericht mit einer Analyse zur kulturellen Bildung im Lebenslauf. Bielefeld: Bertelsmann. http://www.bildungsbericht.de/index.html?seite=10203. Zugegriffen: 07.02.2012.

Beicht, Ursula, und Mona Granato. 2009. Übergänge in eine berufliche Ausbildung. Geringere Chancen und schwierige Wege für junge Menschen mit Migrationshintergrund. *WISO direkt Oktober 2009*. Bonn: Friedrich-Ebert-Stiftung. http://www.bibb.de/de/52287.htm

Beicht, Ursula, und Mona Granato. 2010. Ausbildungsplatzsuche: Geringere Chancen für junge Frauen und Männer mit Migrationshintergrund. BIBB-Analyse zum Einfluss der sozialen Herkunft beim Übergang in die Ausbildung unter Berücksichtigung von Geschlecht und Migrationsstatus. *BIBB Report 15/10*. Bielefeld: Bertelsmann http://www.bibb.de/dokumente/pdf/a12_bibbreport_2010_15.pdf. Zugegriffen: 24.02.2013.

Bommes, Michael. 1994. Migration und Ethnizität im nationalen Sozialstaat. *Zeitschrift für Soziologie* 23 (5): 364–377.

Bommes, Michael. 2004a. Zur Bildung von Verteilungsordnungen in der funktional differenzierten Gesellschaft. Erläutert am Beispiel ‚ethnischer Ungleichheit' von Arbeitsmigranten. In Schwinn, Thomas (Hrsg.): Differenzierung und soziale Ungleichheit. Die zwei Soziologien und ihre Verknüpfung, S. 399–428. Frankfurt a. M.: Humanities Online.

Bommes, Michael. 2004b. Erarbeitung eines operationalen Konzepts zur Einschätzung von Integrationsprozessen und Integrationsmaßnahmen. Gutachten für den Sachverständigenrat für Zuwanderung und Integration. Osnabrück: IMIS.

Crul, Maurice, Philipp Schnell, Barbara Herzog-Punzenberger, Maren Wilmes, Marieke Slootman, und Rosa Aparicio Gómez. 2012. School careers of second generation youth in Europe: Which education systems provide the best chances for success? In Crul, Maurice, Jens Schneider und Frans Lelie (Hrsg.): The European Second Generation Compared: Does the Integration Context Matter?, S. 101–165. Amsterdam: Amsterdam University Press.

Diehm, Isabel, Melanie Kuhn, und Claudia Machold. 2010. Die Schwierigkeit, ethnische Differenz durch Forschung nicht zu reifizieren – Ethnographie im Kindergarten. In Heinzel, Friederike, und Argyro Panagiotopoulou (Hrsg.): Qualitative Bildungsforschung im Elementar- und Primarbereich. Bedingungen und Kontexte kindlicher Lern- und Entwicklungsprozesse. Reihe Entwicklungslinien der Grundschulpädagogik Band 8, S. 78–92. Hohengehren: Schneider.

Eberhard, Verena, und Joachim Gerd Ulrich. 2010. Übergänge zwischen Schule und Berufsausbildung. In Bosch, Gerhard, Sirikit Krone, und Dirk Langer (Hrsg.): Das Berufsbildungssystem in Deutschland, S. 133–164. Wiesbaden: VS Verlag für Sozialwissenschaften.

Eberhard, Verena, und Joachim Gerd Ulrich. 2011. „Ausbildungsreif" und dennoch ein Fall für das Übergangssystem? Institutionelle Determinanten des Verbleibs von Ausbildungsstellenbewerbern in teilqualifizierten Bildungsgängen. In Krekel, Elisabeth M., und Tilly Lex (Hrsg.): Neue Jugend, neue Ausbildung? Beiträge aus der Jugend- und Bildungsforschung, S. 97–112. Bielefeld: Bertelsmann.

Eriksen, Thomas Hylland. 2001. Ethnic Identity, National Identity, and Intergroup Conflict: The significance of personal experiences. In Ashmore, Richard D., Lee Jussim, und David Wilder (Hrsg.): Social identity, intergroup conflict, and conflict reduction, S. 42–70. Oxford: Oxford University Press.

Eulenberger, Jörg. 2011. Aussiedlerjugendliche an der ersten Schwelle. Eine deskriptive Längsschnittanalyse. *Diskurs Kindheits- und Jugendforschung* 6 (2): 151–166.

Eulenberger, Jörg. 2013. Erklärungsversuche für die schlechteren Übergangschancen in Ausbildung von Aussiedler/innen. In Siebholz, Susanne, Edina Schneider, Susann Busse, Sabine Sandring, und Anne Schippling (Hrsg.): Prozesse sozialer Ungleichheit – Bildung im Diskurs, S. 107–119. Wiesbaden: VS Verlag für Sozialwissenschaften.

Granato, Mona, Ursula Beicht, Verena Eberhard, Michael Friedrich, Christine Schwerin, Joachim Gerd Ulrich, und Ursula Weiß. 2010. Ausbildungschancen von Jugendlichen mit Migrationshintergrund. Zwischenbericht zum Forschungsprojekt. Bonn: Bundesinstitut für Berufsbildung.

Hormel, Ulrike. 2011. Differenz und Diskriminierung: Mechanismen der Konstruktion von Ethnizität und sozialer Ungleichheit. In Bilstein, Johannes, Jutta Ecarius, und Edwin Keiner (Hrsg.): Kulturelle Differenzen und Globalisierung, S. 91–111. Wiesbaden: VS Verlag für Sozialwissenschaften.

Hunkler, Christian. 2010. Ethnische Unterschiede beim Zugang zu Ausbildung und Erwerb von Ausbildungsabschlüssen. In Becker, Birgit (Hrsg.): Vom Kindergarten bis zur Hochschule. Die Generierung von ethnischen und sozialen Disparitäten in der Bildungsbiographie, S. 213–250. Wiesbaden: VS Verlag für Sozialwissenschaften.

Imdorf, Christian. 2007. Individuelle oder organisationale Ressourcen als Determinanten des Bildungserfolgs? Organisatorischer Problemlösungsbedarf als Motor sozialer Ungleichheit. *Schweizerische Zeitschrift für Soziologie* 33 (3):407–424.

Imdorf, Christian. 2008a. Der Ausschluss „ausländischer" Jugendlicher bei der Lehrlingsauswahl – ein Fall von institutioneller Diskriminierung? In Siegbert Rehberg, Karl (Hrsg.): Die Natur der Gesellschaft. Verhandlungen des 33. Kongresses der Deutschen Gesellschaft für Soziologie in Kassel 2006, S. 2048–2058. Frankfurt a. M.: Campus.

Imdorf, Christian. 2008b. Migrantenjugendliche in der betrieblichen Ausbildungsplatzvergabe – auch ein Problem für Kommunen. In Bommes, Michael, und Marianne Krüger-Potratz (Hrsg.): Migrationsreport 2008. Fakten – Analysen – Perspektiven, S. 113–158. Frankfurt a. M.: Campus.

Imdorf, Christian. 2010. Die Diskriminierung „ausländischer" Jugendlicher bei der Lehrlingsauswahl. In Hormel, Ulrike, und Albert Scherr (Hrsg.): Diskriminierung. Grundlagen und Forschungsergebnisse, S. 197–219. Wiesbaden: VS Verlag für Sozialwissenschaften.

Kalter, Frank. 2006a. Auf der Suche nach einer Erklärung für die spezifischen Arbeitsmarktnachteile von Jugendlichen türkischer Herkunft. Zugleich eine Replik auf den Beitrag von Holger Seibert und Heike Solga: „Gleiche Chancen dank einer abgeschlossenen Ausbildung?" *Zeitschrift für Soziologie* 35 (2): 144–160.

Kalter, Frank. 2006b. Die Suche muss immer weitergehen, die Frage ist nur „wo und wie?". Anmerkungen zu den Kommentaren von Holger Seibert und Heike Solga. *Zeitschrift für Soziologie* 35 (5): 418–420.

Maas, Utz. 2008. Sprache und Sprachen in der Migrationsgesellschaft. Die schriftkulturelle Dimension. IMIS-Schriften Bd. 15. Göttingen: V&R unipress.

Radtke, Frank Olaf. 2008. Schule und Ethnizität. In Helsper, Werner, und Jeannette Böhme (Hrsg.): Handbuch der Schulforschung, S. 651–672. Wiesbaden: VS Verlag für Sozialwissenschaften.

Seibert, Holger, und Heike Solga. 2005. Gleiche Chancen dank einer abgeschlossenen Ausbildung? Zum Signalwert von Ausbildungsabschlüssen bei ausländischen und deutschen jungen Erwachsenen. *Zeitschrift für Soziologie* 34 (5): 364–382.

Seibert, Holger, und Heike Solga. 2006. Die Suche geht weiter. Kommentare zu „Auf der Suche nach einer Erklärung für die spezifischen Arbeitsmarktnachteile von Jugendlichen türkischer Herkunft" von Frank Kalter (ZfS 2/2006). *Zeitschrift für Soziologie* 35 (5): 413–417.

Seibert, Holger, Sandra Hupka-Brunner, und Christian Imdorf. 2009. Wie Ausbildungssysteme Chancen verteilen. Berufsbildungschancen und ethnische Herkunft in Deutschland und der Schweiz unter Berücksichtigung der regionalen Verhältnisse von betrieblichen und schulischen Ausbildungen. *Kölner Zeitschrift für Soziologie und Sozialpsychologie* 61 (4): 595–620.

Statistisches Bundesamt. 2012. Bevölkerung und Erwerbstätigkeit. Bevölkerung mit Migrationshintergrund. Ergebnisse des Mikrozensus 2011. Fachserie 1, Reihe 2.2. Wiesbaden: Statistisches Bundesamt.

Sürig, Inken, und Maren Wilmes. 2011. Die Integration der zweiten Generation in Deutschland. Ergebnisse der TIES-Studie zur türkischen und jugoslawischen Einwanderung. IMIS-Beiträge Heft 39. Osnabrück: IMIS.

Wilmes, Maren, Jens Schneider, und Maurice Crul. 2011. Sind die Kinder türkischer Einwanderer in anderen Ländern klüger als in Deutschland? Bildungsverläufe in Deutschland und im europäischen Vergleich: Ergebnisse der TIES-Studie. In Neumann, Ursula, und Jens Schneider (Hrsg.): Schule mit Migrationshintergrund, S. 30–46. Münster: Waxmann.

Aktueller Stand, Zugang und Hemmnisse zu Bildung und Ausbildung von Jugendlichen mit Migrationshintergrund

Monika Stürzer

1 Kinder und Jugendliche mit Migrationshintergrund in Deutschland

Ein Drittel der Kinder, die in Deutschland eine Grundschule besuchen, hat einen Migrationshintergrund; d.h. entweder sie selbst oder ihre Eltern haben eine ausländische Nationalität oder sind nicht in Deutschland geboren[1]. Bei den 10- bis unter 15-Jährigen beträgt der Anteil derjenigen mit Migrationshintergrund knapp 30% und bei den Jugendlichen im Alter zwischen 15 und 24 Jahren noch ein Viertel (15- bis unter 20-Jährige: 27%: 20- bis unter 25-Jährige: 22%). Der Anteil der Personen mit Migrationshintergrund ist also in den jüngeren Altersgruppen höher als in den älteren. Eine Ausnahme bildet die Altersgruppe der 25- bis unter 35-Jährigen, denn bei den jungen Erwachsenen ist der Anteil der Personen mit Migrationshintergrund im Vergleich zu den 20- bis unter 25-Jährigen etwas höher. In jeder Altersgruppe unter 35 Jahren finden sich mehr Personen mit Migrationshintergrund als in der Gesamtbevölkerung (19%) (vgl. Abb. 1).

---

[1]   Hier und im Folgenden: eigene Berechnungen nach Statistisches Bundesamt 2012d.

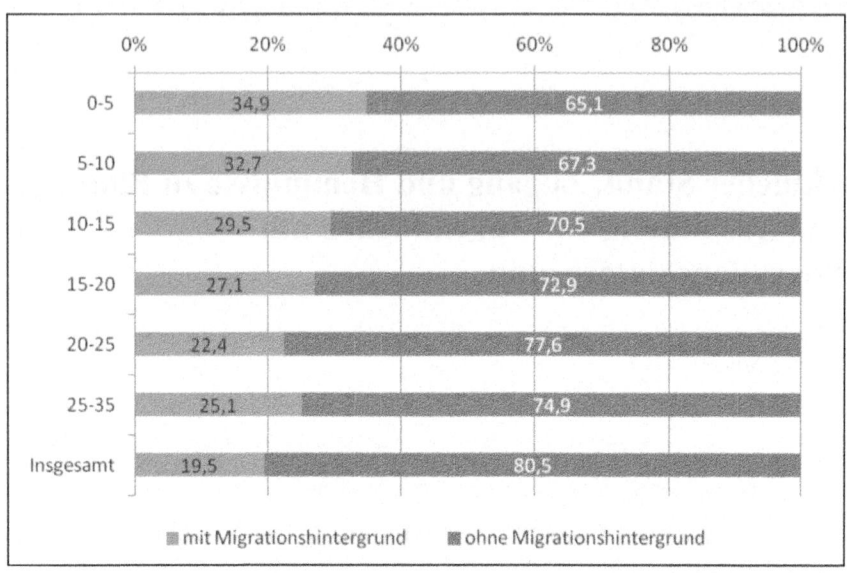

Quelle: Statistisches Bundesamt (2012d): Bevölkerung mit Migrationshintergrund – Ergebnisse des Mikrozensus 2011. Fachserie 1, Reihe 2.2, Tab. 1, Wiesbaden; eigene Darstellung.

Abbildung 1:   Anteile von Personen mit Migrationshintergrund in einzelnen Altersgruppen 2010 (in %)

Die Kohorte der 15- bis unter 25-Jährigen ist die Altersgruppe, in der sich die meisten Jugendlichen und jungen Erwachsenen befinden, die eine Ausbildungsstelle suchen, die sich in Ausbildung oder Studium oder an der zweiten Schwelle auf dem Weg in die Erwerbstätigkeit befinden. Betrachtet man diese Kohorte näher, so zeigt sich, dass fast 60% derjenigen, die einen Migrationshintergrund haben, eine deutsche Staatsangehörigkeit und nur etwa 40% die Staatsangehörigkeit eines anderen Landes haben (vgl. Abb. 2). Wenn man Jugendliche und junge Erwachsenen mit Migrationshintergrund ins Visier nimmt, so steht also eine wesentlich größere Gruppe im Blick als wenn man nur diejenigen mit einem ausländischen Pass heranzieht. Denn man erfasst in diesem Fall nicht nur jene Personen, die eine andere Staatsangehörigkeit als die deutsche haben, sondern auch jene, die die deutsche Staatsangehörigkeit erworben haben, sowie jene, deren Eltern zugewandert und eingebürgert sind, sowie (Spät-)Aussiedler oder deren Kinder und Personen, bei denen nur ein Elternteil aus dem Ausland stammt. Nur etwa die Hälfte der Jugendlichen und jungen Erwachsenen mit Migrationshintergrund ist selbst zugewandert, während die andere Hälfte in Deutschland geboren wurde. In diesem Fall handelt es sich um Migrantinnen und Migranten der zweiten oder dritten Generation; d.h. die Zuwanderung erfolgte schon in der Eltern- oder Großelterngeneration.

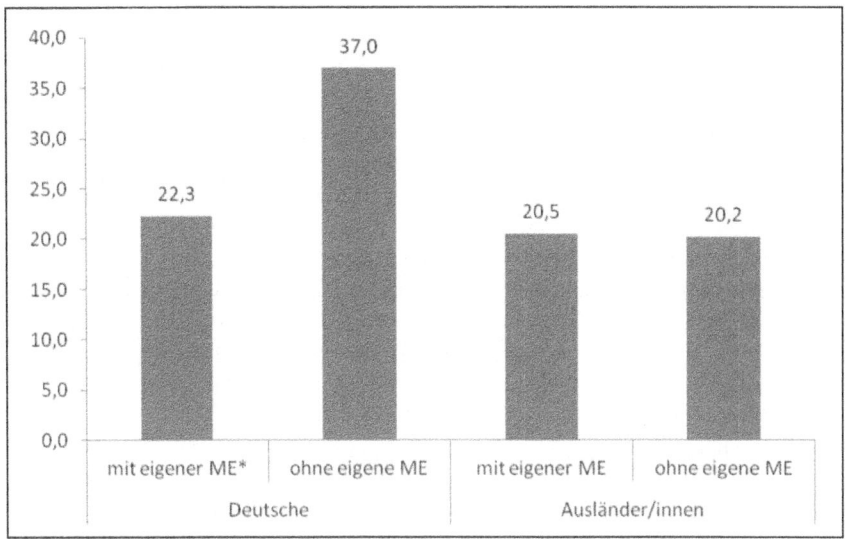

*ME = Migrationserfahrung

Quelle: Statistisches Bundesamt (2012d): Bevölkerung mit Migrationshintergrund – Ergebnisse des Mikrozensus 2011. Fachserie 1, Reihe 2.2, Tab. 1, Wiesbaden; eigene Berechnung und Darstellung.

Abbildung 2: Jugendliche mit Migrationshintergrund im Alter von 15 bis unter 25 Jahren nach Staatsangehörigkeit und eigener Migrationserfahrung 2011 (in %)

2   Schulbildung ausländischer Kinder und Jugendlicher

2.1   *Schulbesuch und -abschlüsse*

Aktuell haben 7,7% aller Schülerinnen und Schüler einen ausländischen Pass
(vgl. Abb. 3),[2] wobei die Mehrheit der Kinder und Jugendlichen mit Migrationshintergrund über die deutsche Staatsangehörigkeit verfügt (vgl. Abb. 2). Der
vergleichsweise niedrige Anteil von Kindern und Jugendlichen nichtdeutscher
Staatsangehörigkeit an allen Schülerinnen und Schülern bei gleichzeitig großem
Anteil von Kindern und Jugendlichen mit Migrationshintergrund beruht vor allem auf der im Jahr 2000 beschlossenen Staatsangehörigkeitsreform. Nach dem
dort verankerten Ius-Soli-Prinzip erhalten Kinder ausländischer Eltern, die in
Deutschland geboren werden, eine doppelte Staatsangehörigkeit, wenn ein Elternteil seit mindestens acht Jahren rechtmäßig seinen gewöhnlichen Aufenthalt
in Deutschland und ein Daueraufenthaltsrecht hat. Ab dem Erreichen der Voll-
jährigkeit bis spätestens zum Alter von 23 Jahren müssen die Kinder sich dann
entweder für die deutsche Staatsangehörigkeit oder die des Herkunftslandes ihrer
Eltern entscheiden (vgl. § 4 Abs. 3 und § 29 StAG).

Ausgehend von den 7,7% ausländischen Schüler/inne/n lassen sich die
Schulbesuchsraten der ausländischen Kinder und Jugendlichen in den einzelnen
Schularten in Relation zu den deutschen Schüler/inne/n vergleichen (vgl. Abb. 3).
Am auffälligsten ist der hohe Anteil ausländischer Schüler/innen an Hauptschulen. Auf der anderen Seite sind sie an Gymnasien und Schularten mit mehreren
Bildungsgängen unterrepräsentiert. Von den weiterführenden Schulen werden
einzig Realschulen von ausländischen und deutschen Schüler/innen in etwa entsprechend ihrer allgemeinen Schülerrelation besucht. Überproportional häufig
besuchen ausländische Schüler/innen auch integrierte Gesamtschulen und Förderschulen.

---

2   Da in der amtlichen Schul- und Ausbildungsstatistik bisher nur nach der Staatsangehörigkeit
     und nicht nach dem Migrationshintergrund unterschieden wird, kann im Folgenden nur dann
     auf das Kriterium „Migrationshintergrund" eingegangen werden, wenn Ergebnisse aus empi-
     rischen Studien dargestellt werden. Die Schulstatistik wurde deshalb als Datengrundlage ge-
     wählt, weil es sich hierbei um eine Vollerhebung handelt, die jedes Jahr die aktuellsten Daten
     in Fachserien publiziert. Sonderauswertungen z.B. des SOEP oder von PISA-Daten können
     darüber hinaus zwar detailliertere Informationen zum Migrationshintergrund liefern, sie sind
     jedoch weniger aktuell und umfassend als die Schulstatistik.

Die Anteile ausländischer Schüler/innen an Förderschulen sind in den letzten Jahren leicht zurückgegangen, im Schuljahr 2009/2010 betrugen sie noch 13,8%, im Schuljahr 2011/2012 lag ihr Anteil bei 12,1%.[3] Trotz dieses positiven Trends sind ausländische Kinder und Jugendliche jedoch nach wie vor an Förderschulen deutlich überrepräsentiert. Nach dem Besuch einer Förderschule haben Jugendliche deutlich schlechtere Chancen auf einen Ausbildungsplatz als nach jedem anderen Schulabschluss.

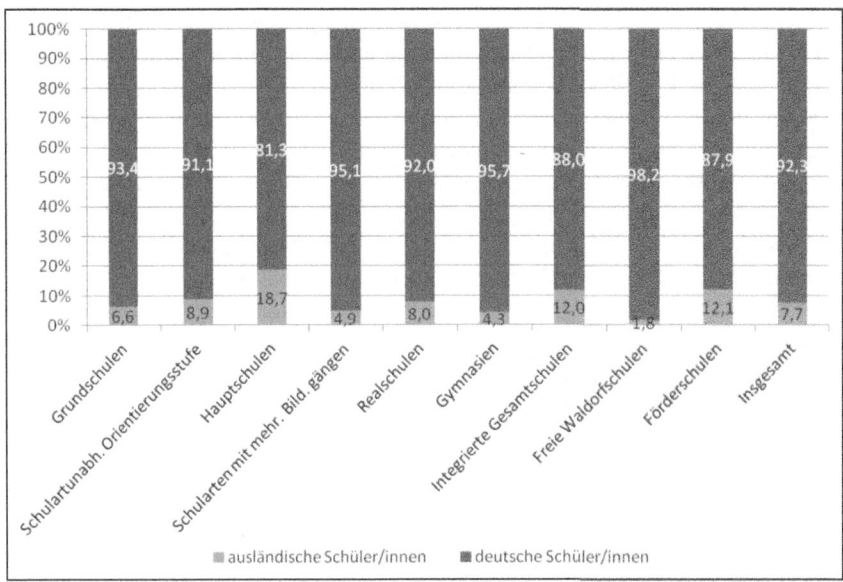

Quelle: Statistisches Bundesamt (2012a): Fachserie 11, Reihe 1, Bildung und Kultur, Allgemeinbildende Schulen. Schuljahr 2011/2012. Wiesbaden; eigene Darstellung.

Abbildung 3: Deutsche und ausländische Schülerinnen und Schüler an allgemeinbildenden Schulen nach Schularten im Schuljahr 2011/12 (in %)

Ausländische Schülerinnen und Schüler besuchen seltener Gymnasien, dafür häufiger Hauptschulen und Förderschulen als deutsche Schülerinnen und Schüler.

3   Eigene Berechnungen hier und im Folgenden nach den Angaben aus Fachserie 11, Reihe 1 des Statistischen Bundesamtes 2012a.

Mit Daten des Mikrozensus können die Anteile der Schülerinnen und Schüler an einzelnen Schularten auch nach Migrationshintergrund differenziert werden (vgl. Abb. 4). Wie zu erwarten ist der Anteil der Schüler/innen mit Migrationshintergrund an allen Schüler/inne/n (28,1%) größer als der der Schüler/innen, die eine ausländische Staatsangehörigkeit (7,7%) haben (vgl. Abb. 3). Insgesamt zeigt sich im Verhältnis der Anteile von Schülerinnen und Schülern mit zu jenen ohne Migrationshintergrund ein ähnliches Muster wie im Verhältnis der ausländischen und deutschen Schülerinnen und Schüler. Auch Schüler/innen mit Migrationshintergrund besuchen überproportional häufig Hauptschulen und selten Gymnasien; ebenso weicht ihr Anteil an Realschulen nur leicht vom Durchschnittswert ab. Es fällt jedoch auf, dass, wenn man nach Migrationshintergrund differenziert, die Unterschiede bei den Hauptschüler/inne/n und Gymnasiast/inne/n geringer sind als wenn man nach Staatsangehörigkeit unterscheidet. Denn während der Anteil der ausländischen Hauptschüler/innen an allen Hauptschüler/inne/n mehr als doppelt so hoch wie der Anteil der ausländischen Schüler/innen als allen Schüler/inne/n ist, liegt er bei den Schüler/inne/n mit Migrationshintergrund nur etwa 50% höher. Ebenso ist der verhältnismäßige Anteil der Jugendlichen mit Migrationshintergrund an allen Gymnasiast/inn/en nicht so niedrig wie der der ausländischen Jugendlichen. Daraus lässt sich schließen, dass Jugendliche mit Migrationshintergrund, die die deutsche Staatsangehörigkeit haben, im Hinblick auf den Schulbesuch im Sekundarbereich erfolgreicher sind als jene mit ausländischer Staatsangehörigkeit.

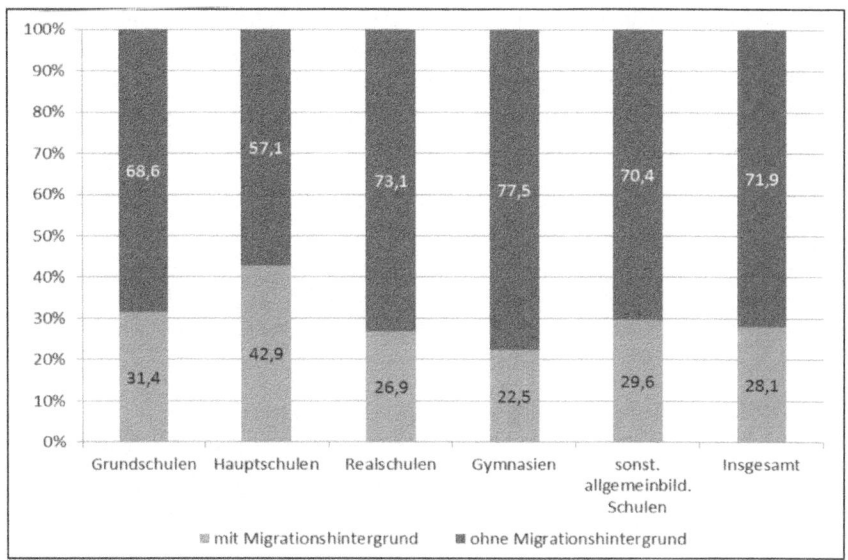

Quelle: Statistisches Bundesamt (Destatis), Wissenschaftszentrum Berlin für Sozialforschung (WZB) in Zusammenarbeit mit Das Sozio-oekonomische Panal (SOEP) am Deutschen Institut für Wirtschaftsforschung (DIW) (Hrsg.) 2011: Datenreport 2011, Bd. I, Tab. 4c, Daten des Mikrozensus, eigene Darstellung.

Hinweis: Zu den „sonstigen allgemeinbildenden Schulen" zählen Schulartunabhängige Orientierungsstufe, Schularten mit mehreren Bildungsgängen, Gesamtschulen, Waldorfschulen und Sonderschulen bzw. Förderschulen.

Abbildung 4: Schülerinnen und Schüler an allgemeinbildenden Schulen nach Migrationshintergrund und nach Schularten 2009 (in %)

Die Chancen ausländischer Schülerinnen und Schüler, einen höherwertigen Schulabschluss zu erreichen, sind erheblich geringer als die deutscher Schülerinnen und Schülern.

In den vergangenen 20 Jahren erreichten ausländische Jugendliche zunehmend höherwertige Schulabschlüsse; trotzdem sind sie nach wie vor insbesondere unter Abiturient/inne/n unterrepräsentiert und unter Hauptschulabsolvent/inn/en sowie unter denjenigen, die die Schule ohne Abschluss verlassen, überrepräsentiert (vgl. Abb. 5). Etwa 15% der ausländischen Schulabsolvent/inn/en erreichen am Ende des Schuljahres 2010/2011 die allgemeine Hochschulreife; unter den deutschen Jugendlichen war der Anteil der Abiturient/inn/en mehr als doppelt so hoch. Auf der anderen Seite waren die Anteile derjenigen, die die Schule ohne Abschluss verließen oder einen Hauptschulabschluss erwarben, unter den ausländischen Jugendlichen mehr als doppelt so hoch wie unter den deutschen. Einzig beim Realschulabschluss waren die Anteile in beiden Gruppen ähnlich hoch.

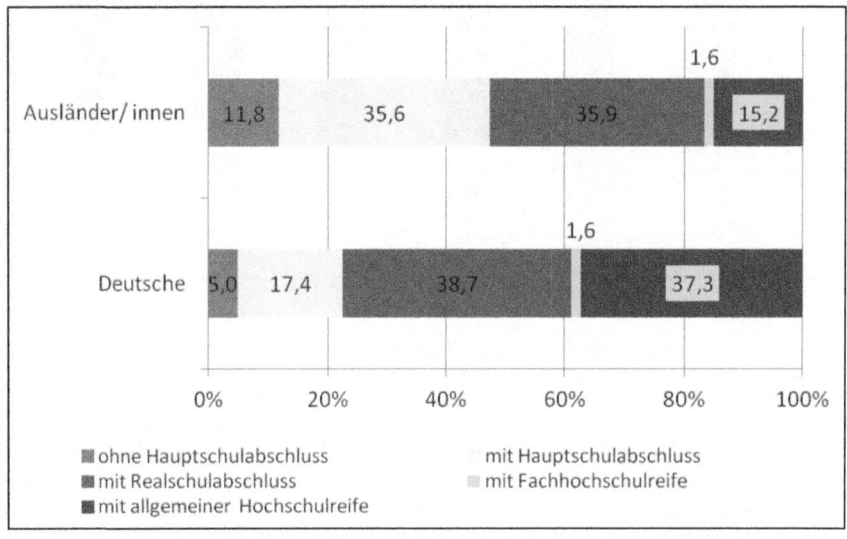

Quelle: Statistisches Bundesamt (2012a): Fachserie 11, Reihe 1, Bildung und Kultur, Allgemeinbildende Schulen. Schuljahr 2011/2012. Wiesbaden; eigene Berechnungen und Darstellung.

Abbildung 5: Absolvent/inn/en und Schulabgänger/innen des Jahres 2011 nach Staatsangehörigkeit und Abschlussarten (in %)

2.2 *Einflussfaktoren auf den Schulerfolg von Jugendlichen mit Migrationshintergrund*

Ergebnisse aus empirischen Untersuchungen zeigen, dass sozio-ökonomische sowie Bildungsvoraussetzungen der Herkunftsfamilie, sowie das Vorliegen einer eigener Migrationserfahrung der Kinder und Jugendlichen (differenziert nach 1., 2. und 3. Migrationsgeneration und danach, ob nur ein oder beide Elternteile zugewandert sind) wesentlichen Einfluss auf ihre Bildungswege und -erfolge haben, der zum Teil höher ist als der Einfluss des Migrationshintergrundes (Konsortium Bildungsberichterstattung 2006; Engels et al. 2011; Stürzer et al. 2012). Unterscheidet man des Weiteren nach Geschlecht, so zeigt sich in den meisten Fällen für Mädchen und junge Frauen mit Migrationshintergrund ein ähnliches Muster wie für deren Geschlechtsgenossinnen ohne Migrationshintergrund: Sie sind beim Schulbesuch sowie bei den Schulabschlüssen durchschnittlich erfolgreicher als die Jungen und jungen Männer (vgl. Stürzer 2012). Betrachtet man unterschiedliche Herkunftsländer, dann treten große Unterschiede beim Besuch der verschiedenen Schularten zu Tage: So besuchen z.b. vietnamesische Jugendliche das Gymnasium noch wesentlich häufiger als deutsche, und Jugendliche aus den ehemaligen Anwerbestaaten Serbien, Italien, Türkei und Griechenland sind überdurchschnittlich häufig auf Hauptschulen zu finden. Hinter der Spezifizierung nach Herkunftsländern kann sich jedoch ein sozio-ökonomischer Zusammenhang verbergen, da sich die Zuwanderer aus verschiedenen Herkunftsländern nach ihren mitgebrachten Bildungsvoraussetzungen unterscheiden. So wurden in den 1950er und 1960er Jahren aus den Anwerbeländern vor allem un- und angelernte Arbeitskräfte für die Industrie angeworben und keine Akademiker (vgl. Bednarz-Braun und Heß-Meining 2004).

Für die Bildungswege und -abschlüsse spielen (neben bzw. vor dem Migrationshintergrund) auch der sozio-ökonomische Status der Familie, die Generationenzugehörigkeit, das Geschlecht und das Herkunftsland eine wichtige Rolle.

3   Berufliche Ausbildung

3.1   *Aspiration und Suchstrategien zur beruflichen Ausbildung*[4]

Nach Ergebnissen der BIBB-Übergangsstudie (Beicht und Granato 2009) haben Jugendliche mit Migrationshintergrund am Ende der Schulzeit ähnliche Pläne und Suchstrategien für eine berufliche Ausbildung wie Jugendliche ohne Migrationshintergrund. Sie streben ähnlich häufig eine betriebliche Ausbildung an wie diejenigen ohne Migrationshintergrund und unterscheiden sich auch kaum in ihren Aspirationen hinsichtlich eines weiteren Schulbesuchs (Beicht und Granato 2009, S. 11ff). Während sich unter den Jugendlichen, die die Schule maximal mit einem Hauptschulabschluss absolviert haben, keine Unterschiede nach Mi-

---

4   Der folgende Abschnitt bezieht sich vorrangig auf die berufliche Erstausbildung im dualen System sowie den Übergangsbereich.

grationshintergrund im Hinblick auf den Wunsch finden, eine betriebliche oder eine schulische Ausbildung zu beginnen, äußern Jugendliche mit Migrationshintergrund, die mindestens einen mittleren Schulabschluss erreicht haben, seltener als jene ohne Migrationshintergrund die Absicht, eine betriebliche Ausbildung zu beginnen (Beicht und Granato 2009, Übersicht 1, S. 12). Sie streben dagegen häufiger eine schulische Ausbildung an oder beabsichtigen, vor allem bei einem guten Notendurchschnitt, eine Fachoberschule oder ein Fachgymnasium zu besuchen. Jugendliche mit Migrationshintergrund, die über eine (Fach-)Hochschulreife verfügen, streben noch etwas häufiger ein Studium an als jene ohne Migrationshintergrund (Beicht und Granato 2009).

Die BIBB-Übergangsstudie kam zu dem Ergebnis, dass „die meisten Jugendlichen mit (und ohne) Migrationshintergrund klare *(Aus)Bildungsziele*" haben und „konkrete Qualifizierungspläne" benennen können (Beicht und Granato 2009, S. 13, Hervorhebung dort). Die manchmal geäußerte Vermutung, dass es den Jugendlichen mit Migrationshintergrund an Bildungsaspirationen mangele und sie deshalb seltener im beruflichen Ausbildungssystem zu finden seien, wird nicht bestätigt. Somit sind „unzureichende Bildungspläne (…) keine Erklärung für die geringere Teilhabe junger Menschen mit Migrationshintergrund an beruflicher Ausbildung" (Beicht und Granato 2009, S. 12f).

Die meisten Schulabsolvent/inn/en, die die Schule mit einem Abschluss unterhalb des (Fach-)Abiturs beendet haben, streben eine betriebliche Ausbildung an (Beicht und Granato 2009, S. 13). Um dieses Ziel zu erreichen, wenden sie eine ganze Reihe unterschiedliche Such- und Bewerbungsstrategien an. Auch in der Auswahl dieser Strategien und der Häufigkeit ihrer Anwendung unterscheiden sich Jugendliche mit und ohne Migrationshintergrund zumeist nur geringfügig. Um eine Ausbildungsstelle zu finden, nutzen die meisten Schulabsolvent/inn/en – und zwar gleich häufig jene mit und jene ohne Migrationshintergrund zu 73% – eigeninitiativ Zeitungen, das Internet und ähnliche Quellen (hier und im Folgenden: Beicht und Granato 2009, Übersicht 2, S. 14). 59% der Jugendlichen ohne Migrationshintergrund, aber 63% derjenigen mit Migrationshintergrund melden sich bei der Agentur für Arbeit als Bewerber/innen und 12% derjenigen ohne gegenüber 17% derjenigen mit Migrationshintergrund geben selbst ein Stellengesuch in der Zeitung, im Internet oder ähnlichen Medien auf. Einzig bezüglich der Strategie, Hilfe von Eltern, Familienangehörigen, Bekannten und Freunden bei der Kontaktaufnahme mit Betrieben zu nutzen, zeigt sich ein Vorsprung der Absolvent/inn/en ohne Migrationshintergrund (76%) gegenüber jenen mit Migrationshintergrund (63%). Ausbildungssuchende mit Migrationshintergrund verfügen nach Beicht und Granato (2009) diesbezüglich über geringere Netzwerkressourcen als jene ohne Migrationshintergrund.

Wenn eine potentielle Ausbildungsstelle gefunden wurde, folgen weitere Schritte im Bewerbungsprozess. Auch hier ähneln sich die Strategien der beiden Gruppen, Jugendliche mit Migrationshintergrund bewerben sich ähnlich häufig schriftlich und für durchschnittlich ebenso viele unterschiedliche Berufe (im Durchschnitt 4) und sie nehmen ähnlich häufig an Vorstellungsgesprächen teil wie Jugendliche ohne Migrationshintergrund. Jugendliche mit Migrationshintergrund, die höchstens über einen Hauptschulabschluss verfügen, bewerben sich in den alten Bundesländern[5] sogar häufiger auf Ausbildungsstellen, die mehr als 100 Kilometer vom Heimatort entfernt liegen (Beicht und Granato 2009).

„Diese Ergebnisse zu den *Suchstrategien* junger Menschen mit Migrationshintergrund im Übergang Schule – Ausbildung belegen ihr Engagement, ihre Flexibilität und ihre Potentiale bei der Suche nach einer Ausbildung, bei welcher sie genauso flexibel und engagiert handeln wie einheimische Jugendliche" (Beicht und Granato 2009, S. 15, Hervorhebung dort).

> *Ausbildungspläne und Suchstrategien von Jugendlichen mit und ohne Migrationshintergrund ähneln sich.*

3.2 Übergänge von der schulischen in die berufliche Ausbildung

Trotz ähnlicher Ausbildungspläne und ähnlich intensiver Suchstrategien (vgl. Beicht und Granato 2009) sind Jugendliche mit Migrationshintergrund im Übergangsbereich[6] überrepräsentiert. Denn vor allem ausländische Jugendliche haben wesentlich größere Schwierigkeiten, direkt im Anschluss an die Schulzeit eine Ausbildungsstelle im dualen System zu erhalten (vgl. Konsortium Bildungsberichterstattung 2006, S. 153f).

---

5 Die Angaben beziehen sich für diese Frage nur auf die alten Bundesländer, da in den neuen Bundesländern zum einen die Mobilitätsbereitschaft aller Ausbildungsstellensuchenden aufgrund der schwierigen Ausbildungs- und Arbeitsmarktsituation deutlich höher liegt als im Westen der Republik. Zum anderen ist der Anteil Jugendlicher mit Migrationshintergrund in den alten Bundesländern wesentlich höher als in den neuen.

6 Betrachtet werden soll an dieser Stelle der Sektor „Integration in Ausbildung", also der Übergangsbereich im engeren Sinne. „Dieser Bereich umfasst Maßnahmen und Bildungsgänge, die der Vorbereitung oder Hinführung auf eine Berufsausbildung dienen oder sich an Jugendliche wenden, die nicht unmittelbar in eine Ausbildung im dualen Berufsbildungssystem einmünden. Ausgenommen sind vollzeitschulische Maßnahmen ohne starke berufspraktische Komponente" (BIBB 2012b). Zu unterscheiden ist dieser Sektor vom Übergangsbereich im weiteren Sinne, zu dem auch allgemeine Berufsvorbereitungsmaßnahmen sowie vollzeitschulische Maßnahmen zählen.

Im Jahr 2009 begannen in Deutschland 2.024.260 Jugendliche und junge Erwachsene, nachdem sie eine allgemeinbildende Schule abgeschlossen hatten, eine Ausbildung (Statistische Ämter des Bundes und der Länder 2011, S. 6). 206.886 der Ausbildungsanfänger/innen hatten nach Berechnung der Integrierten Ausbildungsberichterstattung eine ausländische Staatsangehörigkeit, das entspricht einem Anteil von 10,2% aller Anfänger/innen (Statistische Ämter des Bundes und der Länder 2011, S. 62). Die ausländischen Ausbildungsanfänger/innen verteilten sich unterschiedlich auf die einzelnen Ausbildungssektoren. Am stärksten waren sie im Sektor „Studium" vertreten, gefolgt vom Sektor „Integration in Ausbildung (Übergangsbereich)". Am schwächsten repräsentiert waren ausländische Ausbildungsanfänger/innen im Sektor „Berufsausbildung", ähnlich selten im Sektor „Erwerb der Hochschulzugangsberechtigung (Sek II)" (vgl. Abb. 6).

Die starke Repräsentanz ausländischer Ausbildungsanfänger/innen im Sektor „Studium" kann allerdings nicht auf ihren scheinbar großen Erfolg im bundesdeutschen Schulsystem zurückgeführt werden. Denn nur etwa ein Viertel der 244.800 ausländischen Studierenden des Wintersemesters 2009/10 haben ihre Hochschulzugangsberechtigung in Deutschland erworben, drei Viertel von ihnen haben sie im Ausland erworben und gehören somit zur Gruppe der Bildungsausländer/innen (Statistische Ämter des Bundes und der Länder 2011, S. 63). Es ist davon auszugehen, dass auch unter den ausländischen Studienanfänger/innen des Jahres 2009 nur ein kleiner Teil seine Hochschulzugangsberechtigung in Deutschland erworben hat.

Dies zeigt sich auch im Anteil ausländischer Anfänger/innen, die in den Sektor „Erwerb der Hochschulzugangsberechtigung" (Sekundarbereich II) einmündeten. Er lag mit 6,4% deutlich unter dem Anteil ausländischer Anfänger/innen insgesamt (10,2%).

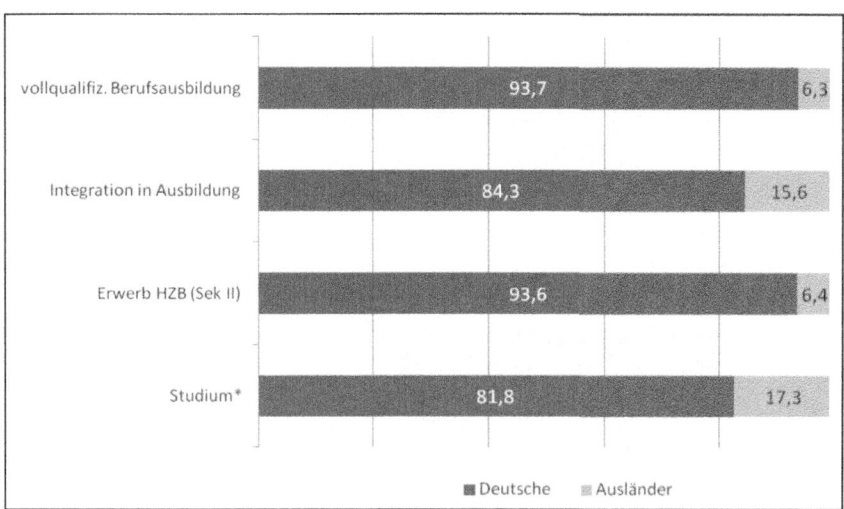

In der Kategorie „Studium" sind Bildungsinländer/innen und Bildungsausländer/innen erfasst. Diese Kategorie umfasst auch Berufsakademien.

Hinweise: Die Summen addieren sich nicht immer auf 100%, da in einigen Fällen die Angaben zur Staatsangehörigkeit fehlten.

HZB (Sek II) = Hochschulzugangsberechtigung im Sekundarbereich II

Quelle: Statistische Ämter des Bundes und der Länder (2011): Qualitäts- und Ergebnisbericht – Integrierte Ausbildungsberichterstattung; eigene Darstellung.

Abbildung 6: Deutsche und ausländische Ausbildungsanfänger/innen nach Sektoren 2009 (in %)

Am niedrigsten war der Anteil ausländischer Jugendlicher mit 6,3% (absolut: 45.342) im Sektor „vollqualifizierende Berufsausbildung". Dagegen waren ausländische Jugendliche im Sektor „Integration in Ausbildung", dem sogenannten Übergangsbereich mit einem Anteil von 15,6% (absolut: 54.012) stark überrepräsentiert. Das bedeutet, dass mehr ausländische Jugendliche einen Bildungsgang im Übergangsbereich begannen als eine Berufsausbildung. Von den deutschen Jugendlichen begannen im Gegensatz dazu mehr als doppelt so viele eine Berufsausbildung als in den Übergangsbereich einmündeten. „Dies lässt darauf schließen, dass ausländische Jugendliche besonders große Probleme haben, direkt nach der allgemeinbildenden Schule einen Ausbildungsplatz zu finden" (Statistische Ämter des Bundes und der Länder 2011, S. 62).

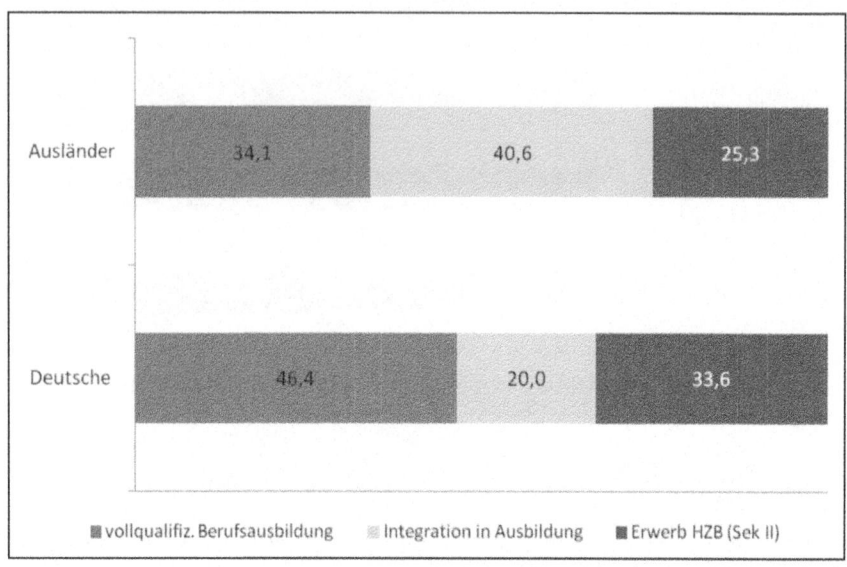

Quelle: Statistische Ämter des Bundes und der Länder (2011): Qualitäts- und Ergebnisbericht – Integrierte Ausbildungsberichterstattung; eigene Berechnung und Darstellung.

Abbildung 7:   Deutsche und ausländische Anfänger/innen in den Sektoren unterhalb des Hochschulstudiums 2009 (in %)

Betrachtet man die Verteilung der ausländischen und deutschen Ausbildungsanfänger/innen auf die drei Sektoren unterhalb der des Sektors „Studium", so zeigt sich, dass etwas weniger als die Hälfte der deutschen, aber nur ein Drittel der ausländischen Jugendlichen eine vollqualifizierende Ausbildung begannen (Statistische Ämter des Bundes und der Länder 2011). Auf der anderen Seite begannen zwei Fünftel der ausländischen Jugendlichen im Gegensatz zu einem Fünftel der deutschen Jugendlichen eine Maßnahme im Übergangsbereich. Ihre schulische Ausbildung im Sekundarbereich setzten etwa ein Drittel der deutschen, aber nur ein Viertel der ausländischen Jugendlichen fort (vgl. Abb. 7).

Vergleicht man für die einzelnen Bereiche des Sektors „vollqualifizierende Berufsausbildung" die jeweiligen Anteile ausländischer und deutscher Ausbildungsanfänger/innen, so werden auch hier deutliche Unterschiede sichtbar. Mit einem Anteil von 5,4% begannen 2009 besonders wenige ausländische Jugendliche eine Ausbildung im Erziehungs-, Gesundheits- und Sozialwesen (Statistische Ämter des Bundes und der Länder 2011, S. 62). Sehr niedrig war ihr Anteil mit

6,3% auch bei den Ausbildungsanfänger/innen im dualen System. Etwas häufiger waren sie mit 9% an Berufsfachschulen vertreten.

Ausländische Jugendliche sind im Übergangsbereich überrepräsentiert – dagegen sind sie bei denjenigen, die nach einem ersten Schulabschluss eine vollqualifizierende Berufsausbildung beginnen sowie bei denjenigen, die den Erwerb einer Hochschulzugangsberechtigung anstreben, unterrepräsentiert.

Beicht und Granato (2009) sprechen in diesem Zusammenhang von Selektionsmechanismen und -prozessen beim Übergang von der Schule in Ausbildung. Nur scheinbar findet die Auswahl nach meritokratischen Allokationsprinzipien statt, zu vermuten ist, dass hier Arbeitsmarktdiskriminierung wirksam wird, in deren Rahmen Jugendlichen mit Migrationshintergrund bestimmte „Marktsignale" zugeschrieben werden (Beicht und Granato 2009, S. 31), die sie für den Ausbildungsmarkt weniger attraktiv machen. Für Deutschland sind mögliche Zusammenhänge dieser Art jedoch bisher noch nicht befriedigend empirisch belegt (Beicht und Granato 2009).

3.3 Angestrebte und realisierte Ausbildungswege

Ähnlich wie in der BIBB-Übergangsstudie (Beicht und Granato 2009) ist auch anhand der Daten des DJI-Übergangspanels für Hauptschüler/innen sowohl ohne als auch mit Migrationshintergrund „eine Orientierung an „normalen" Bildungs-, Ausbildungs- und Erwerbsverläufen festzustellen" (Kuhnke und Müller 2009, S. 45). Im DJI-Übergangspanel, einer Längsschnittuntersuchung zu den Bildungs- und Ausbildungswegen von Hauptschulabsolventinnen und -absolventen, wurden Jugendliche mit und ohne Migrationshintergrund[7] zu verschiedenen Zeitpunkten nach ihren (Aus-)bildungszielen und -plänen für die Zeit nach der Schule befragt. Gefragt wurden die Jugendlichen unter anderem danach, ob sie eine berufliche Ausbildung anstrebten, an Maßnahmen zur Berufsvorbereitung[8] teilnehmen woll-

---

7 Von einem Migrationshintergrund wurde dann ausgegangen, „wenn mindestens ein Elternteil oder der/die Jugendliche selbst in einem anderen Land als Deutschland geboren wurde" (Kuhnke und Müller 2009, S. 3). Fehlten diese Angaben, wurde noch berücksichtigt, ob mindestens ein Elternteil bzw. der Jugendliche selbst nicht die deutsche Staatsbürgerschaft hatte. Darüber hinaus wurde die in der Familie gesprochene Sprache erhoben.

8 Unter diesem Etikett wurden alle Formen von beruflichen Qualifizierungsmaßnahmen und Trainings, insbesondere Maßnahmen zur Verbesserung der beruflichen Bildungs- und Eingliederungschancen (BBE), das vollzeitschulische Berufsgrundbildungsjahr (BGJ), Bildungsgänge, die eine berufliche Grundbildung vermitteln (BVJ) berufsvorbereitende Bildungsmaßnahmen (BVB) sowie der Besuch von Hauswirtschaftsschulen, zusammengefasst.

ten oder ob sie eine weiterführende Schule besuchen wollten. In mehreren Wiederholungsbefragungen wurde differenziert nach Herkunftsland und Geschlecht eruiert, ob, in welchem Umfang und wie schnell die Jugendlichen ihre Pläne realisieren konnten (vgl. Kuhnke und Müller 2009).

Die Basisbefragung des DJI-Übergangspanels fand im März 2004 statt. Zu diesem Zeitpunkt wurden die Jugendlichen nach ihren beruflichen Zielen gefragt. Drei Monate später, im Juni, wurde mittels telefonischer CATI-Interviews überprüft, inwieweit die ursprünglichen Ziele zu konkreten Plänen gereift waren. Und weitere fünf Monate später, im November 2004 wurden die Jugendlichen zum Ist-Zustand befragt, d.h. danach, in welcher Art von Ausbildung sie sich zu diesem Zeitpunkt dann tatsächlich befanden.

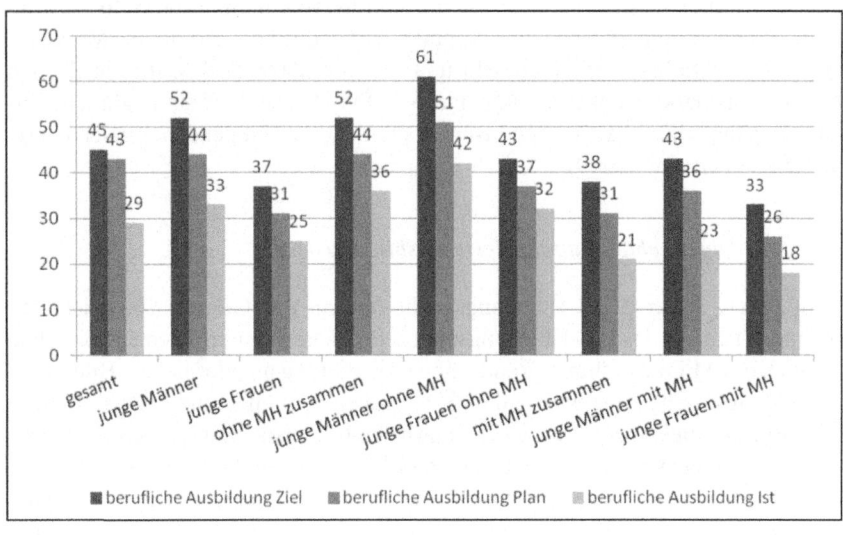

MH = Migrationshintergrund

Quelle: DJI-Übergangspanel; Kuhnke und Müller 2009, Tabelle B 33, S. 46; eigene Darstellung.

Abbildung 8: Anteile der Hauptschüler/innen, die eine berufliche Ausbildung anstreben und Realisierung ihrer Pläne nach Migrationshintergrund und Geschlecht (in %)

Die meisten der befragten Hauptschüler/innen strebten zum ersten Erhebungszeitpunkt eine *berufliche Ausbildung* an. In diese Kategorie fielen sowohl Ausbildungen im dualen System als auch voll qualifizierende Ausbildungsgänge an Berufsfachschulen, die einen Berufsabschluss vermitteln. Vor allem für junge

Männer, und hier in noch größerem Ausmaß für junge Männer ohne Migrationshintergrund, war dies mit deutlichem Abstand die erste Wahl. Drei Monate später nach ihren Plänen gefragt, waren die Anteile derjenigen, die eine berufliche Ausbildung anstrebten, in allen Gruppen zurückgegangen (vgl. Abb. 8). Betrachtet man die Anteile derjenigen, die im November in eine berufliche Ausbildung einmündeten, so fällt auf, dass durchschnittlich ein Drittel der Jugendlichen, die eine berufliche Ausbildung angestrebt hatten, dieses Ziel nicht realisieren konnten. Von diesem Rückgang waren junge Männer sowohl mit als auch ohne Migrationshintergrund stärker betroffen als junge Frauen, so dass sich die zum ersten Erhebungszeitpunkt noch gravierenden Geschlechterdifferenzen bis zur dritten Befragung reduzierten. Jugendliche mit Migrationshintergrund planten durchschnittlich seltener als jene ohne Migrationshintergrund eine berufliche Ausbildung direkt im Anschluss an die Schule und es gelang ihnen mit 55% auch durchschnittlich seltener, dieses Ziel zu realisieren; Jugendliche ohne Migrationshintergrund dagegen waren in diesem Prozess zu 69% erfolgreich.

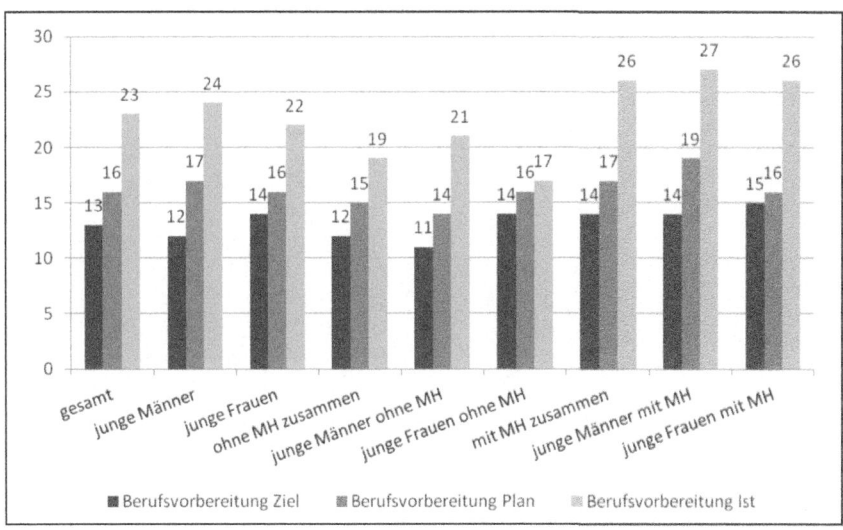

MH = Migrationshintergrund

Quelle: DJI-Übergangspanel; Kuhnke und Müller 2009, Tabelle B 33, S. 46; eigene Darstellung.

Abbildung 9:   Anteile der Hauptschüler/innen, die eine berufliche Qualifizierungsmaßnahme anstreben und Realisierung ihrer Pläne nach Migrationshintergrund und Geschlecht (in %)

Nur durchschnittlich 13% aller befragten Hauptschüler/innen äußerten in der ersten Befragung das Ziel, nach dem Schulabschluss eine berufliche Qualifizierungsmaßnahme zu beginnen, im Juni hatten dann 16% diesen Plan gefasst und im November waren schließlich 23% in eine solche Maßnahme eingemündet (vgl. Abb. 9). Diese weniger attraktive Alternative wird häufig erst dann gewählt, wenn es den Jugendlichen nicht gelungen ist, eine Lehrstelle zu finden oder einen weiteren Schulbesuch zu realisieren. Die Anteile derjenigen, die das Ziel oder den Plan haben, in eine berufliche Qualifizierungsmaßnahme zu starten, unterscheiden sich zwischen den Gruppen nicht so stark wie bezüglich einer angestrebten beruflichen Ausbildung. Am seltensten haben junge Männer ohne Migrationshintergrund dieses Ziel oder diesen Plan. Das Ziel wird am häufigsten von jungen Frauen mit Migrationshintergrund genannt, den Plan drei Monate später haben dann allerdings häufiger junge Männer mit Migrationshintergrund. Sie sind auch die Gruppe, die letztendlich am häufigsten (mit geringem Vorsprung vor den jungen Frauen mit Migrationshintergrund) in eine berufliche Qualifizierungsmaßnahme einmündet. Am seltensten sind davon junge Frauen ohne Migrationshintergrund betroffen.

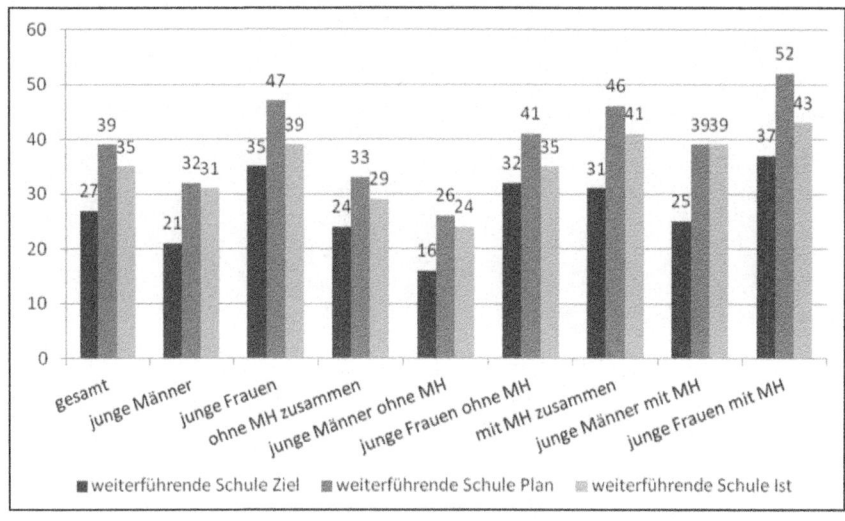

MH = Migrationshintergrund

Quelle: DJI-Übergangspanel; Kuhnke und Müller 2009, Tabelle B 33, S. 46; eigene Darstellung.

Abbildung 10:   Anteile der Hauptschüler/innen, die weiter eine Schule besuchen wollen und Realisierung ihrer Pläne nach Migrationshintergrund und Geschlecht (in %)

Häufiger als eine berufliche Qualifizierungsmaßnahme, aber seltener als eine berufliche Ausbildung wird von der Mehrheit der jungen Hauptschüler/innen der weitere Schulbesuch gewünscht oder geplant (vgl. Abb. 10). Ein gutes Viertel aller Befragten äußert im März dieses Ziel. Hier zeigen sich deutliche Unterschiede nach Geschlecht und Migrationshintergrund. Während junge Männer etwa zu einem Fünftel weiter die Schulbank drücken wollen, liegt der Anteil bei jungen Frauen bei mehr als einem Drittel. Jeder vierte Jugendliche ohne Migrationshintergrund hat dieses Ziel, aber mehr als 30% der Jugendlichen mit Migrationshintergrund. Die Geschlechterdifferenzen sind über die Herkunftsgrenzen hinweg gleich, so dass junge Männer ohne Migrationshintergrund mit 16% deutlich am seltensten und junge Frauen mit Migrationshintergrund mit 37% deutlich am häufigsten einen weiteren Schulbesuch anstreben. Zum zweiten Befragungszeitpunkt im Juni steigen die Anteile derjenigen, die einen weiteren Schulbesuch planen, stark an. Vermutlich sind unter diesen Jugendlichen viele zu finden, die bis zu diesem Zeitpunkt noch keine Ausbildungsstelle gefunden haben. Trotz eines Anstiegs um 10 Prozentpunkte planen junge Männer ohne Migrationshintergrund auch am seltensten, weiter die Schule zu besuchen. Junge Frauen mit Migrationshintergrund planen doppelt so oft einen weiteren Schulbesuch. Realisiert wird der weitere Schulbesuch dann in allen Fällen seltener als geplant. Rund ein Drittel aller Hauptschulabsolvent/inn/en besucht im November nach dem Schulabschluss wieder oder weiter die Schule; bei den Jugendlichen mit Migrationshintergrund beträgt dieser Anteil mehr als zwei Fünftel.

Mit dem DJI-Übergangspanel lassen sich die Einmündungsprozesse Jugendlicher mit Migrationshintergrund auch nach ihrem bzw. dem Herkunftsland ihrer Eltern unterscheiden. Von allen Jugendlichen mit Migrationshintergrund strebten am häufigsten junge Aussiedler/innen sowie jene mit einem osteuropäischen Migrationshintergrund eine berufliche Ausbildung an. Ihre diesbezüglichen Anteile lagen nur wenig unter denen der Jugendlichen ohne Migrationshintergrund. Allerdings waren ihre Realisierungschancen ungleich geringer. Während Jugendliche ohne Migrationshintergrund im November zu 69% ihr Ziel einer beruflichen Ausbildung verwirklicht hatten, gelang dies den jungen Aussiedler/innen nur zu 41% und den Jugendlichen mit osteuropäischem Migrationshintergrund zu 49%. Mit 92% die beste Realisierungsquote hatten Jugendliche mit afrikanischem Migrationshintergrund; hier handelt es sich allerdings auch um die Gruppe, die am seltensten – zu knapp einem Viertel – eine betriebliche Ausbildung anstrebt. Prozentual am zweithäufigsten nach den Jugendlichen ohne Migrationshintergrund gelang den Jugendlichen, die einen westeuropäischen Migrationshintergrund hatten, der Einstieg in eine berufliche Ausbildung.

Hauptschulabsolvent/inn/en ohne Migrationshintergrund erreichten zu 36% ihr Ziel einer beruflichen Ausbildung und sie mündeten zu 19% in eine berufsvorbereitende Maßnahme ein (vgl. Abb. 8 und Abb. 9). Dieses Verhältnis stellt sich für Absolvent/inn/en mit Migrationshintergrund nach unterschiedlichen Herkunftsnationen verschieden dar. Während Jugendliche mit westeuropäischem, italienischem und afrikanischem Migrationshintergrund ebenso wie die Jugendlichen ohne Migrationshintergrund häufiger eine berufliche Ausbildung als eine Berufsvorbereitungsmaßnahme begannen und bei Jugendlichen aus dem ehemaligen Jugoslawien/Albanien das Verhältnis ausgewogen war, begannen Jugendliche mit einem türkischen, osteuropäischen oder einem nahost/asiatischen Migrationshintergrund sowie junge Aussiedler/innen häufiger eine Berufsvorbereitung als eine berufliche Ausbildung, obwohl auch sie zum ersten Befragungszeitpunkt eine berufliche Ausbildung angestrebt hatten. Da „eine Berufsvorbereitung wenig attraktiv und (…) eher die zweite, oder nach einem möglichen Schulbesuch die dritte Wahl" (Kuhnke und Müller 2009, S. 47) darstellt, müssen jugendliche Ausbildungsplatzsuchende aus diesen Ländern größere Abstriche an ihren Wünschen und Plänen hinnehmen als die anderen.

Die meisten Hauptschulabsolvent/inn/en mit Migrationshintergrund besuchten letztendlich im November weiter die Schule (vgl. Abb. 10). Dieser Weg wird häufig zur Chancenverbesserung oder Überbrückung eingeschlagen. Jugendliche mit einem nahost/asiatischen Migrationshintergrund (ohne türkischen) nennen einen weiteren Schulbesuch am häufigsten von Anfang an als Ziel und später als Plan. Letztendlich finden sich aber genauso viele (42%) jugendliche Aussiedler/innen und Absolvent/inn/en mit osteuropäischem Migrationshintergrund im Herbst auf der Schulbank wieder; am häufigsten wird die Schule von Jugendlichen mit afrikanischem Migrationshintergrund weiter besucht.

Im November wurde des Weiteren erhoben, wie viele Jugendliche sich in keiner der genannten Ausbildungsformen und auch nicht in Arbeit befanden. Der Durchschnitt über alle Jugendliche mit und ohne Migrationshintergrund lag hier bei 9%. Mit 24% war dieser Anteil bei jungen Männern mit einem nahost/asiatischen (ohne türkischen) Migrationshintergrund am größten. Diese Gruppe scheint die größten Probleme an der Schwelle in die Ausbildung zu haben. Auf der anderen Seite hatten junge Frauen und Männer mit osteuropäischem Hintergrund im November zu 100% eine der drei Einmündungsarten realisiert und auch junge Italienerinnen sowie jugendliche Aussiedler/innen beiderlei Geschlechts waren überdurchschnittlich erfolgreich.

Die Ergebnisse des DJI-Übergangspanels zeigen, dass sich im Laufe der acht Monate ein großer Teil der befragten Jugendlichen auf andere Bildungs- und Ausbildungsziele umorientieren musste. Jugendliche mit Migrationshintergrund mussten ihre Ausbildungspläne dabei durchschnittlich noch häufiger relativieren als Jugendliche ohne Migrationshintergrund.

Im weiteren Verlauf zeigte sich für die Teilnehmer/innen an berufsvorbereitenden Maßnahmen, dass Jugendliche mit Migrationshintergrund nach dem Abschluss dieser Maßnahmen seltener in eine Ausbildung einmündeten und darüber hinaus längere Zeit für diesen Übergang benötigten als Jugendliche ohne Migrationshintergrund (vgl. Lex und Geier 2010). Vor allem Jugendliche mit türkischem Migrationshintergrund hatten auch nach dem Besuch von Qualifizierungsmaßnahmen durchschnittlich größere Schwierigkeiten, eine Ausbildung zu beginnen als die anderen.

Ein Direkteinstieg in eine vollqualifizierende Berufsausbildung gelingt Jugendlichen mit Migrationshintergrund seltener als solchen ohne Migrationshintergrund.

3.4　Duale Berufsausbildung

Nach wie vor beginnen mehr deutsche als ausländische Jugendliche eine berufliche Ausbildung im dualen System. Während die Ausbildungsanfängerquote[9] bei jungen Deutschen 57,8% beträgt, beginnen nur 29,5% der jungen Ausländer/innen eine Ausbildung im dualen System (vgl. Abb. 11). Auch zwischen jungen Männern (62,6%) und jungen Frauen (46,7%) zeigen sich deutliche Unterschiede. Im Vergleich zum Vorjahr stieg die Ausbildungsanfängerquote junger Männer leicht an, bei den jungen Frauen gab es hingegen keine Veränderungen. Am stärksten stieg die Quote im letzten Jahr bei den ausländischen Jugendlichen an. Trotz dieser Steigerung liegt die Ausbildungsanfängerquote der ausländischen Jugendlichen jedoch nach wie vor deutlich unter der der deutschen. Seit dem Jahr 2006, in dem die Ausbildungsbeteiligungsquote sowohl unter deutschen als auch unter ausländischen Jugendlichen einen Tiefstand erreichte, ist sie unter ausländischen Jugendlichen kontinuierlich angestiegen. Es wird vermutet, dass dies zum einen mit demografischen Faktoren und zum anderen mit der Entlastung des Arbeitsmarktes zusammenhängt (vgl. Uhly und Gericke 2010).

9　„Die Ausbildungsanfängerquote (AAQ) beschreibt den rechnerischen Anteil in der Wohnbevölkerung, der eine Ausbildung im dualen System beginnt. Hierbei werden die Ausbildungsanfänger/-innen je Altersgruppe in Relation zur Wohnbevölkerung im entsprechenden Alter gesetzt. Die Teilquoten werden zur Gesamtquote aufsummiert" („Datenbank Auszubildende" des Bundesinstituts für Berufsbildung 2012a). Zum Berichtsjahr 2009 wurde die Berufsbildungsstatistik nochmals revidiert, um die Bildungsbeteiligung der Jugendlichen genauer bemessen zu können. Mit der Ausbildungsanfängerquote (AAQ) wurde die frühere Ausbildungsbeteiligungsquote (AQ) abgelöst.

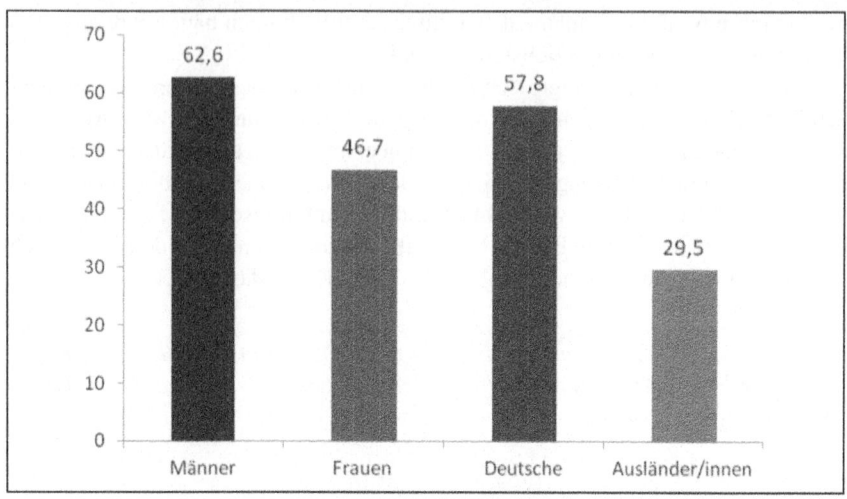

Quelle: „Datenbank Auszubildende" des Bundesinstituts für Berufsbildung auf Basis der Daten der Berufsbildungsstatistik der statistischen Ämter des Bundes und der Länder (Erhebung zum 31.12) sowie der Bevölkerungsfortschreibung des Statistischen Bundesamtes, Berichtsjahr 2010, Schaubild 2.4; Berechnungen des BIBB.

Abbildung 11: Ausbildungsanfängerquote (AAQ) nach Geschlecht und Staatsangehörigkeit 2010 (in %)

Im Ausbildungsjahr 2011 hat sich der Ausbildungsmarkt für jugendliche Ausbildungsplatzsuchende im Vergleich zu den Vorjahren (weiter) verbessert. Das Ausbildungsplatzangebot stieg auf 599.829 an (Bundesministerium für Bildung und Forschung 2012, S. 9). Gleichzeitig ging auf Grund der demografischen Entwicklung die Zahl der nichtstudienberechtigten Schulabgänger/innen im Vergleich zum Vorjahr um 3,5% zurück. Zwischen dem 1. Oktober 2010 und dem 30. September 2011 wurden bundesweit 570.140 Ausbildungsverträge neu abgeschlossen; das entspricht einer Steigerung um 1,8% im Vergleich zum Vorjahr (Bundesministerium für Bildung und Forschung 2012, S. 9). Der Ausländeranteil unter allen Auszubildenden betrug im Ausbildungsjahr 2010 5,1%.[10] In der Wohnbevölkerung der 16- bis 24-Jährigen betrug der Ausländeranteil im selben Jahr 10,9% (Bundesinstitut für Berufsbildung 2012b, S. 104).

---

10   Dieser niedrige Anteil ergibt sich zum einen daraus, dass in der Berufsbildungsstatistik nicht der Migrationshintergrund – ca. ein Viertel der 15- bis 25.Jährigen haben in Deutschland einen Migrationshintergrund (vgl. Abb. 1) – sondern die Staatsangehörigkeit erfasst wird. Zum anderen werden an dieser Stelle auch nur jene als Ausländer/innen gezählt, die ausschließlich über einen ausländischen Pass verfügen (vgl. Bundesinstitut für Berufsbildung 2012b, S. 104).

Im dualen System der Berufsausbildung sind ausländische Jugendliche deutlich unterrepräsentiert.

Auf Basis des durchschnittlichen Ausländeranteils von 5,1% für alle Auszubildenden im dualen System kann verglichen werden, in welchen Zuständigkeitsbereichen[11] ausländische Jugendliche mehr oder weniger stark repräsentiert sind (vgl. Abb. 12).

Ebenso wie im dualen System insgesamt ist der Ausländeranteil unter den Auszubildenden in fast allen Zuständigkeitsbereichen im Vergleich zu den Vorjahren angestiegen (vgl. Bundesinstitut für Berufsbildung 2012b, S. 104f). „Allerdings bleibt er fast überall unterhalb des Ausländeranteils in der entsprechenden Altersgruppe der Wohnbevölkerung" (Bundesinstitut für Berufsbildung 2012b, S. 104). Einzig in den von Hause aus niedrig besetzten Bereichen „Öffentlicher Dienst" und „Landwirtschaft" gingen die Anteile ausländischer Auszubildender im Vergleich zum Vorjahr minimal zurück. Den höchsten Anteil hatten ausländische Auszubildende in dem Bereich der Freien Berufe. Vor allem in überwiegend von jungen Frauen (zu mehr als 96%) besetzten Berufen dieses Zuständigkeitsbereichs sind überproportional viele ausländische Jugendliche zu finden; so haben 18,3% der Auszubildenden zur/zum Pharmazeutisch-kaufmännischen Angestellten und 12,7% der Auszubildenden zur/zum Zahnmedizinischen Fachangestellten eine ausländische Staatsangehörigkeit (Bundesinstitut für Berufsbildung 2012b, S. 104). Im Handwerk stieg der Ausländeranteil unter den Auszubildenden wieder leicht an. Nachdem hier der Ausländeranteil an den Auszubildenden zu Beginn der 1990er Jahre noch über 9% gelegen hatte und zwischenzeitlich auf unter 5% gesunken war, ist in den letzten drei Jahren wieder ein Anstieg zu verzeichnen (Bundesinstitut für Berufsbildung 2012b, Tabelle A4.2.1.-4). Etwas unter dem Durchschnitt liegt der Anteil der ausländischen Auszubildenden in den Zustän-

---

11   „Maßgeblich für die Zuordnung der Ausbildungsverträge zu den Bereichen ist i.d.R. die Art des Ausbildungsberufes und nicht der Ausbildungsbetrieb. So werden bspw. die Verträge der Auszubildenden, die im öffentlichen Dienst in Berufen der gewerblichen Wirtschaft ihre Ausbildung absolvieren, den Bereichen Industrie und Handel bzw. Handwerk (je nach zuständiger Stelle) zugeordnet" (Bundesinstitut für Berufsbildung 2012b, S. 31). Ausnahmen von dieser Regel werden im Datenreport zum Berufsbildungsbericht 2012 erläutert (ebd.). „Die Rede ist deshalb von „Zuständigkeitsbereichen" und nicht von „Ausbildungsbereichen", weil die tatsächliche Ausbildungsleistung in einzelnen Bereichen nicht mit den Zählergebnissen nach Zuständigkeiten übereinstimmen muss. So sind z.B. in einigen Ländern die Industrie- und Handelskammern auch die zuständige Stelle für den Ausbildungsbereich Hauswirtschaft oder für einzelne Berufe des öffentlichen Dienstes, und eine klare Aufteilung nach Ausbildungsbereichen ist nicht immer möglich. Zudem fallen Ausbildungsverträge, die der öffentliche Dienst oder die freien Berufe in den Ausbildungsberufen von Industrie und Handel oder Handwerk abschließen, nicht in ihren eigenen Zuständigkeitsbereich, sondern werden Industrie und Handel oder Handwerk zugerechnet" (Bundesinstitut für Berufsbildung 2012b, S. 31).

digkeitsbereichen „Industrie und Handel" und „Hauswirtschaft". Im Bereich „Industrie und Handel" lag der Ausländeranteil Mitte der 1990er Jahre noch um die 7%; nach einem Rückgang auf unter 4% setzte auch hier in den letzten Jahren wieder ein leichter Zuwachs ein (Bundesinstitut für Berufsbildung 2012b, S. 104).

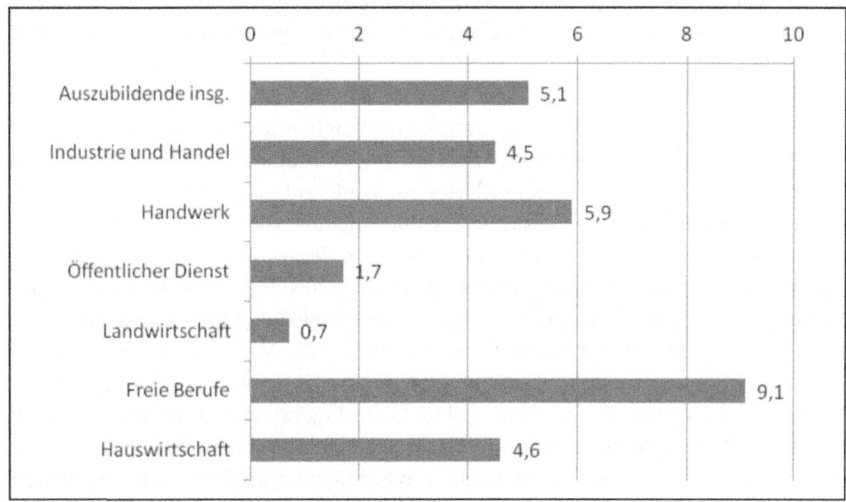

Zuordnung nach Zuständigkeit für die jeweiligen Ausbildungsberufe

Quelle: „Datenbank Auszubildende" des Bundesinstituts für Berufsbildung auf Basis der Daten der Berufsbildungsstatistik der statistischen Ämter des Bundes und der Länder (Erhebung zum 31.12), Berichtsjahr 2010; eigene Darstellung.

Abbildung 12: Ausländeranteil an allen Auszubildenden nach Zuständigkeits-bereichen* 2010 (in %)

   Nimmt man die ausländischen Auszubildenden in den einzelnen Bundesländern in den Blick, so zeigt sich, dass 2009 vor allem in Baden-Württemberg und Hessen mit annähernd 9% ein relativ hoher Anteil an allen Auszubildenden erreicht wurde (vgl. Uchronski 2012a, S. 72). In den meisten westlichen Bundesländern betrug ihr Anteil zwischen 4% und 6%, nur in Schleswig-Holstein und Niedersachsen lag er unter 3%. Am niedrigsten waren die Ausländeranteile in allen östlichen Bundesländern mit durchgängig weniger als einem Prozent. Dies hängt allerdings mit dem geringen Anteil ausländischer Jugendlicher an der Wohnbevölkerung dort zusammen. Der Anteil der nicht vermittelten ausländischen Bewerber um einen Ausbildungsplatz ist hier deutlich niedriger als in den westlichen Bundesländern (vgl. Bundesinstitut für Berufsbildung 2012b, S. 60, Tabelle A1.3-9).

Die Zunahme des Ausländeranteils in der dualen Ausbildung zeigt sich auch in den unterschiedlichen Berufsgruppen, wobei Jugendliche mit Migrationshintergrund überall nach wie vor – gemessen an ihrem Bevölkerungsanteil unter den 16- bis 24-Jährigen – unterrepräsentiert sind (Bundesinstitut für Berufsbildung 2011, S. 155). Die höchsten Ausländeranteile an den Auszubildenden finden sich in zweijährigen Ausbildungsberufen, die „theoriegemindert" „speziell für Jugendliche mit schlechten Startchancen" (Bundesinstitut für Berufsbildung 2012b, S. 134) konzipiert sind (vgl. Abb. 13). Ebenfalls häufig vertreten sind ausländische Auszubildende in primären Dienstleistungsberufen (Handels- und Bürotätigkeiten, Reinigen, Bewirten, Lagern, Pflegen) sowie in Berufen für Menschen mit Behinderungen. Am seltensten absolvieren sie eine Ausbildung in einem Technikberuf.

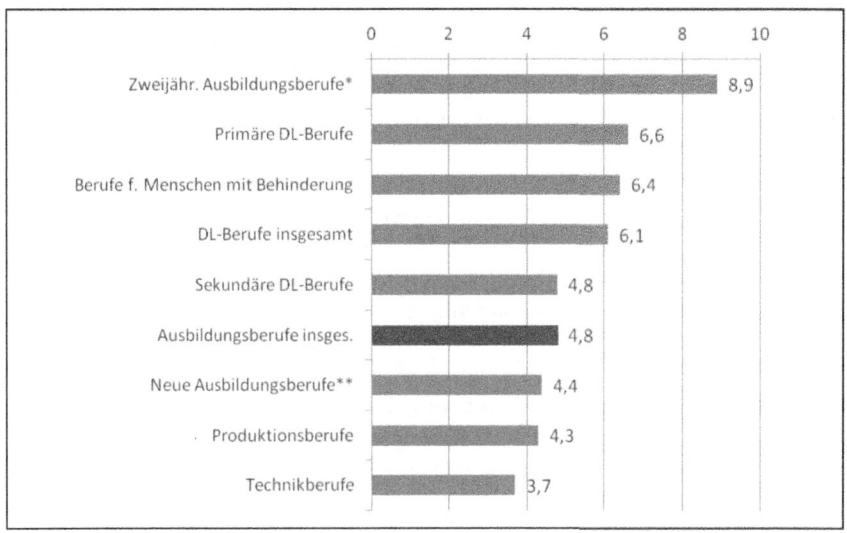

*ohne Berufe nach einer Ausbildungsregelung der zuständigen Stellen für Menschen mit Behinderung nach § 66 BBiG bzw. § 42m HwO

**seit 1996 neu geschaffene Berufe

DL = Dienstleistung

Quelle: „Datenbank Auszubildende" des Bundesinstituts für Berufsbildung auf Basis der Daten der Berufsbildungsstatistik der statistischen Ämter des Bundes und der Länder (Erhebung zum 31.12); Berechnungen des Bundesinstituts für Berufsbildung; eigene Darstellung

Abbildung 13: Ausländeranteil in Berufsgruppen 2009
(in % aller Auszubildenden)

Ausländische Auszubildende konzentrieren sich nach wie vor stärker auf eine kleine Gruppe von am häufigsten besetzen Ausbildungsberufen als deutsche. Da auch bei jungen Frauen die Konzentration stärker ausfällt als bei jungen Männern, sind ausländische junge Frauen die Gruppe mit der stärksten Konzentration. 23% der deutschen jungen Männer, 28% der ausländischen jungen Männer, 30% der deutschen jungen Frauen, aber 50% der ausländischen jungen Frauen konzentrierten sich 2011 auf einen der fünf von ihnen am häufigsten besetzten Ausbildungsberufe (Statistisches Bundesamt 2012b, Tab.: 1.4). Während für deutsche junge Männer vor allem technische Berufe ganz oben standen (an erster Stelle Kraftfahrzeugmechatroniker, an zweiter Industriemechaniker), waren ausländische junge Männer etwas häufiger im Dienstleistungssektor zu finden (an erster Stelle auch hier Kraftfahrzeugmechatroniker, an zweiter Kaufmann im Einzelhandel). Die fünf am häufigsten besetzten Berufe junger Frauen fanden sich sowohl bei den deutschen (an erster Stelle Bürokauffrau, an zweiter Stelle Medizinische Fachangestellte) als auch bei den ausländischen jungen Frauen (an erster Stelle Zahnmedizinische Fachangestellte, an zweiter Friseurin) ausschließlich im Dienstleistungsbereich. Während deutsche junge Frauen häufiger in Büroberufen ausgebildet wurden, stammten die fünf häufigsten Ausbildungsberufe ausländischer junger Frauen aus dem gewerblichen und medizinischen Bereich (Statistisches Bundesamt 2012b, Tab.: 1.4).

Die stärkere Konzentration junger Ausländer/innen auf eine geringe Anzahl von Ausbildungsberufen kann zum einen auf ihrem durchschnittlich niedrigeren Schulabschlussniveau beruhen, das die potentielle Auswahl einschränkt. Denn für viele Ausbildungsberufe wird mittlerweile zumindest ein Qualifizierter Hauptschulabschluss, häufig schon ein Realschulabschluss vorausgesetzt. Darüber hinaus werden jedoch auch „Verdrängungstendenzen vermutet, die ausländischen Jugendlichen nur in jenen Ausbildungsberufen eine Chance auf einen Ausbildungsplatz eröffnen, die von deutschen Jugendlichen wenig nachgefragt werden" (Uchronski 2012a, S. 75).

4   Studium

Im Fall der Studierenden genügt es nicht, nur nach Ausländer/innen oder Personen mit Migrationshintergrund zu differenzieren. Um die Befunde richtig interpretieren zu können, muss man sich darüber hinaus im Klaren sein, ob die untersuchten Daten Bildungsinländer oder Bildungsausländer nachweisen. Sowohl Bildungsinländer als auch Bildungsausländer haben keine deutsche Staatsangehörigkeit.[12] Bildungsinländer haben ihre Hochschulzugangsberechtigung im Gegensatz zu Bildungsausländern in Deutschland erworben. Bildungsausländer haben ihre Berechtigung zum Studium im Allgemeinen in ihrem Heimatland erworben und sind danach zu Studienzwecken nach Deutschland gekommen, sie sind also nicht in Deutschland zur Schule gegangen. Bildungsinländer – also jene, die zuvor das deutsche Schulsystem besucht haben – machen nur ein gutes Viertel aller ausländischen Studierenden aus. Im Wintersemester 2011/2012 besuchten 2.380.974 Studierende deutsche Hochschulen, 265.292 oder 11,1% davon waren Ausländer/innen, 72.439 oder 27,3% der Ausländer/innen waren Bildungsinländer/innen (eigene Berechnungen nach Statistisches Bundesamt 2012c).

Bildungsinländer und -ausländer unterscheiden sich nach ihren Hauptherkunftsländern: Während die meisten Bildungsinländer (30%) eine türkische Staatsbürgerschaft haben, gefolgt von Studierenden mit italienischen, kroatischen und griechischen Wurzeln, stammen Bildungsausländer am häufigsten aus China (12%), der Russischen Föderation, aus Österreich und Bulgarien (Statistisches Bundesamt 2012c, Tab. 14). Bildungsinländer haben also – im Unterschied zu Bildungsausländern – deutlich häufiger einen Hintergrund aus einem der klassischen Anwerbeländern.

Entsprechend ihres relativ niedrigen Anteils an Gymnasien (vgl. Abb. 3) sind ausländische Schülerinnen und Schüler auch unter den Absolvent/inn/en, die die Hochschulreife erlangen, deutlich unterrepräsentiert. Ihr Anteil an allen Absolvent/inn/en mit Hochschulreife „lag im Jahr 2009 bei 4,4% (Anzahl: 19.658; Statistisches Bundesamt, Sonderauswertung auf Anfrage) und damit deutlich unter ihrem Anteil von 9,7% an der 18- bis unter 21-jährigen Bevölkerung"[13] (Uchronski 2012b, S. 96).

Die Studienberechtigtenquote von Bildungsinländern liegt deutlich unter der der deutschen Schulabsolventinnen.

Die Studienberechtigtenquote stieg sowohl bei den deutschen als auch bei den ausländischen Schulabsolventinnen seit dem Jahr 2000 deutlich an (Uchronski 2012b, S. 96). Dennoch ist die Quote der Bildungsinländer/innen nach wie vor weniger als halb so hoch wie die der deutschen Studienberechtigten (vgl.

---

12 Ebenso wie in der Schul- und Berufsbildungsstatistik wird auch in der Hochschulstatistik des Statistischen Bundesamtes nicht nach Migrationshintergrund, sondern nur danach unterschieden, ob eine Person, die deutsche oder eine andere Staatsangehörigkeit hat.

13 Durchschnitt der 18- bis unter 21-jährigen deutschen und ausländischen Wohnbevölkerung am 31.12. des Vorjahres; Berechnung von Uchronski auf Basis der Schulstatistik.

Abb. 14). Für junge Frauen liegt die Studienberechtigtenquote sowohl bei den Bildungsinländer/inne/n als auch bei den Deutschen über der der jungen Männer.

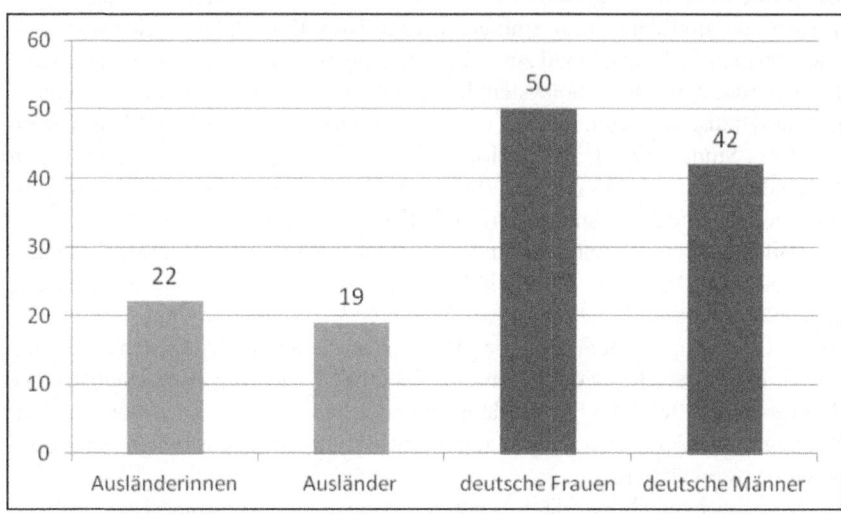

Quelle: Statistisches Bundesamt: Sonderauswertung der Schulstatistik 2009 nach Uchronski 2012b; eigene Darstellung.

Abbildung 14:   Studienberechtigtenquote ausländischer und deutscher Schulab-solventinnen und -absolventen 2009 (in %)

Vergleicht man die gewählten Fächer von Studierenden im Erststudium, so fallen größere Unterschiede nach Geschlecht als nach Migrationshintergrund auf (vgl. Abb. 15). Junge Frauen studieren unabhängig vom Migrationshintergrund mehr als doppelt so häufig ein Fach aus der Gruppe Sozialwissenschaften/Päda-gogik/Psychologie und aus dem Bereich der Sprach- und Kulturwissenschaften sowie Medizin bzw. ein gesundheitswissenschaftliches Fach als junge Männer. Diese sind hingegen deutlich häufiger in Mathematik und Naturwissenschaften und etwa vier Mal so häufig wie junge Frauen in den Ingenieurwissenschaften an-zutreffen. Der einzige deutliche migrationsspezifische Unterschied findet sich in Bezug auf die Rechts- und Wirtschaftswissenschaften. Junge Männer mit Migra-tionshintergrund studieren Fächer aus dieser Gruppe zu vier Prozentpunkten häu-figer als ihre Kommilitonen ohne Migrationshintergrund. Bei den jungen Frau-en ist der Unterschied mit acht Prozentpunkten noch deutlicher. Im Gegenzug studieren Männer ohne Migrationshintergrund etwas häufiger ein Fach aus der

Gruppe Sozialwissenschaften/Pädagogik/Psychologie und Frauen ohne Migrationshintergrund etwas häufiger Medizin sowie Fächer aus dem Bereich Sprach- und Kulturwissenschaften.

Die Fächerwahlen an der Hochschule unterscheiden sich stärker nach Geschlecht als nach Migrationshintergrund.

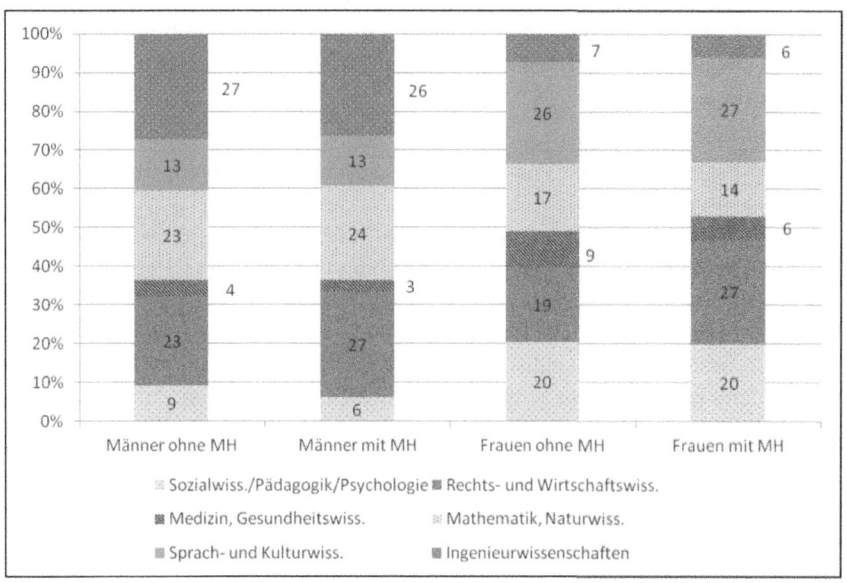

MH = Migrationshintergrund
Quelle: BMBF 2010: 19. Sozialerhebung.

Abbildung 15: Studierende nach Fächergruppen, Migrationshintergrund und Geschlecht im Sommersemester 2009 (in %)

Im Prüfungsjahr 2010 bestanden 361.697 Studierende ihre Abschlussprüfungen an einer deutschen Hochschule (Wissenschaft weltoffen 2012). 35.472 der Prüflinge hatten eine ausländische Staatsangehörigkeit, das entspricht einem Anteil von 9,8%. Der größte Teil der ausländischen Absolvent/inn/en zählte zur Gruppe der Bildungsausländer (7,8%), nur 2% zählten zur Gruppe der Bildungsinländer. Die Zahl der Bildungsinländer, die einen Studienabschluss erreichten, nahm zwar im vergangen Jahrzehnt stark zu, da die Absolventenzahlen generell zunahmen, änderte sich ihr Anteil jedoch kaum. Darüber hinaus nimmt der *Anteil der Bildungsinländer im Bildungsverlauf* ab. Während ihr Anteil unter den Schulabsolvent/inn/en mit Hochschulreife im Jahr 2009 4,4% betrug, verringerte er sich auf 3% unter den Studierenden und schließlich auf 2% unter den Hochschulabsolvent/inn/en. Die Beauftragte der Bundesregierung für Migration, Flüchtlinge und Integration schreibt im Hinblick auf diesen Prozess: „Betracht man die Bildungsbeteiligung von in Deutschland aufwachsenden ausländischen Jugendlichen und jungen Erwachsenen, so wird deutlich, dass das Bildungssystem auf jeder Stufe in Deutschland aufgewachsene Personen mit Migrationshintergrund verliert" (Beauftragte der Bundesregierung für Migration, Flüchtlinge und Integration 2010, S. 88).

Bildungsinländer sind unter den Studienabsolvent/inn/en unterrepräsentiert.

Zwei Drittel der Bildungsausländer, die in Deutschland studiert haben, verlassen das Land nach Beendigung ihres Studium wieder, nicht zuletzt auf Grund von Restriktionen, „denen sich Absolventen aus Nicht-EU-Staaten beim Arbeitsmarktzutritt gegenübersehen" (Erdmann und Koppel 2010, S. 12). Erst seit dem Jahr 2005 besteht für ausländische Hochschulabsolvent/inn/en die Möglichkeit, ein Jahr lang nach einem angemessenen Arbeitsplatz zu suchen. Am 31.12.2009 waren 3.440 Personen im Ausländerzentralregister verzeichnet, die eine Aufenthaltserlaubnis hatten, „die ihnen die Arbeitsplatzsuche nach dem Abschluss ihres Studiums in Deutschland ermöglicht" (Bundesministerium des Innern 2011, S. 65). Im Vergleich zum Vorjahr bedeutete das einen Zuwachs um ein Viertel. Mit Abstand die meisten Aufenthaltserlaubnisse erhielten chinesische Staatsangehörige (1.169), darauf folgten russische (222), indische (195) und türkische (165) Hochschulabsolvent/inn/en.

Die meisten Bildungsausländer verlassen Deutschland nach dem Studium wieder.

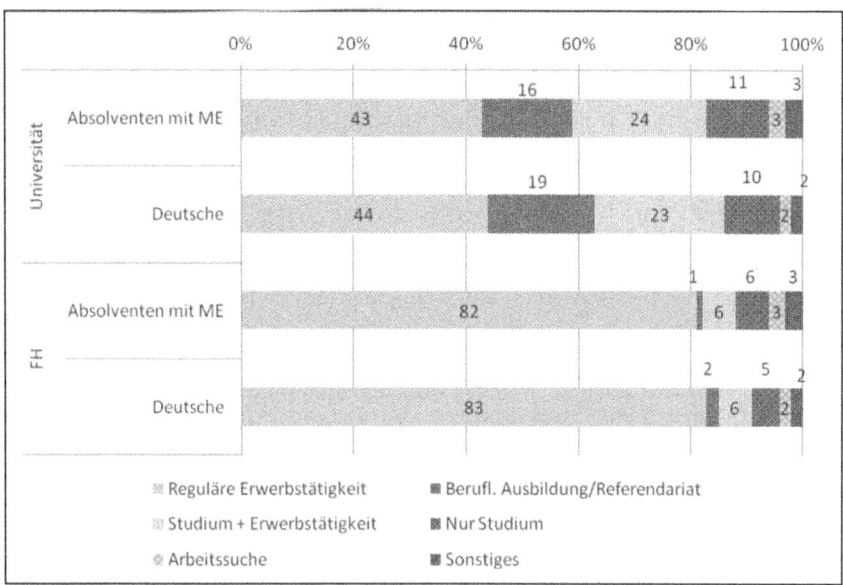

ME = Migrationserfahrung

Quelle: Heidemann 2010, Kooperationsprojekt Absolventenstudien (KOAB); N = 27.744; eigene Darstellung.

Abbildung 16: Verbleib von Hochschulabsolventinnen und -absolventen mit und ohne Migrationserfahrung ca. 1,5 Jahre nach dem Abschluss (in %)

Der Übergang in den Beruf nach einem erfolgreich abgeschlossenen Studium wurde in Deutschland vom Kooperationsprojekt Absolventenstudien (KOAB) unter anderem auch für Hochschulabsolvent/inn/en mit eigener Migrationserfahrung untersucht. Ein zentrales Ergebnis dieser Studien ist, dass die Art der besuchten Hochschule (ob Fachhochschule oder Universität) einen wesentlich größeren Einfluss auf die Einmündung hat als die Migrationserfahrung (Heidemann 2010). So fanden Fachhochschulabsolvent/inn/en nach dem Abschluss durchschnittlich etwas schneller eine Beschäftigung als jene, die eine Universität besucht hatten. Absolvent/inn/en mit eigener Migrationserfahrung suchten zwar unabhängig davon, ob sie einen Fachhochschul- oder einen Universitätsabschluss erlangt hatten, im Schnitt 0,3 Monate länger als deutsche; trotzdem fanden Fachhochschulabsolvent/inn/en mit Migrationshintergrund etwas schneller eine Stelle als deutsche Universitätsabsolvent/inn/en. Eineinhalb Jahre nach dem Abschluss

befanden sich Fachhochschulabsolvent/inn/en, egal ob mit oder ohne Migrationserfahrung, fast doppelt so häufig in einer regulären Erwerbstätigkeit wie Univer-
sitätsabsolvent/inn/en, welche häufiger ihre akademische Ausbildung fortsetzten
(vgl. Abb. 16).

5 Fazit

Jugendliche mit Migrationshintergrund sind im bundesdeutschen Bildungs- und
Ausbildungssystem durchschnittlich weniger erfolgreich als Jugendliche ohne
Migrationshintergrund, weil sie bestimmte formale Voraussetzungen seltener und
in geringerem Umfang erfüllen. Sie besuchen häufiger Haupt- und Förderschulen
und seltener Gymnasien und erreichen infolgedessen seltener höher qualifizierende Schulabschlüsse. Dies führt dazu, dass ihre Chancen und Auswahlmöglichkei-
ten auf dem Ausbildungsstellenmarkt begrenzt sind, dass sie häufiger Maßnahmen und Bildungsgänge des Übergangsbereichs besuchen und dass sie sich auf
eine geringere Anzahl von Berufen konzentrieren.

Diese formalen Begründungen beschreiben, an welchen Stellen und aufgrund
welcher formalen Hemmnisse die Schul- und Ausbildungsbiographien Jugendlicher mit Migrationshintergrund beschränkt oder verzögert werden. Sie liefern
jedoch nur partiellen Erklärungswert dafür, warum es zu diesen Beschränkungen
und Verzögerungen kommt und suchen die Begründung dafür weitgehend in den
Leistungen der Jugendlichen mit Migrationshintergrund selbst. Welche darüber
hinaus gehenden Ursachen für das schlechtere Abschneiden vieler Kinder und Jugendlicher mit Migrationshintergrund in Schule und Ausbildung verantwortlich
sind, ist noch nicht umfassend belegt. Denn bisher gibt es nur wenige multivariate
Analysen, die Einflüsse unterschiedlicher Faktoren auf die Unterrepräsentanz von
Jugendlichen mit Migrationshintergrund im dualen Ausbildungssystem und im
Studium untersuchen.

Ein zentraler Erklärungskomplex findet sich im Bereich der sozialen Herkunft der Jugendlichen. Studien haben belegt, dass Jugendliche mit Migrationshintergrund ebenso wie jene ohne Migrationshintergrund, wenn sie aus Familien
mit höherem sozioökonomischem Status und kulturellem Kapital stammen, im
Schul- und Ausbildungssystem wesentlich erfolgreicher sind als jene aus Familien mit niedrigerem Status. Da aber Jugendliche mit Migrationshintergrund
häufiger niedrigeren sozialen Schichten angehören, fehlen ihnen für eine erfolgreiche Bildungskarriere häufig nicht nur materielle Ressourcen, sondern auch
Ressourcen in Form von kulturellem und sozialem Kapital. So haben Eltern mit
Migrationshintergrund zum Beispiel häufig weniger betriebsinterne Kontakt- und

Informationsnetzwerke als Eltern ohne Migrationshintergrund. Das Fehlen von Netzwerken kann sich negativ auswirken, wenn es darum geht, einen Ausbildungsplatz zu finden oder Kontakt mit potentiellen Ausbildungsbetrieben aufzunehmen. Auch in Bezug auf ein mögliches Studium haben Jugendliche mit Migrationshintergrund aus der Unterschicht mit diversen Hemmnissen zu kämpfen. Beispielsweise müssen sie, da sie seltener von ihren Eltern finanziell unterstützt werden können, häufiger nebenher arbeiten, um ihr Studium zu finanzieren. Dies schränkt die Zeit ein, die für das Studium zur Verfügung steht. Hinzu kommt, dass sie mit dem an der Hochschule verbreiteten deutschen Mittelschichthabitus (Hess-Meining 2010) nicht vertraut sind.

Erfolge und Misserfolge an den Schwellen innerhalb des Schulsystems sowie im Übergang in Ausbildung bilden das zentrale formale Selektionskriterium im bundesdeutschen Bildungs- und Ausbildungsgeschehen. Somit entscheiden der Erfolg in Prüfungen, die Zeugnisnoten sowie durch Zertifikate belegte Qualifikationen über den weiteren Bildungsweg. Doch nur scheinbar findet hier eine Verteilung der Bildungschancen nach meritokratischen Prinzipien statt. Denn auch wenn gleich hohe Schulabschlüsse und gleich gute Noten vorliegen und das sozio-ökonomische sowie das Bildungsniveau der Familie entsprechend hoch sind, haben Jugendliche mit Migrationshintergrund vergleichsweise schlechtere Chancen, in eine vollqualifizierende Berufsausbildung einzumünden als Jugendliche ohne Migrationshintergrund (vgl. Beicht und Granato 2009). In der Diskussion steht, ob diese Benachteiligung mit Verdrängungstendenzen auf dem Ausbildungsstellenmarkt sowie mit betrieblichen Rekrutierungsstrategien zusammenhängt, die dazu führen, dass ausländische Jugendliche nur in jenen Berufen gute Chancen auf einen Ausbildungsplatz haben, die von deutschen Jugendlichen wenig nachgefragt werden. An dieser Stelle besteht weiterer Forschungsbedarf.

Mangelndes Bildungsinteresse oder geringeres Engagement von Jugendlichen mit Migrationshintergrund, sind nicht die Ursache für Bildungs- und Ausbildungshemmnisse. Denn wie sich in Untersuchungen immer wieder gezeigt hat, sind Jugendliche mit Migrationshintergrund, denen es gelungen ist, die dafür nötigen formalen Qualifikationen zu erwerben, überdurchschnittlich bestrebt, weitere Bildungsziele zu erreichen, und sie sind auch bereit, dafür hohes Engagement – wie z.B. den Umzug in eine andere Stadt – aufzubringen.

Literatur

Bednarz-Braun, Iris, und Ulrike Heß-Meinig. 2004. Migration, Ethnie und Geschlecht. Theoriansätze – Forschungsstand – Forschungsperspektiven. Wiesbaden: VS Verlag für Sozialwissenschaften.

Beicht, Ursula, und Mona Granato. 2009. Übergänge in eine berufliche Ausbildung. Geringere Chancen und schwierige Wege für junge Menschen mit Migrationshintergrund. *WISO direkt Oktober 2009*. Bonn: Friedrich-Ebert-Stiftung. http://www.bibb.de/de/52287.htm

Bundesinstitut für Berufsbildung (BIBB). 2011. Datenreport zum Berufsbildungsbericht 2011. Informationen und Analysen zur Entwicklung der beruflichen Bildung. Bonn: Bundesinstitut für Berufsbildung.

Bundesinstitut für Berufsbildung (BIBB). 2012a. „Datenbank Auszubildende" des Bundesinstituts für Berufsbildung auf Basis der Daten der Berufsbildungsstatistik der statistischen Ämter des Bundes und der Länder (Erhebung zum 31.12. sowie Bevölkerungsfortschreibung des Statistischen Bundesamtes, Berichtsjahr 2010).

Bundesinstitut für Berufsbildung (BIBB). 2012b. Datenreport zum Berufsbildungsbericht 2012. Informationen und Analysen zur Entwicklung der beruflichen Bildung. Bonn. Bundesinstitut für Berufsbildung. http://datenreport.bibb.de/media2012/BIBB_Datenreport_2012.pdf. Zugegriffen: 10.02.2013.

Bundesministerium des Innern. 2011. Migrationsbericht des Bundesamtes für Migration und Flüchtlinge im Auftrag der Bundesregierung. Migrationsbericht 2009. Berlin: Bundesministerium des Inneren.

Bundesministerium für Bildung und Forschung (BMBF) (Hrsg.). 2010. Die wirtschaftliche und soziale Lage der Studierenden in der Bundesrepublik Deutschland 2009. 19. Sozialerhebung des Deutschen Studentenwerks durchgeführt durch HIS Hochschulinformationssystem. Bonn/Berlin: Bundesministerium für Bildung und Forschung.

Bundesministerium für Bildung und Forschung (BMBF). 2012. Berufsbildungsbericht 2012. Bonn/Berlin: Bundesministerium für Bildung und Forschung.

Die Beauftragte der Bundesregierung für Migration, Flüchtlinge und Integration. 2010. 8. Bericht der Beauftragten der Bundesregierung für Migration, Flüchtlinge und Integration über die Lage der Ausländerinnen und Ausländer in Deutschland. Berlin: Die Beauftragte der Bundesregierung für Migration, Flüchtlinge und Integration.

Engels, Dietrich, Jutta Höhne, Regine Köller, und Ruud Koopmans. 2011. Zweiter Integrationsindikatorenbericht. Erstellt für die Beauftragte der Bundesregierung für Migration, Flüchtlinge und Integration. Köln/Berlin: Die Beauftragte der Bundesregierung für Migration, Flüchtlinge und Integration.

Erdmann, Vera, und Oliver Koppel. 2010. Demographische Herausforderung: MINT-Akademiker. In: *IW-Trends*. Vierteljahresschrift zur empirischen Wirtschaftsforschung aus dem Institut der deutschen Wirtschaft Köln, 37 (4): 1–16.

Heidemann, Lutz. 2010. Studienbedingungen und Berufserfolg – Das Kooperationsprojekt Absolventenstudien (KOAB). Ergebnisse der Befragung des Jg. 2007 zu Geschlecht, familiärer Situation und Migration. Vortrag auf der 11. Jahrestagung des „Arbeitskreises Evaluation und Qualitätssicherung Berliner und Brandenburger Hochschulen".

Hess-Meining, Ulrike. 2010. Migrantinnen und Migranten an deutschen Hochschulen. Vortrag vom 18.11.2010 in der Ringvorlesung „Diversity und Hochschule" an der Christian-Albrechts-Universität zu Kiel.

Konsortium Bildungsberichterstattung. 2006. Bildung in Deutschland. Ein indikatorgestützter Bericht mit einer Analyse zu Bildung und Migration. Bielefeld: Bertelsmann.

Kuhnke, Ralf, und Matthias Müller. 2009. Lebenslagen und Wege von Migrantenjugendlichen im Übergang Schule – Beruf: Ergebnisse aus dem DJI-Übergangspanel. In Deutsches Jugendinstitut (Hrsg.): Wissenschaftliche Texte 3/2009. München/Halle: Deutsches Jugendinstitut.

Lex, Tilly, und Boris Geier. 2010. Übergangssystem in der beruflichen Bildung: Wahrnehmung einer zweiten Chance oder Risiken des Ausstiegs? In Bosch, Gerhard, Sirikit Krone, und Dirk Langer (Hrsg.): Das Berufsbildungssystem in Deutschland. Aktuelle Entwicklungen und Standpunkt, S. 165–187. Wiesbaden: VS Verlag für Sozialwissenschaften.

Statistische Ämter des Bundes und der Länder. 2011. Qualitäts- und Ergebnisbericht – Integrierte Ausbildungsberichterstattung. Projekt: „Entwicklung eines länderübergreifenden Datensets für das Indikatorensystem Ausbildungsberichterstattung". Gemeinschaftsprojekt der Statistischen Ämter des Bundes und der Länder in Kooperation mit dem Bundesinstitut für Berufsbildung. Wiesbaden: Statistisches Bundesamt.

Statistisches Bundesamt. 2012a. Bildung und Kultur. Allgemeinbildende Schulen. Schuljahr 2011/2012. Fachserie 11 Reihe 1. Wiesbaden: Statistisches Bundesamt.

Statistisches Bundesamt. 2012b. Bildung und Kultur. Berufliche Bildung. Fachserie 11 Reihe 3. Wiesbaden: Statistisches Bundesamt.

Statistisches Bundesamt. 2012c. Bildung und Kultur. Studierende an Hochschulen. Wintersemester 2011/2012. Fachserie 11 Reihe 4.1. Wiesbaden: Statistisches Bundesamt.

Statistisches Bundesamt. 2012d. Bevölkerung mit Migrationshintergrund – Ergebnisse des Mikrozensus 2011. Fachserie 1, Reihe 2.2. Wiesbaden: Statistisches Bundesamt.

Statistisches Bundesamt, Wissenschaftszentrum Berlin für Sozialforschung (WZB) in Zusammenarbeit mit Das Sozio-oekonomische Panal (SOEP) am Deutschen Institut für Wirtschaftsforschung (DIW) (Hrsg.). 2011. Datenreport 2011, Bd. I, Bonn: Bundeszentrale für politische Bildung.

Stürzer, Monika. 2012. Allgemeinbildende Schulen. In Stürzer, Monika, Vicki Täubig, Mirjam Uchronski, und Kirsten Bruhns (Hrsg.): Schulische und außerschulische Bildungssituation von Jugendlichen mit Migrationshintergrund. Jugend-Migrationsreport. Ein Daten- und Forschungsüberblick. Wissenschaftliche Texte, S. 14–58. München: Deutsches Jugendinstitut.

Stürzer, Monika, Vicki Täubig, Mirjam Uchronski, und Kirsten Bruhns (Hrsg.). 2012. Schulische und außerschulische Bildungssituation von Jugendlichen mit Migrationshintergrund. Jugend-Migrationsreport. Ein Daten- und Forschungsüberblick. Wissenschaftliche Texte. München: Deutsches Jugendinstitut.

Uchronski, Mirjam. 2012a. Berufliche Ausbildung. In Stürzer, Monika, Vicki Täubig, Mirjam Uchronski, und Kirsten Bruhns (Hrsg.): Schulische und außerschulische Bildungssituation von Jugendlichen mit Migrationshintergrund. Jugend-Migrationsreport. Ein Daten- und Forschungsüberblick. Wissenschaftliche Texte, S. 59–90. München: Deutsches Jugendinstitut.

Uchronski, Mirjam. 2012b. Studium. In Stürzer, Monika, Vicki Täubig, Mirjam Uchronski, und Kirsten Bruhns (Hrsg.): Schulische und außerschulische Bildungssituation von Jugendlichen mit Migrationshintergrund. Jugend-Migrationsreport. Ein Daten- und Forschungsüberblick. Wissenschaftliche Texte, S. 91–131. München: Deutsches Jugendinstitut.

Uhly, Alexandra, und Naomi Gericke. 2010. Trotz steigender Ausbildungsbeteiligung ausländische Jugendliche nach wie vor unterrepräsentiert. *Berufsbildung in Wissenschaft und Praxis*, 39 (3): 4–5.

Wissenschaft weltoffen (2012): Prüfungsstatistik Statistisches Bundesamt; HIS-Berechnungen. http://www.wissenschaft-weltoffen.de/

An der Bildungsmotivation liegt es nicht: Hohe Bildungsorientierung junger Frauen und Männer mit Migrationshintergrund auch am Übergang Schule – Ausbildung

Mona Granato

1 Einleitung

In Familien mit Migrationshintergrund sind die Bereitschaft zu Leistung und der Wille zum Aufstieg stark ausgeprägt (Wippermann und Flaig 2009). Dementsprechend haben Migrantenfamilien eine hohe Bildungsmotivation (vgl. Soremski 2010). Dies gilt sowohl für ihre Bildungsentscheidungen am Ende der Grundschulzeit (Becker und Schubert 2011; Gresch 2012; Kristen und Dollmann 2010) als auch für den weiteren Schulverlauf ihrer Kinder (Roth et al. 2010).

Wie ist dies jedoch zu vereinbaren mit dem lange vorherrschenden gesellschaftlichen Bild einer unzureichenden Bildungsorientierung und eines mangelnden Bildungsengagements von Familien und Jugendlichen mit Migrationshintergrund am Übergang Schule – Ausbildung? Und wie mit der Feststellung, dass junge Menschen mit Migrationshintergrund selbst bei gleichen Orientierungen und gleichem Engagement wie junge Nichtmigranten erheblich seltener einen Ausbildungsplatz finden? Welche Bedeutung hat die Berufsorientierung im Übergang Schule – Ausbildung? Und wie wirkt sich die soziale Herkunft auf Bildungsentscheidungen aus?

Der folgende Beitrag untersucht (Aus)Bildungsorientierung und Berufsfindungsprozesse junger Frauen und Männer mit und ohne Migrationshintergrund am Übergang Schule – Ausbildung (Kap. 3-4). Er setzt sich dabei mit der Bildungsmotivation in Familien mit Migrationshintergrund sowie mit der Bedeutung der sozialen Herkunft für Bildungsentscheidungen auseinander (Kap. 5-6).

Abschließend beleuchtet er den Verlauf von Berufsfindungsprozessen angesichts mangelnder Ausbildungschancen (Kap. 7-8).[1]

2 Berufsfindung als lebenslanger Prozess

Junge Menschen messen heute (Aus)Bildung und Berufsarbeit einen hohen Stellenwert für ihr Leben bei. Ihre Anforderungen an den zukünftigen Beruf sind vielfältig und hoch – ihre Bereitschaft, hierfür durch eine qualifizierte Ausbildung eine geeignete Grundlage zu schaffen, gleichfalls. In der Phase der Berufsfindung, gerade in der Zeit nach der Schule, wenn gewohnte institutionelle Vorgaben aufgehoben sind und der bisherige Tagesablauf in Frage gestellt ist, ist die Einbindung in Netzwerke besonders wichtig. Der Austausch mit Gleichaltrigen kann Orientierung bzw. Rückhalt sowie Informationen bieten (Schittenhelm 2007). Eltern sind ebenfalls nach wie vor wichtige Bezugspersonen in der beruflichen Orientierung junger Menschen (Beinke 2006; Heuer et al. 2011).

Berufsorientierung ist eine individuelle Entwicklungsaufgabe, auf die nicht nur der unmittelbare soziale Kontext des Einzelnen erheblichen Einfluss hat, sondern auch das Angebot an Bildung und sein institutionelles Bedingungsgefüge: Biographische Übergänge wie die Statuspassage Schule – Ausbildung finden an der Schnittstelle individuellen Gestaltungswillens, d.h. individueller Orientierungen, Entscheidungen und Handlungen sowie konkreter gesellschaftlicher „settings", d.h. in einem Handlungsfeld unterschiedlicher institutioneller Vorgaben, statt (Steiner 2005, S. 74). Zwischen *individuellen* Dispositionen, Ressourcen und Aktivitäten auf der einen und *institutionellen settings* im (Aus)Bildungs- und Berufssystem auf der anderen Seite besteht eine enge Wechselwirkung, die dazu beiträgt, dass Berufsfindungsprozesse den Einzelnen im gesamten Verlauf seiner Bildungs- und Berufsbiografie (und darüber hinaus) begleiten. Berufsfindung als komplexer und langfristiger Prozess verlangt erhebliche Orientierungs- und Entscheidungsleistungen. Berufsorientierungs- und Laufbahnkompetenzen sind dementsprechend wichtige Voraussetzungen, um diese lebenslange Entwicklungsaufgabe erfolgreich bewältigen zu können (Hirschi 2011; Oram 2007).

Dabei sind *Berufs- und Lebensplanung* eng miteinander verbunden. Berufliche Orientierungen werden u.a. von der Lebensplanung und den individuellen Lebenszielen beeinflusst – und umgekehrt (Maier 2007). In der Phase der Berufsfindung geht es nicht nur darum, den eigenen Weg in Ausbildung und Beruf zu

---

1 Der vorliegende Beitrag stellt eine erweiterte und aktualisierte Fassung des Artikels „Berufliche Orientierung und Berufsfindungsprozesse junger Frauen und Männer mit Migrationshintergrund" dar, der in Brüggemann und Rahn 2013 erschienen ist.

finden, sondern um ein Gesamtkonzept für den eigenen Lebensentwurf, der auch die anderen Lebensbereiche der privaten Lebensführung umfasst. Berufsfindung ist daher auch immer ein Stück weit Selbstfindung, die Selbstreflexion voraussetzt (Maier 2007; Oram 2007).

In der theoretischen Deutung beruflicher Orientierungsprozesse setzen Forschungsarbeiten am (1) Individuum, seinen persönlichen Dispositionen und Fähigkeiten, dem Einfluss, den seine soziale Umgebung auf den Orientierungsprozess ausübt, an (2) den institutionellen Vorgaben und Beschränkungen des (Aus)Bildungsangebots, das die „Wahlfreiheit" des Einzelnen kanalisiert bzw. begrenzt, oder an (3) einer Synthese dieser beiden Positionen an, die angesichts eines begrenzten Bildungs- und Ausbildungsangebots den Ausgleich zwischen Individuum und Institution in den Mittelpunkt ihrer Überlegungen stellen (vgl. Steiner 2007; Oram 2007; Maier 2007).

3 Ausbildung und Beruf – integraler Bestandteil des Lebensentwurfs junger Frauen und Männer mit Migrationshintergrund

Es existieren große Unterschiede zwischen den sozialen Milieus, in denen Jugendliche mit Migrationshintergrund in Deutschland aufwachsen. Auch Lebensstile und Werteorientierungen junger Frauen und Männer unterscheiden sich bei einem Migrationshintergrund ebenso voneinander wie die junger Frauen und Männer ohne Migrationshintergrund. Allerdings wachsen Jugendliche mit Migrationshintergrund[2] erheblich häufiger in Familien mit einer ungünstigeren sozioökonomischen Positionierung auf, was sich nachteilig auf ihre Bildungschancen auswirkt (Autorengruppe Bildungsberichterstattung 2010). Wie junge Menschen ohne Migrationshintergrund sind Heranwachsende mit Migrationshintergrund an qualifizierter Ausbildung und Erfolg im Beruf interessiert, wobei eine Vielfalt von Vorstellungen darüber existiert, *wie* die jeweiligen Lebens-, Bildungs- und Berufsziele erreicht und die Lebenswünsche erfüllt werden sollen (Gille 2006; Schittenhelm 2007; Boos-Nünning und Karakasoglu 2006).

In den *lebensweltlichen* Orientierungen von Jugendlichen mit Migrationshintergrund deuten sich statt der Bevorzugung eines Wertetyps eine „*Wertekoexistenz*" an, in der sich eine hohe Orientierung an „konventionellen Werten" – wie Pflichtbewusstsein, Leistung und Materialismus – mit der Orientierung an „En-

---

2   Im vorliegenden Beitrag werden die Bezeichnungen „mit Migrationshintergrund", „aus Migrantenfamilien" und „Migrant" synonym verwendet, ebenso die Bezeichnungen „ohne Migrationshintergrund" und „Nichtmigrant".

gagement-" und „Hedonismus"-Werten verbindet (Gille 2006, S. 160). In den *beruflichen* Orientierungen zeigt sich bei *Hauptschülern* mit Migrationshintergrund im letzten Schuljahr mit rund 95% eine sehr hohe Zustimmung zur Sicherheit des künftigen Arbeitsplatzes als wichtigstes Kriterium ihrer Berufswahl. Die Chance auf einen Ausbildungsplatz und der Verdienst im künftigen Beruf rangieren mit (knapp) 90% der Zustimmung an zweiter Stelle, dicht gefolgt von dem Wunsch, dass Ausbildung und Beruf ihnen genug Zeit für Familie lassen (Gaupp et al. 2011:12; Kuhnke und Müller 2009). Hauptschüler ohne Migrationshintergrund sehen nur selten – jeder Zehnte – die Wunschvorstellungen ihrer Eltern als wichtiges Kriterium ihrer Berufswahl an, aber jeder fünfte Hauptschüler aus einer Aussiedlerfamilie und knapp jeder dritte Hauptschüler mit einem türkischen Familienhintergrund (Gaupp et al. 2011, S. 13). Für *Gymnasiasten* mit Migrationshintergrund im letzten Schuljahr ist die Verwirklichung eigener Interessen mit 91% (ohne MH 91%) sowie ein sicherer Arbeitsplatz mit 98% (ohne MH 86%) (sehr) wichtig. Karrieremöglichkeiten stellen für 72%, die Vereinbarkeit von Beruf und Familie für 66% der Gymnasiasten mit Migrationshintergrund ein (sehr) wichtiges Kriterium ihrer Berufswahl dar – ähnlich wie bei ihren Klassenkameraden ohne Migrationshintergrund (69% bzw. 64%; Schmidt-Koddenberg und Zorn 2012).

Eine Bildungs- und Ausbildungsperspektive, die Chancen eröffnet, ist jungen Frauen und Männern mit Migrationshintergrund sehr wichtig. Gerade junge Frauen mit Migrationshintergrund haben verstanden, dass erst Ausbildung und Beruf ihnen ein eigenes Einkommen und damit eine eigenständige Lebensführung ermöglichen (Boos-Nünning 2006; Schittenhelm 2007). In puncto Werteorientierungen herrschen bei jungen Frauen mit Migrationshintergrund daher egalitäre Vorstellungen zu den Geschlechterrollen vor, die davon ausgehen, dass beide Partner berufstätig sind und sich gemeinsam um das Aufwachsen der Kinder kümmern. Zirka 80 % der jungen Frauen mit Migrationshintergrund sehen den Beruf als bestes Mittel zur Unabhängigkeit der Frau an und bejahen, dass Frau *und* Mann zum Familieneinkommen beitragen sollen (Boos-Nünning und Karakasoglu 2006, S. 265f).

4   Bildungsziele und Engagement am Übergang Schule – Ausbildung

Während Schüler in der 8. Klasse, in der frühen Phase ihrer Berufsorientierung, noch überwiegend in „schulischen Karrieren" denken (Rahn et al. 2011, S. 306), orientieren sie sich in der Folgezeit häufiger an den „Opportunitätsstrukturen" (Heinz 1995), d.h. an den Möglichkeiten, von denen sie glauben, sie mit ihren

schulischen Voraussetzungen erreichen zu können. Junge Frauen und Männer mit
und ohne Migrationshintergrund entwickeln im weiteren Berufsfindungsprozess
zunehmend konkrete Vorstellungen über ihre künftigen Bildungswege (Schmidt-
Koddenberg und Zorn 2012). Unmittelbar nach der Schulzeit haben die meisten
SchulabgängerInnen – rund 85% – klare (Aus)*Bildungsziele* und können präzise
Qualifizierungspläne benennen. Rund 70% der SchulabgängerInnen möchten
eine berufliche Qualifizierung beginnen, sei es eine betriebliche (61%) oder eine
berufsfachschulische (10%) Ausbildung. Die Aufnahme eines Studiums ist für
rund 12% das nächste Bildungsziel (Beicht und Granato 2009, S. 11). Jugendliche
mit und ohne Migrationshintergrund haben – wie eine Reihe von Untersuchungen
belegen – ähnliche Bildungspräferenzen (z.B. Beicht und Granato 2009; Diehl et
al. 2009; Gaupp et al. 2011).

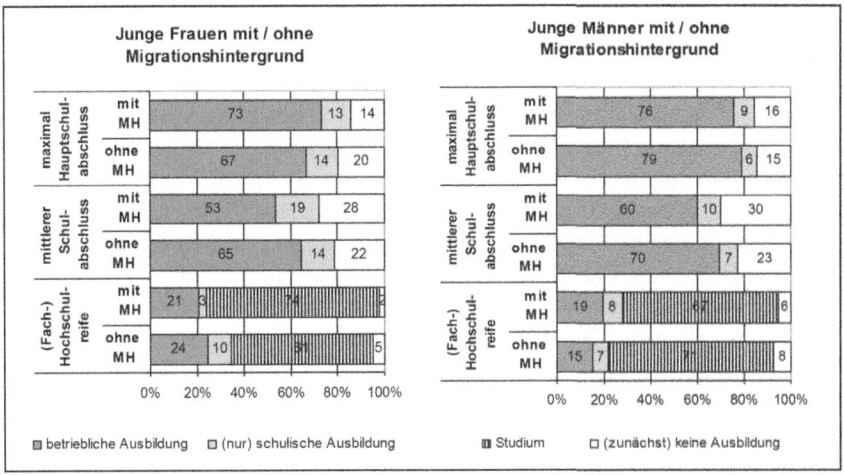

Basis: Personen der Geburtsjahrgänge 1982 bis 1988, die die allgemeinbildende Schule vor dem Jahr
2006 verlassen haben (gewichtete Ergebnisse; ungewichtete Fallzahl: n = 5.535).
Quelle: Beicht und Granato 2010, S. 6, auf der Grundlage der BIBB-Übergangsstudie

Abbildung 1: Berufliche Pläne bei Verlassen des allgemeinbildenden Schulsystems (Anteil der Personen in %)

Die Bildungspläne von Schulabsolventen unterscheiden sich weniger nach
dem Migrationshintergrund (Diehl et al. 2009) als nach schulischen Voraussetz-
zungen *und* Geschlecht: Studienberechtigte Schulabsolventinnen und -absolven-
ten beabsichtigen weit überwiegend zu *studieren* – studienberechtigte Migrantin-

nen am häufigsten (vgl. auch Schmidt-Koddenberg und Zorn 2012). Das größte Interesse an einer *betrieblichen Lehre* haben Jugendliche, die über maximal einen Hauptschulabschluss verfügen – junge Männer häufiger als junge Frauen.[3] Bei einem mittleren Abschluss sind gerade junge Frauen mit Migrationshintergrund an einer *schulischen* Ausbildungsmöglichkeit deutlich häufiger interessiert als junge Männer (vgl. Abb. 1).

Bei einem mittleren Abschluss haben junge Frauen und Männer mit Migrationshintergrund relativ oft nicht vor, unmittelbar nach Schulende eine Ausbildung zu beginnen. Stattdessen planen sie z.B. den Besuch einer teilqualifizierenden Berufsfachschule oder einer Fachoberschule, und zwar häufig, um zunächst noch einen höheren Schulabschluss zu erwerben (Beicht und Granato 2011; Rahn et al. 2011).

Den Bildungsplänen folgt meist ein konkretes Engagement, um die eigenen Ziele auch zu erreichen. Bei einem Migrationshintergrund suchen BewerberInnen durchschnittlich in einer etwas größeren Zahl von Berufen einen betrieblichen Ausbildungsplatz (3,5 versus 3,2 Berufe; Beicht 2012). Dabei bewerben sich 90% der Jugendlichen mit Migrationshintergrund und 78% derjenigen ohne Migrationshintergrund auf mindestens einen der 20 am stärksten besetzten Ausbildungsberufe des dualen Systems (Beicht 2012). Insgesamt ziehen beide Gruppen ein breites Spektrum von Berufen bei ihrer Ausbildungssuche in Betracht." Es bestehen dabei auch leichte Unterschiede in den beruflichen Präferenzen: Besonders nachgefragt sind die Ausbildungsberufe Kaufleute im Einzelhandel (mit MH 31%, ohne MH 18%) und Büro- bzw. Bankkaufleute (mit MH 36%, ohne MH 27%, Beicht 2012). Im gewerblich-technischen Bereich sind die Ausbildungsberufe KraftfahrzeugmechatronikerIn (mit MH 16%, ohne MH 9%) und IndustriemechanikerIn (mit MH 14%, ohne MH 9%) öfter von BewerberInnen mit Migrationshintergrund nachgefragt. Insgesamt bevorzugen BewerberInnen mit Migrationshintergrund häufiger Dienstleistungs- als Fertigungsberufe (Beicht 2012).

Bei den *Strategien der Suche nach einer betrieblichen Ausbildung* gibt es zwischen jungen Frauen und Männern mit und ohne Migrationshintergrund ein hohes Maß an Übereinstimmung und nur vergleichsweise wenig Unterschiede. Junge Frauen und Männer mit Migrationshintergrund sind hierbei stark engagiert. Sie nutzen in hohem Maße die verschiedenen Such- und Bewerbungsstrategien

---

3   Die empirischen Analysen in diesem wie im Kapitel 6 beruhen auf der BIBB-Übergangsstudie, die Ergebnisse im Wesentlichen auf den Auswertungen und Resultaten in Beicht und Granato 2010. Der Migrationshintergrund wurde indirekt definiert: Kein Migrationshintergrund wird angenommen, wenn ein Jugendlicher die deutsche Staatsangehörigkeit besitzt, zudem als Kind in der Familie zuerst ausschließlich die deutsche Sprache gelernt hat und außerdem Vater und Mutter in Deutschland geboren sind. Trifft eine dieser Bedingungen nicht zu, wird von einem Migrationshintergrund ausgegangen. Nach dieser Definition haben rund 23% der Probanden einen Migrationshintergrund (Beicht und Granato 2010).

und zeigen dabei eine ausgeprägte Mobilitätsbereitschaft und eine beachtliche Flexibilität in Bezug auf Ausbildungsberufe, auf die sie sich bewerben. Junge Migrantinnen und Migranten erfahren allerdings bei der Ausbildungssuche, verglichen mit jungen NichtmigrantInnen, seltener konkrete Hilfe aus ihrem Familien- und Bekanntenkreis. Jedoch geben sie deutlich häufiger eigene Stellengesuche auf, was möglicherweise ihre geringeren Möglichkeiten, Netzwerkressourcen zu nutzen, kompensieren soll (Beicht und Granato 2011).

5   Hohe Bildungsmotivation in Familien mit Migrationshintergrund

In allen (untersuchten) OECD–Staaten zeigt sich bei Migranten eine höhere Bildungsaspiration als bei Einheimischen (OECD 2006). Familien mit Zuwanderungsgeschichte haben eine hohe Bildungsmotivation, wie empirische Studien seit langem belegen (Wilpert 1980; Steinbach und Nauck 2005; Boos-Nünning 2006; Boos-Nünning und Karakasoglu 2006; vgl. Soremski 2010). Aufgrund eingeschränkter eigener Chancen beim Zugang zu Bildung und Beruf neigen Eltern der ersten Generation – insbesondere Mütter – im Rahmen des „Familienprojekts Migration" dazu, den sozialen Aufstieg auf die nachfolgende Generation zu „verschieben" (vgl. Mey 2009).

Die ausgeprägte Bildungsorientierung in Migrantenfamilien ist gekoppelt an hohe Erwartungen der Eltern im Hinblick auf ihre Kinder (Boos-Nünning 2006) und gleichzeitig an eine emotionale Unterstützung der Kinder in Bildungsfragen durch ihre Eltern (Mey 2009). Kennzeichnend für einen weit verbreiteten „Erziehungsstil in türkischen Familien ist die enge emotionale Bindung zwischen den Generationen verbunden mit hohen Leistungserwartungen an die Kinder" (Boos-Nünning 2006, S. 13). Nach Hummrich (2004) können die Eltern ihre Kinder allerdings nur verhältnismäßig selten *konkret*, z.B. bei den Schulaufgaben, unterstützen. So hilft rund jede fünfte Mutter aus einer Migrantenfamilie ihrer Tochter häufig bzw. oft bei den Hausaufgaben; bei den Vätern sind es 12%, bei den Geschwistern 23% (Boos-Nünning und Karakasoglu 2006, S. 28). Bei der Suche nach einem Ausbildungsplatz werden junge Frauen und Männer mit Migrationshintergrund zwar mehrheitlich, jedoch seltener als NichtmigrantInnen *konkret* von ihrer Familie und ihrer sozialen Umgebung unterstützt (mit MH 63%, ohne MH 76%, Beicht und Granato 2010; vgl. Kuhnke und Müller 2009). Eltern mit Migrationshintergrund fehlt im Übergangsprozess zum Teil das „schulrelevante Wissen", doch „gleichzeitig sind oft (nur) sie es, die ihre Kinder bei erfahrenen Rückschlägen zum Beispiel bei der Lehrstelle immer wieder ermutigen" (Mey 2009, S. 10). Dies gilt besonders für den Prozess der Lehrstellensuche.

Die Bildungsaspiration in Migrantenfamilien bezieht sich auf Söhne wie Töchter: „Eltern mit Migrationshintergrund wünschen sich für ihre Töchter wie Söhne eine gute Schul- und Berufsbildung" (Boos-Nünning 2006, S. 13). Die Befürwortung des Bildungsaufstiegs ist auch bei den Töchtern mit einer *emotionalen* Unterstützung der Familie verbunden. Schülerinnen – aber auch männlichen Schülern – mit Migrationshintergrund wird ein hohes Maß an Disziplin und Leistungsvermögen bei der Bewältigung der schulischen Anforderungen abverlangt sowie ein hohes Maß an Selbständigkeit bei der Gestaltung ihrer Schul- und weiteren Bildungslaufbahn (Boos-Nünning 2006, S. 13). Junge Frauen mit Migrationshintergrund sind somit bei wichtigen Bildungsentscheidungen oftmals stark auf sich selbst gestellt (Boos-Nünning und Karakasoglu 2006, S. 198).

6   Hohe Bildungsorientierung auch bei ungünstiger sozialer Herkunft

Die soziale Herkunft wirkt sich Boudon (1974) zufolge nicht nur über die familiären Ressourcen auf den Bildungserfolg von Kindern aus (*primäre Herkunftseffekte*) sondern beeinflusst auch die familiären Bildungsentscheidungen (*sekundäre Herkunftseffekte*). Je höher der Sozialstatus des Elternhauses ist, desto eher orientieren sich Eltern für ihre Kinder an höheren Bildungsabschlüssen, da sie den von ihnen erreichten Sozialstatus für ihre Kinder erhalten wollen und demnach bereit sind, besonders stark in Bildung zu investieren (Becker 2009). Umgekehrt erfordert der Statuserhalt in Familien mit einer ungünstigen sozioökonomischen Positionierung nicht unbedingt, dass die Kinder eine höhere Bildung erhalten. So ist bei hochschulberechtigten Jugendlichen die Wahrscheinlichkeit, ein Studium zu beginnen, auch bei gleichen Abiturnoten deutlich größer, wenn zumindest ein Elternteil bereits ein Hochschulstudium abgeschlossen hat (Autorengruppe Bildungsberichterstattung 2010). Umgekehrt streben SchulabgängerInnen aus schulisch besser gebildeten Elternhäusern, in denen beide Eltern über eine (Fach)Hochschulreife verfügen, selbst bei *gleichen schulischen Voraussetzungen* der Jugendlichen seltener eine betriebliche Ausbildung an als Jugendliche aus Familien, in denen kein oder nur ein Elternteil eine (Fach)Hochschulreife besitzt (Beicht und Granato 2010).

Was bedeutet dies nun für die Bildungsorientierung von Jugendlichen aus Migrantenfamilien angesichts ihrer ungünstigeren sozialen Herkunft im Vergleich zu Jugendlichen aus Nichtmigrantenfamilien? *Junge Frauen* und *Männer mit Migrationshintergrund* sowie junge Frauen ohne Migrationshintergrund entscheiden sich bei gleichen schulischen Voraussetzungen der Jugendlichen und einer ungünstigeren sozialen Herkunft im Hinblick auf die Schulabschlüsse der Eltern (beide Eltern mit max. Hauptschulabschluss) signifikant seltener für eine betriebliche Ausbildung als männliche Jugendliche ohne Migrationshintergrund (Beicht und Granato 2010). Stattdessen orientieren sie sich stärker an schulischen (Berufs)Bildungsgängen, z.b. an voll- oder teilqualifizierenden Bildungsgängen in Berufsfachschulen oder am Besuch der Fachoberschule (Beicht und Granato 2011).

Die berufliche Positionierung des Vaters wirkt sich dagegen bei Jugendlichen mit und ohne Migrationshintergrund gleichermaßen aus: Je höher die berufliche Positionierung des Vaters desto seltener streben die Jugendlichen bei gleichen schulischen Voraussetzungen eine betriebliche Ausbildung an. In Familien mit Vätern, die eine niedrig qualifizierte Tätigkeit ausüben, ist dies umgekehrt – unabhängig von einem Migrationshintergrund (Beicht und Granato 2010).

Die Auswirkungen einer (ungünstigen) sozialen Herkunft der Eltern auf die Bildungsentscheidungen sind bei jungen Frauen und Männern aus Migrantenfamilien am Übergang Schule – Ausbildung weniger stark wirksam. Diese Ergebnisse deuten bei einem Migrationshintergrund auf die eingeschränkte Bedeutung der sozialen Herkunft für die Bildungsentscheidungen und -orientierungen junger Frauen und Männer am Übergang Schule – Ausbildung hin. Becker (2011, S. 27ff) belegt dies für die Bildungsaspirationen der Eltern im Hinblick auf ihre Kinder, Töchter wie Söhne, die trotz ungünstiger schulischer und beruflicher Abschlüsse der Eltern (Hauptschulabschluss und kein Berufsabschluss) stärker an einem Hochschulstudium orientiert sind als an einer beruflichen Ausbildung: „Demnach visieren die zugewanderten Eltern für ihre Kinder vor allem das Hochschulstudium an und das in einem weitaus deutlicheren Maße als die deutschen Eltern es tun" – ohne Unterschied nach dem Geschlecht.

Damit bestätigt sich auch am Übergang Schule – Ausbildung für die Bildungsentscheidungen der *Jugendlichen selbst, junger Frauen wie junger Männer* (Beicht und Granato 2010), sowie für die Bildungsentscheidungen der *Eltern* für ihre Töchter und Söhne (Becker 2011), dass *sekundäre Herkunftseffekte,* d.h. der vermutete theoretische Zusammenhang zwischen sozialer Lage und Bildungsmotivation, nicht ohne Weiteres auf Migrantenfamilien übertragbar ist, wie bereits im allgemeinbildenden Bereich nachgewiesen wurde (vgl. Kap. 1; Soremski 2010).

7   **Barrieren beim Zugang zu Ausbildung und berufliche**
         (Um)Orientierungen: Berufsfindungsprozesse, Fremd- und
         Selbstselektion im Übergang Schule – Ausbildung

Ist erst einmal die Entscheidung für einen Bildungsweg bzw. einen Ausbildungsberuf getroffen, verläuft der Übergangsprozess nicht immer so wie gewünscht.
Vom Berufswunsch zur Berufswirklichkeit liegt oft ein weiter Weg (Steiner 2005).
Die einzelnen Schritte zwischen Schule, Ausbildung und Beruf sind nicht mehr
eindeutig durch institutionalisierte Ablaufmuster bestimmt und „Handlungsspielräume" mit Risiken und Instabilitäten verbunden. Erhebliche Engpässe auf dem
Ausbildungsmarkt im vergangenen Jahrzehnt (Eberhard und Ulrich 2010) haben
mit dazu beigetragen, dass der Übergang Schule – Ausbildung heute mit veränderten und höheren Anforderungen an Jugendliche verbunden ist. Der früher oft
zu beobachtende direkte Übergang von der Schule in eine Ausbildung ist einer
Vielfalt zum Teil problematischer Übergangswege gewichen (Beicht 2009).

Jugendliche mit Migrationshintergrund sind hiervon besonders häufig betroffen. Trotz intensiver Such- und Bewerbungsaktivitäten gelingt ihnen seltener
als der einheimischen Vergleichsgruppe ein dauerhafter Übergang in eine berufliche Ausbildung, selbst mit den gleichen schulischen Voraussetzungen (Beicht
und Granato 2011).

... Barrieren beim Zugang zu beruflicher Ausbildung

Trotz einer hohen Bildungsmotivation, konkreten Bildungsplänen und ihrem
Engagement bei der Suche nach einem Ausbildungsplatz finden Jugendliche mit
Migrationshintergrund seltener einen Ausbildungsplatz. Ihre ungünstigeren schu-
lischen Voraussetzungen erschweren zwar die Einmündung in berufliche Ausbildung. Doch selbst mit einem mittlerem Schulabschluss münden junge Frauen mit
Migrationshintergrund innerhalb von drei Jahren zu 72 % in eine betriebliche
Ausbildung ein (Männer 78 %), diejenigen ohne Migrationshintergrund hingegen
zu 78% (Männer 89 %; Beicht und Granato 2011). Gute schulische Voraussetzungen, d.h. ein mittlerer Schulabschluss, und gute Schulnoten wirken sich bei
Ausbildungssuchenden ohne Migrationshintergrund überwiegend als förderlich
für die Einmündung in eine betriebliche Ausbildung aus, nicht jedoch bei einem
Migrationshintergrund.

Doch ebenso wenig wie die schulischen Voraussetzungen reichen die schulische bzw. kognitive Leistungsfähigkeit oder andere kulturelle Ressourcen, die
in Migrantenfamilien häufig geringer ausfallen, zur vollständigen Erklärung ih-

rer geringeren Aussichten auf einen Ausbildungsplatz aus. Dies gilt auch für den sozioökonomischen Status der Familie und die Netzwerke junger Frauen und Männer mit Migrationshintergrund, für die Berufspräferenzen sowie für Bildungsmaßnahmen und andere institutionelle Unterstützungsleistungen (z.b. Einstiegsbegleitung) im Übergangsprozess, die (zum Teil) einen fördernden Einfluss auf die Einmündungschancen haben. Wenngleich Familien mit Migrationshintergrund in Westdeutschland häufiger als Familien ohne Migrationshintergrund in Regionen leben, die von einem geringeren betrieblichen Ausbildungsangebot geprägt sind, erklärt dies ebenfalls nicht vollständig die niedrigeren Einmündungschancen junger Frauen und Männer mit Migrationshintergrund, insbesondere bei einer türkischen bzw. türkisch-arabischen Herkunft, selbst bei einem sich entspannenden Ausbildungsmarkt (Beicht 2011, 2012; Beicht und Granato 2010; Diehl et al. 2009; Eberhard 2012; Kohlrausch 2011; Seibert et al. 2009; Skrobanek 2007; Ulrich 2011).

Somit sind über die berücksichtigten Faktoren hinaus weitere Einflussgrößen wirksam, die in Verbindung mit dem Migrationshintergrund stehen und auf eine strukturelle Ausgrenzung hinweisen.

... *Berufsfindungsprozesse und Bewältigungsstrategien im Übergangsprozess*

Bei einem Migrationshintergrund durchlaufen junge Frauen und Männer erheblich häufiger langwierige und schwierige Übergangsprozesse (Heuer et al. 2011; Beicht und Granato 2011; Gaupp et al. 2011). Die Jugendlichen, die keinen Ausbildungsplatz finden, sehen sich vor die Entscheidung gestellt, ihre Suche aufrechtzuerhalten oder sich umzuorientieren, d.h. einen anderen Ausbildungs- bzw. Bildungsweg einzuschlagen. Im Verlauf des Übergangsprozesses kann es vorkommen, dass sie ihre ursprünglichen (Aus)Bildungsentscheidungen *mehrfach* revidieren (müssen).

Der weitere Prozess der Berufsfindung ist daher oftmals von einer zunehmenden Anpassung an die „Opportunitäten" des Ausbildungsangebots geprägt, d.h. von einem etappenweisen „Arrangement mit den Verhältnissen auf dem Ausbildungsstellenmarkt" (Heinz 1995, S. 132; Krüger 2001). Die Entscheidung für einen (Aus)Bildungsweg entspricht häufig nur zum Teil den ursprünglichen Präferenzen. Gerade junge Frauen mit und ohne Migrationshintergrund entwickeln hierbei eine große Bandbreite an Bewältigungsstrategien (Schittenhelm 2007). Ein Teil gibt ihre bisherigen Ausbildungsziele völlig auf, nur um einen Ausbildungsplatz zu finden. Andere verfolgen ihre ursprünglichen Bildungsziele konsequent und nehmen dabei Umwege in Kauf (Schittenhelm 2007).

Angesichts schwieriger Übergänge an der Statuspassage Schule – Ausbildung sind Berufsorientierung und -wahl lange während Prozesse, die von Misserfolgen, Umorientierungen, Neuanläufen und unterschiedlichen Bewältigungsstrategien gekennzeichnet sind. Diese Berufsfindungsprozesse sind eng mit dem Übergangsprozess verwoben, sie enden auch nicht mit der ersten beruflichen Ausbildung: Selbst 27-Jährige mit Berufsabschluss wünschen sich für ihre jetzige Phase der Berufsentwicklung (sowie rückwirkend für den Übergang Schule – Ausbildung – Beruf) eine kontinuierliche Begleitung ihrer noch immer andauernden Berufsfindungsprozesse (Heuer et al. 2011).

... Fremd- und Selbstselektion

Veränderungen oder Weiterentwicklungen ursprünglicher Bildungsentscheidungen sind im Übergang Schule – Ausbildung nichts Außergewöhnliches. Es fragt sich allerdings, wie solche Um-Entscheidungen gedeutet werden: Sind sie mit Motivationseinbrüchen und Selbstselektionsprozessen verbunden – oder die Folge von Fremdselektion? Gelegentlich wurde gerade bei Jugendlichen mit Migrationshintergrund und einem mittleren Abschluss ihre geringere Orientierung an einer dualen Ausbildung als mangelndes Interesse für diesen Bildungsweg verstanden und nicht als besonderes Interesse an höher qualifizierenden schulischen Bildungsgängen, die das Erreichen eines weiterführenden Schulabschlusses ermöglichen. Auf letzteres deuten z.B. die skizzierten Ergebnisse zu den Bildungsplänen junger MigrantInnen mit mittlerer Reife (vgl. Kap. 4). Wie weit hier Selbstselektionsprozesse wirken – Realschulabgänger mit Migrationshintergrund haben in den letzten Jahren begriffen, dass sie aufgrund ihres Migrationshintergrunds geringere Chancen beim Zugang in betriebliche Ausbildung haben – hierüber ist noch zu wenig bekannt. Jugendliche mit Migrationshintergrund nehmen die in Gesellschaft und Wirtschaft existierende „Skepsis" ihnen gegenüber wahr (Mey 2009, S. 12).

Ein stärkeres Augenmerk sollte zukünftig auf den *institutionellen* Bedingungen und Begrenzungen beim *Zugang* zum Ausbildungssystem liegen: Beim Zugang zu betrieblicher Ausbildung sind es die Betriebe, die darüber entscheiden, welche Jugendlichen mit welchen Voraussetzungen eine Ausbildung erhalten oder auch nicht (Fremdselektion). Diese Funktion als „Eingangswächter" des dualen Systems bedeutet für Jugendliche – gerade bei einem Migrationshintergrund – zu häufig einen Ausschluss aus beruflicher Ausbildung (Eberhard und Ulrich 2010; Imdorf 2009). Die Selektionsprozesse von Betrieben und beruflichen Schulen sind daher ebenso wie das *Zusammenwirken* von Prozessen der Fremd- und

Selbstselektion am Übergang Schule – Ausbildung (Solga 2005, S. 122f) genauer in Augenschein zu nehmen. Denn ,Selbstselektionsprozesse' können „auch direkt durch strukturelle Ausgrenzungsrisiken verursacht worden sein." Hervorzuheben ist dabei insbesondere, „dass die Ursache dieser Selektionsprozesse struktureller Natur ist und daher nicht (allein) durch individuelle ,Reparaturen' beseitigt werden kann" (Solga 2005, S. 124f). Eine erhöhte ,Selbstselektion' kann dem zu Folge auch als Verarbeitungsmodus von Diskreditierungs- und Misserfolgserfahrungen" verstanden werden, die zu Cooling-out-Prozessen sowie einer „verstärkten Antizipation von Chancenlosigkeit" (Solga 2005, S. 123) im Wettbewerb um Ausbildungsplätze führen kann.

8   Diskussion und Ausblick

Eltern aus Migrantenfamilien sind am Bildungsaufstieg ihrer Kinder stark interessiert. Junge Frauen und Männer mit Migrationshintergrund orientieren sich ebenso wie junge Frauen und Männer ohne Migrationshintergrund konkret an einem Hochschulstudium, an schulischer Weiterqualifizierung oder an beruflicher Ausbildung und sind bei der Suche nach einem Ausbildungsplatz genauso engagiert. Eine unzureichende *Bildungsorientierung*, ein enges *Berufswahlspektrum* oder eine weniger intensive *Ausbildungsplatzsuche* sind daher als Erklärungsmöglichkeit für die geringeren Einmündungschancen junger Frauen und Männer mit Migrationshintergrund in eine berufliche Ausbildung auszuschließen, da solche Unterschiede zwischen jungen Frauen bzw. jungen Männern mit und ohne Migrationshintergrund nicht nachweisbar sind (Beicht 2012; Beicht und Granato 2010; Gaupp et al. 2011; Diehl et al. 2009). Unterschiede zwischen jungen Frauen und Männern mit bzw. ohne Migrationshintergrund im Hinblick auf ihre individuellen und familiären *Ressourcen an sozialem und kulturellem Kapital* (u.a. Schulabschlüsse) aber auch *regionale Disparitäten im Ausbildungsangebot* können ebenfalls die geringeren Einmündungschancen junger Frauen und Männer mit Migrationshintergrund in eine berufliche Ausbildung nicht abschließend erklären (Beicht 2011; Beicht und Granato 2010; Diehl et al. 2009; Eberhard 2012; Seibert et al. 2009; Ulrich 2011).

Rekrutierungsstrategien und *Selektionsprozesse* von Betrieben sind Teil der Rahmenbedingungen des Ausbildungsangebots. Negative gruppenspezifische Zuschreibungen von Personalverantwortlichen und anderen Entscheidern (Solga 2005) gegenüber Jugendlichen mit Migrationshintergrund bzw. bestimmten Gruppen von Jugendlichen mit Migrationshintergrund beeinflussen ihren Zugang in berufliche Ausbildung (Imdorf 2009). Angesichts des bevorstehenden demo-

graphischen Umbruchs und des prognostizierten Fachkräftebedarfs braucht unsere Gesellschaft die Potentiale *aller* jungen Menschen in Deutschland (Granato
2013). Um die Qualifikationsreserven von SchulabgängerInnen mit Migrationshintergrund in Deutschland besser auszuschöpfen, benötigen junge Frauen und
Männer – insbesondere bei einem Migrationshintergrund – neben einer

(1) langfristig und kontinuierlich angelegten Bildungslaufbahnberatung, die
weit vor Beendigung der allgemeinbildenden Schule ansetzt und ihre (Aus)Bil-
dungs-, Berufs- und Lebensplanung ganzheitlich in den Blick nimmt,
dringend
(2) faire Chancen bei Unternehmen und Verwaltungen unter Zuhilfenahme anonymisierter Bewerbungsverfahren
(3) Mentoring und eine kontinuierlich angelegte Begleitung im Übergangsprozess, die u.a. als Türöffner bei Unternehmen fungiert
(4) bei Bedarf eine kontinuierliche und begleitende Unterstützung im Ausbildungsprozess und beim Übergang in eine ausbildungsadäquate Beschäftigung
sowie
(5) ein konkretes Ausbildungsplatzangebot für jeden ausbildungsinteressierten
Jugendlichen
(6) eine „zweite Chance" für Jeden, d.h. ein konkretes Angebot für junge Erwachsene, um einen Berufsabschluss nachzuholen

(vgl. ausführlich Beicht und Granato 2011:48-55; Granato 2013; Maier
2007; Oram 2007:242-246; Hirschi 2011:108-110; Rahn u.a. 2011: 308-310;
Schmidt-Koddenberg und Zorn 2012:131-142).

Literatur

Autorengruppe Bildungsberichterstattung. 2010. Bildung in Deutschland 2010. Ein indikatorenge-
    stützter Bericht mit einer Analyse zu Perspektiven des Bildungswesens im demografischen
    Wandel. Bielefeld: Bertelsmann.
Becker, Rolf. 2009. Entstehung und Reproduktion dauerhafter Bildungsungleichheiten. In Becker,
    Rolf (Hrsg.): Lehrbuch der Bildungssoziologie, S. 85–129. Wiesbaden: VS Verlag für Sozial-
    wissenschaften.
Becker, Rolf. 2011. Integration durch Bildung: Bildungserwerb von jungen Migranten in Deutschland.
    In Becker, Rolf (Hrsg.): Integration von Migranten durch Bildung und Ausbildung, S. 11–36.
    Wiesbaden: VS Verlag für Sozialwissenschaften.

Becker, Rolf, und Frank Schubert. 2011. Die Rolle von primären und sekundären Herkunftseffekten für Bildungschancen von Migranten im deutschen Schulsystem. In Becker, Rolf (Hrsg.): Integration von Migranten durch Bildung und Ausbildung, S. 161–194. Wiesbaden: VS Verlag für Sozialwissenschaften.

Beicht, Ursula. 2009. Verbesserung der Ausbildungschancen oder sinnlose Warteschleife? Zur Bedeutung und Wirksamkeit von Bildungsgängen am Übergang Schule – Berufsausbildung. *BIBB REPORT* 11/09. Bielefeld: Bertelsmann. http://www.bibb.de/de/52414.htm

Beicht, Ursula. 2011. Junge Menschen mit Migrationshintergrund: Trotz intensiver Ausbildungsstellensuche geringere Erfolgsaussichten. BIBB-Analyse der Einmündungschancen von Bewerberinnen und Bewerbern differenziert nach Herkunftsregionen. *BIBB-Report 16/2011*. Bielefeld: Bertelsmann. http://www.bibb.de/veroeffentlichungen/de/publication/show/id/6965

Beicht, Ursula. 2012. Berufswünsche und Erfolgschancen von Ausbildungsstellenbewerberinnen und -bewerbern mit Migrationshintergrund. *Berufsbildung in Wissenschaft und Praxis* 41 (6): 44–48.

Beicht, Ursula, und Mona Granato. 2009. Übergänge in eine berufliche Ausbildung. Geringere Chancen und schwierige Wege für junge Menschen mit Migrationshintergrund. *WISO direkt Oktober 2009*. Bonn: Friedrich-Ebert-Stiftung. http://www.bibb.de/de/52287.htm

Beicht, Ursula, und Mona Granato. 2010. Ausbildungsplatzsuche: Geringere Chancen für junge Frauen und Männer mit Migrationshintergrund. BIBB-Analyse zum Einfluss der sozialen Herkunft beim Übergang in die Ausbildung unter Berücksichtigung von Geschlecht und Migrationsstatus. *BIBB Report 15/10*. Bielefeld: Bertelsmann http://www.bibb.de/dokumente/pdf/a12_bibbreport_2010_15.pdf. Zugegriffen: 24.02.2013.

Beicht, Ursula, und Mona Granato. 2011. Prekäre Übergänge vermeiden – Potenziale nutzen. Junge Frauen und Männer mit Migrationshintergrund an der Schwelle von der Schule zur Ausbildung. *WISO Diskurs*. Bonn: Friedrich-Ebert-Stiftung. http://library.fes.de/pdf-files/wiso/08224.pdf. Zugegriffen: 24.02.2013.

Beinke, Lothar. 2006. Berufswahl und ihre Rahmenbedingungen. Entscheidung im Netzwerk der Interessen. Frankfurt a.M.: Peter Lang.

Boos-Nünning, Ursula. 2006. Von Chancengleichheit weit entfernt: Junge Frauen mit Migrationshintergrund im Übergang von der Schule in die Berufsausbildung. In Landesarbeitsgemeinschaft Jugendsozialarbeit Niedersachsen – Jugendaufbauwerk; Katholische Jugendsozialarbeit in der Region Nord (Hrsg.): Zwischen Rosarot und dem Leben. Junge Migrantinnen beim Übergang Schule – Beruf, S. 8–16. Hannover: Katholische Jugendsozialarbeit in der Region Nord.

Boos-Nünning, Ursula, und Yasemin Karakaşoğlu. 2006. Viele Welten leben. Lebenslagen von Mädchen und jungen Frauen mit Migrationshintergrund. Münster: Waxmann.

Boudon, Raymond. 1974. Education, opportunity and social inequality. Changing prospects in Western society. New York: Wiley.

Brüggemann, Tim, und Sylvia Rahn (Hrsg.). 2013. Berufsorientierung. Ein Lehr- und Arbeitsbuch. Münster: Waxmann (Im Erscheinen).

Diehl, Claudia, Michael Friedrich, und Anja Hall. 2009. Jugendliche ausländischer Herkunft beim Übergang in die Berufsausbildung: Vom Wollen, Können und Dürfen. *Zeitschrift für Soziologie* 38 (1): 48–68.

Eberhard, Verena. 2012. Der Übergang von der Schule in die Berufsausbildung – Ein ressourcentheoretisches Modell zur Erklärung der Übergangschancen von Ausbildungsstellenbewerbern. Bielefeld: Bertelsmann.

Eberhard, Verena, und Joachim Gerd Ulrich. 2010. Übergänge zwischen Schule und Berufsausbildung. In Bosch, Gerhard, Sirikit Krone, und Dirk Langer (Hrsg.): Das Berufsbildungssystem in Deutschland, S. 133–164. Wiesbaden: VS Verlag für Sozialwissenschaften.

Gaupp, Nora, Tilly Lex, und Birgit Reißig. 2011. HauptschülerInnen auf dem Weg von der Schule in Ausbildung: Zur Situation von Jugendlichen mit Migrationshintergrund. In Reißig, Birgit, und Elke Schreiber (Hrsg.): Jugendliche mit Migrationshintergrund im Übergang Schule – Berufsausbildung. Arbeitshilfen für regionales Übergangsmanagement 4, S. 12–19. München/Halle: Deutsches Jugendinstitut.

Gille, Martina. 2006. Werte, Geschlechtsrollenorientierungen und Lebensentwürfe. In Gille, Martina, Sabine Sardei-Biermann, Wolfgang Gaiser, und Johann de Rijke: Jugendliche und junge Erwachsene in Deutschland. Lebensverhältnisse, Werte und gesellschaftliche Beteiligung 12- bis 29-Jähriger, S. 131–211. Wiesbaden: VS Verlag für Sozialwissenschaften.

Granato, Mona. 2013. Bildungsübergänge und Bildungserfolg in der beruflichen Ausbildung: Für junge Frauen mit Migrationshintergrund schwieriger als für junge Männer? In van Capelle, Jürgen (Hrsg.): Zukunftschancen: Ausbildungsbeteiligung und -förderung von Jugendlichen mit Migrationshintergrund. Wiesbaden: VS Verlag für Sozialwissenschaften 2013.

Gresch, Cornelia. 2012. Bildungsoptimistische Einwanderer. Schulkarrieren von Migranten scheitern nicht am mangelnden Ehrgeiz. *WZB Mitteilungen* (138): 27–29. Berlin: Wissenschaftszentrum Berlin.

Heinz, Walter. 1995. Berufliche Statuspassagen im Lebensverlauf. In Hurrelmann, Klaus (Hrsg.): Arbeit, Beruf und Lebensverlauf, S. 127–155. Weinheim: Juventa.

Heuer, Christoph, Herbert Schubert, und Holger Spieckermann. 2011. Biografische Übergänge von der Schule in den Beruf: Verbleibuntersuchung von Kölner Berufskollegabsolventen. Köln: Fachhochschule Köln.

Hirschi, Andreas. 2011. Berufswahlfreiheit als Selbstgestaltung beruflicher Entwicklung. In Marty, Res, Andreas Hirschi, Daniel Jungo, Martina E. Jungo-Graf, und René Zihlmann (Hrsg.): Berufswahlfreiheit. Ein Modell im Spannungsfeld zwischen Individuum und Umwelt, S. 99–110. Bern: SDBB Verlag.

Hummrich, Merle. 2004. Bildungserfolg trotz Schule: Über pädagogische Erfahrungen junger Migrantinnen. In Liegle, Ludwig, und Rainer Treptow (Hrsg.): Welten der Bildung in der Pädagogik der frühen Kindheit und in der Sozialpädagogik, S. 140–153. Freiburg: Lambertus.

Imdorf, Christian. 2009. Wie Ausbildungsbetriebe soziale Ungleichheit reproduzieren: Der Ausschluss von Migrantenjugendlichen bei der Lehrlingsselektion. In Krüger Heinz-Hermann, Ursula Rabe-Kleberg, Rolf-Torsten Kramer; und Jürgen Budde: Bildungsungleichheit revisited, S. 259–274. Wiesbaden: VS Verlag für Sozialwissenschaften.

Kohlrausch, Bettina. 2011. Die Bedeutung von Sozial- und Handlungskompetenzen im Übergang in eine berufliche Ausbildung. In Krekel, Elisabeth M., und Tilly Lex (Hrsg.): Neue Jugend? Neue Ausbildung? Beiträge aus der Jugend- und Bildungsforschung, S. 129–141. Bielefeld: Bertelsmann.

Kristen, Cornelia, und Jürgen Dollmann. 2010. Sekundäre Effekte der ethnischen Herkunft: Kinder aus türkischen Familien am ersten Bildungsübergang. In Becker, Birgit, und David Reimer (Hrsg.): Vom Kindergarten bis zur Hochschule. Die Generierung von ethnischen und sozialen Disparitäten in der Bildungsbiographie, S. 117–144. Wiesbaden: VS Verlag für Sozialwissenschaften.

Krüger, Helga. 2001. Ungleichheiten im Lebenslauf. Wege aus den Sackgassen empirischer Traditionen. In Heintz, Bettina (Hrsg.): Geschlechtersoziologie. Kölner Zeitschrift für Soziologie und Sozialpsychologie, Sonderheft 41: 512–537.

Kuhnke, Ralf, und Matthias Müller. 2009. Lebenslagen und Wege von Migrantenjugendlichen im Übergang Schule – Beruf: Ergebnisse aus dem DJI-Übergangspanel. In Deutsches Jugendinstitut (Hrsg.): Wissenschaftliche Texte 3/2009. München/Halle: Deutsches Jugendinstitut.

Maier, Bernd. 2007. Wie finden Schülerinnen und Schüler ihren (ersten) Ausbildungsberuf? Berufswahltheorien und Konzepte der Unterrichtsgestaltung. *Unterricht – Arbeit und Technik* 9 (35): 48–55.

Mey, Eva. 2009. „Ich habe alle Chancen gepackt" – Ressourcen von Jugendlichen mit Migrationshintergrund. *Psychologie und Erziehung* 35 (1): 8–12.

OECD– Organisation for Economic Co-operation and Development. 2006. Where immigrants succeed – a comparative review of performance and engagement in PISA 2003. Paris: Organisation for Economic Co-operation and Development.

Oram, Melanie. 2007. Der Studien- und Berufswahlprozess. Zur subjektiven Rekonstruktion einer biografischen Entscheidung. Bielefeld: Bertelsmann.

Rahn, Sylvia, Tim Brüggemann, und Emanuel Hartkopf. 2011. Von der diffusen zur konkreten Berufsorientierung: Die Ausgangslage der Jugendlichen in der Frühphase der schulischen Berufswahlvorbereitung. *Die deutsche Schule*, 103 (4): 297–311.

Roth, Tobias, Zerrin Salikutluk, und Irene Kogan. 2010. Auf die „richtigen" Kontakte kommt es an! Soziale Ressourcen und die Bildungsaspirationen der Mütter von Haupt-, Real- und Gesamtschülern in Deutschland. In Becker, Birgit, und David Reimer (Hrsg.): Vom Kindergarten bis zur Hochschule. Die Generierung von ethnischen und sozialen Disparitäten in der Bildungsbiographie, S. 179–212. Wiesbaden: VS Verlag für Sozialwissenschaften.

Schittenhelm, Karin. 2007. Statuspassagen junger Frauen zwischen Schule und Berufsausbildung im interkulturellen Vergleich. In Schlemmer, Elisabeth (Hrsg.): Ausbildungsfähigkeit im Spannungsfeld zwischen Wissenschaft, Politik und Praxis, S. 55–68. Wiesbaden: VS Verlag für Sozialwissenschaften.

Schmidt-Koddenberg, Angelika, und Simone Zorn. 2012. Zukunft gesucht! Berufs- und Studienorientierung in der Sek. II. Opladen: Verlag Barbara Budrich.

Seibert, Holger, Sandra Hupka-Brunner, und Christian Imdorf. 2009. Wie Ausbildungssysteme Chancen verteilen. Berufsbildungschancen und ethnische Herkunft in Deutschland und der Schweiz unter Berücksichtigung des regionalen Verhältnisses von betrieblichen und schulischen Ausbildungen. *Kölner Zeitschrift für Soziologie und Sozialpsychologie* 61 (4): 595–620.

Skrobanek, Jan. 2009. Migrationsspezifische Disparitäten im Übergang von der Schule in den Beruf. Ergebnisse aus dem DJI-Übergangspanel. Deutsches Jugendinstitut. Wissenschaftliche Texte, Heft 1. München: Deutsches Jugendinstitut.

Solga, Heike. 2005. Ohne Abschluss in der Bildungsgesellschaft. Opladen: Verlag Barbara Budrich.

Soremski, Regina. 2010. Das kulturelle Kapital in Migrantenfamilien: Bildungsorientierungen der zweiten Generation akademisch qualifizierter Migrantinnen und Migranten. In Nohl, Arnd-Michael, Karin Schittenhelm, Oliver Schmidtke, und Anja Weiß (Hrsg.): Kulturelles Kapital in der Migration. Hochqualifizierte Einwanderer und Einwanderinnen auf dem Arbeitsmarkt, S. 52–64. Wiesbaden: VS Verlag für Sozialwissenschaften.

Steinbach, Anja, und Bernhard Nauck. 2005. Intergenerationelle Transmission in Migrantenfamilien. In Fuhrer, Urs, und Haci-Halil Uslucan (Hrsg.): Familie, Akkulturation und Erziehung. Migration zwischen Eigen- und Fremdkultur, S. 111–125. Stuttgart: Kohlhammer.

Steiner, Christine. 2005. Bildungsentscheidungen als sozialer Prozess. Eine Untersuchung in ostdeutschen Familien. Wiesbaden: VS Verlag für Sozialwissenschaften.

Ulrich, Joachim Gerd. 2011. Übergangsverläufe von Jugendlichen aus Risikogruppen. *Berufs- und Wirtschaftspädagogik – Online*, bwp Spezial 5 - HT2011, WS 15. http://www.bwpat.de/content/ht2011/ws15/ulrich/

Wilpert, Czarina. 1980. Die Zukunft der Zweiten Generation. Erwartungen und Verhaltensmöglichkeiten ausländischer Kinder. Königstein/Taunus: Anton Hain.

Wippermann, Carsten, und Berthold Bodo Flaig. 2009. Lebenswelten von Migrantinnen und Migranten. *Aus Politik und Zeitgeschichte* 59 (5): 3–11.

Bildungsübergänge und Bildungserfolg in der beruflichen Ausbildung: Für junge Frauen mit Migrationshintergrund schwieriger als für junge Männer?

Mona Granato

1 Einleitung

Die Herstellung von Chancengleichheit beim Zugang zu zentralen gesellschaftlichen Gütern gilt als grundlegende Zielsetzung moderner Gesellschaften. Bildungsgerechtigkeit, verstanden als gleichberechtigte Teilhabe aller Mitglieder der Gesellschaft an diesem Gut, ist hierfür eine wichtige Voraussetzung. Gleichzeitig ist es eines der wichtigsten gesellschaftlichen Ziele, das in der UN-Charta verbriefte Recht auf Bildung auch in Deutschland nachhaltig in einem chancengerechten Bildungswesen umzusetzen (Motakef 2006). Bislang gelingt es allerdings *nur* unzureichend, bestehende Bildungsungleichheiten im Bildungsverlauf auszugleichen. Ungleiche „Startchancen und Lernbedingungen von Kindern aus unterschiedlichen Milieus beim Eintritt in das Schulsystem" (Pechar 2007, S. 452) werden im weiteren Bildungsverlauf nicht verringert, sondern verstärkt. Eine Folge davon ist „dass unter dem Strich das formale Bildungssystem Ungleichheit nicht abbaut, sondern zu deren Stabilisierung beiträgt" (Rauschenbach 2008, S. 4). Bildungsinstitutionen, die ihre Integrationsaufgaben nicht einlösen können, geraten zunehmend unter gesellschaftlichen Druck.

Die Schwierigkeiten im Bildungssystem treffen insbesondere Kinder und Jugendliche aus sozial benachteiligten Familien. Dies gilt in besonderer Weise für Kinder und Jugendliche aus Migrantenfamilien: Sie gehören aufgrund ihrer sozialen Herkunft mit am stärksten zu denjenigen, die von der mangelnden Leistungs- und Integrationsfähigkeit des Bildungssystems betroffen sind. Wenngleich es einzelnen Kindern und Jugendlichen mit Migrationshintergrund immer wieder gelingt, sich im Bildungs- und Ausbildungssystem erfolgreich durchzusetzen und zu integrieren (Hummrich 2004; Raiser 2007), ist die Mehrheit weiterhin strukturell benachteiligt.

Den Schwierigkeiten von Jugendlichen mit Migrationshintergrund gerade beim Zugang in eine berufliche Ausbildung[1] stehen auf der anderen Seite ihre Potenziale, ihr Engagement und der Wunsch nach gleichberechtigter Teilhabe an Bildung, Ausbildung und Beruf gegenüber. Dies gilt insbesondere für junge Frauen mit Migrationshintergrund. Sie sind am Ende der Schulzeit hochmotiviert und bildungserfolgreicher als junge Männer (Segeritz et al. 2010; Beicht und Granato 2011), wenngleich sie seltener als junge Frauen ohne Migrationshintergrund weiterführende Bildungsabschlüsse erlangen (Segeritz et al. 2010). Inwieweit gelingt es ihnen, ihren schulischen Bildungsvorsprung für den Zugang in eine berufliche Ausbildung zu verwerten?

Ausgehend von den strukturellen Bedingungen und ihren Veränderungen am Übergang Schule – Ausbildung fragt der vorliegende Beitrag nach den Bildungsorientierungen, Übergangsprozessen und Einmündungschancen junger Frauen (und Männer) mit Migrationshintergrund sowie nach dem Bildungserfolg von Jugendlichen mit Migrationshintergrund am Ende der Ausbildung.

2   Junge Frauen mit Migrationshintergrund und der Übergang Schule – Ausbildung

Der Blick der Mehrheitsgesellschaft auf ethnische Minderheiten ist auch weiterhin oftmals von wertmindernden Zuschreibungen geprägt. Noch immer durchziehen solche Bilder Denken und Handeln von Institutionen, auch von Bildungsinstitutionen (Geisen 2011). Differenzkonstruktionen als die „Anderen" prägen die Zuschreibungen gerade über junge Frauen mit Migrationshintergrund (Riegel 2004). Junge Frauen (und Männer) mit Migrationshintergrund nehmen gesellschaftliche Zuschreibungen ihnen gegenüber bewusst wahr (Mey 2009). Dies kann nicht nur ihre Selbstwahrnehmung, ihr Selbstbild und ihr Selbstwertgefühl beeinflussen, sondern auch ihre Berufsentscheidungen (Schittenhelm 2007). Solche immer wieder neu entstehenden Klischees u.a. über junge Frauen mit Migrationshintergrund weisen darauf hin, dass die De-Konstruktion gesellschaftlicher Zuschreibungen bei weitem nicht abgeschlossen ist.

Pluralisierung und Differenzierung sind (wie auch bei Jugendlichen insgesamt) zentrale Kennzeichen der Lebenslagen und Lebenswelten junger Frauen mit Migrationsgeschichte. Ihre Lebensentwürfe und Lebensziele, ihre Werte-

---

1   Unter „beruflicher Ausbildung" ist hier stets eine vollqualifizierende Ausbildung zu verstehen.

orientierungen sind untereinander genauso verschieden wie bei jungen Frauen ohne Migrationsgeschichte. Junge Frauen bzw. Männer mit einem Migrationshintergrund sind, was ihre Orientierungen und Lebensentwürfe betrifft, weder in sich homogen, noch grundsätzlich verschieden (Schittenhelm 2007; Gille 2006). Wie sich Heranwachsende über jugendkulturelle Stile definieren und in Gruppen und Cliquen zusammenfinden, ist ebenfalls vielfältig und heterogen (Geisen und Riegel 2009). Junge Frauen und Männer mit Migrationshintergrund interessieren sich wie Heranwachsende ohne Migrationshintergrund für eine qualifizierte (Aus)Bildung und Erfolg im Beruf, verbunden mit vielfältigen Vorstellungen darüber, *wie* die jeweiligen Lebens-, Bildungs- und Berufsziele erreicht und die Lebenswünsche erfüllt werden können (Schittenhelm 2007; Boos-Nünning und Karakasoglu 2006; Gille 2006; Schmidt-Koddenberg und Zorn 2012).

Neben dem individuellen Gestaltungswillen, d.h. den eigenen Wünschen und Zielen sowie den Entscheidungen und Handlungsstrategien, wirken sich jedoch auch institutionelle Gegebenheiten auf den Übergang Schule – Ausbildung aus: Jugendliche ohne (Fach)Hochschulreife sind auf eine nichtakademische Berufsausbildung verwiesen, um einen vollqualifizierenden Berufsabschluss zu erreichen. Dies gilt besonders für Jugendliche mit Migrationshintergrund, die wesentlich häufiger als Nichtmigrantinnen und Nichtmigranten die allgemeinbildende Schule ohne eine Hochschulreife beenden (Autorengruppe Bildungsberichterstattung 2010). In der nichtakademischen Ausbildung ist das duale System mit seinem marktförmigen Zugang bedeutsam (Eberhard und Ulrich 2010): Betriebe entscheiden autonom, ob sie sich an Berufsausbildung beteiligen und wen sie als Auszubildende auswählen (Imdorf 2010, 2012). Sie sind – neben den Berufsschulen, die vorwiegend die Fachtheorie vermitteln – maßgeblich für die berufliche Qualifizierung der Auszubildenden verantwortlich.

Erhebliche Engpässe auf dem Ausbildungsmarkt haben in den letzten zwei Jahrzehnten zu längeren, schwierigeren und intransparenteren Übergangsprozessen in eine duale Ausbildung beigetragen. Jugendliche in Westdeutschland finden sich häufiger als früher in Maßnahmen des teilqualifizierenden „Übergangssystems" wieder (Eberhard und Ulrich 2010). Wenngleich sich auf dem Ausbildungsmarkt in den letzten Jahren insgesamt Tendenzen einer leichten Entspannung zwischen Angebot und Nachfrage nach Ausbildungsplätzen andeuten, existieren noch immer erhebliche regionale Disparitäten. Gerade in Westdeutschland, wo die große Mehrheit der Jugendlichen mit Migrationshintergrund lebt, ist das betriebliche Ausbildungsangebot zu knapp, um allen ausbildungsinteressierten Jugendlichen den Zugang zu einem Ausbildungsplatz zu ermöglichen. 2012 sank das betriebliche Ausbildungsangebot in Westdeutschland im Vergleich zum Vorjahr um rund 9.000 Ausbildungsplätze (-1,8%). Es lag bei rund 482.000 Ausbildungsplätzen und damit deutlich unter der Zahl der (ausbildungsreifen, bei der Agentur für Arbeit offiziell gemeldeten) ausbildungsplatznachfragenden Jugendlichen (538.000; Ulrich et al. 2012). So standen in Westdeutschland 2012 rein rechnerisch 89,6 betriebliche Ausbildungsangebote 100 Ausbildungsnachfragern gegenüber (Ulrich et al. 2012).

Junge Frauen verfügen am Ende der Schulzeit über eine hohe Bildungsorientierung und ein eben solches Engagement sowie über bessere schulische Voraussetzungen als junge Männer. Dennoch durchlaufen sie am Ende der Schulzeit häufig längere Übergangsprozesse als diese und münden dabei seltener in eine nichtakademische Berufsausbildung ein (Beicht und Granato 2011a). In der dualen Ausbildung gelingt es ihnen nur unzureichend, ihren schulischen Bildungsvorsprung zu verwerten. Mit einer mangelnden Humankapitalausstattung lässt sich die geschlechtsspezifische Segregation auf dem Ausbildungs- und Arbeitsmarkt jedoch nicht erklären (Leemann und Imdorf 2011).

Die Hartnäckigkeit der *Geschlechterungleichheit* beim Zugang in berufliche Ausbildung beruht auf einem Zusammenspiel zwischen Erwartungen und Opportunitäten auf der Nachfrage- wie auf der Angebotsseite des Ausbildungs- und Arbeitsmarktes (Krüger 2001; Leemann und Imdorf 2011; Schittenhelm 2007). Doing Gender, die interaktive Herstellung von Geschlecht, vermittelt sich z.B. über die geschlechtliche Etikettierung von Berufen, über die Berufsfindungsprozesse junger Frauen und Männer auf der einen sowie über geschlechtsspezifisch geprägte Einstellungen der Betriebe im Rekrutierungsverfahren (Imdorf 2012) und eine geschlechtsspezifische Segmentierung der nichtakademischen Ausbildung auf der anderen Seite (Trappe 2006). Dies wie das knappe Angebot an Ausbildungsberufen im dualen System, für das sich Frauen interessieren, wirkt sich zu ihren Ungunsten aus: Es trägt zu einer stärkeren Konkurrenz unter Bewerberinnen um einen Ausbildungsplatz bei und damit zu geringeren Chancen, gerade beim Zugang in duale Ausbildung (Hirschi 2009).

Prekäre Übergangsprozesse und Einmündungschancen *junger Menschen mit Migrationshintergrund* sind gerade am Übergang in eine betriebliche Ausbildung empirisch belegt und deuten auf ethnisch bedingte Schließungsprozesse am Übergang Schule – Ausbildung hin. *Rekrutierungsstrategien* und *Selektionsprozesse* privater wie öffentlicher Arbeitgeber sind Teil der Rahmenbedingungen des Zugangs zum Ausbildungsmarkt. Diese Funktion als „Eingangswächter" des dualen Systems (Eberhard und Ulrich 2010; Imdorf 2010) bedeutet für junge Frauen (und Männer) mit Migrationshintergrund zu häufig einen Ausschluss aus beruflicher Ausbildung. Drei von vier befragten Betrieben in Süddeutschland, die selbst Jugendliche mit Migrationshintergrund ausbilden, sind mit der Leistung ihrer Auszubildenden mit und ohne Migrationshintergrund unterschiedslos zufrieden. Die Betriebe, die Unterschiede zwischen beiden Gruppen sehen, stellen bei Auszubildenden mit – im Vergleich zu denjenigen ohne – Migrationshintergrund eine größere Bereitschaft zu Mehrarbeit fest, bei Auszubildenden ohne Migrationshintergrund wird im Vergleich zu denjenigen mit Migrationshintergrund das Auftreten gegenüber MitarbeiterInnen sowie die Auffassungsgabe häufiger positiv beurteilt (Scherr und Gründer 2011, S. 22ff). Rund jeder fünfte Betrieb gibt dennoch an, aufgrund seines wirtschaftlichen Tätigkeitsfeldes bzw. der Kundenerwartungen Ausbildungsplätze bevorzugt an deutschstämmige Jugendliche zu vergeben; insbesondere Betriebe, die aktuell keine Erfahrung mit der Ausbildung von Jugendlichen mit Migrationshintergrund haben (Scherr und Gründer 2011, S. 24ff). Gruppenspezifische Zuschreibungen von Personalverantwortlichen gegenüber Jugendlichen mit Migrationshintergrund bzw. bestimmten Gruppen von Jugendlichen mit Migrationshintergrund sowie jungen Frauen können demnach einen Einfluss auf ihre geringeren Einmündungschancen in eine betriebliche Ausbildung haben (Imdorf 2010, 2012).

Lange Zeit wurde angenommen, dass insbesondere *junge Frauen mit Migrationshintergrund* geringere Aussichten auf eine berufliche Ausbildung haben, da ihr Zugang in Ausbildung von den geringeren Chancen junger Frauen *und* junger Menschen mit Migrationshintergrund geprägt ist. In Anlehnung an das Konzept der Intersektionalität, das neben dem Genderaspekt weitere Ungleichheitsachsen wie „ethnische" und „soziale" Herkunft berücksichtigt (Winker und Degele 2009), geht der vorliegende Beitrag davon aus, dass sie sowohl aufgrund ihres *Geschlechts* als auch wegen ihrer *ethnischen* und *sozialen* Herkunft seltener in eine berufliche Ausbildung einmünden (Schittenhelm und Granato 2004). Empirische Resultate in dieser Frage sind jedoch gerade in den letzten Jahren uneinheitlich. Sie weisen unter Berücksichtigung der schulischen Voraussetzungen und anderer kultureller bzw. sozialer Einflussfaktoren sowie institutioneller Kontextbedingungen eher auf signifikant geringere Einmündungschancen junger Männer mit Migrationshintergrund (bzw. bestimmter Herkunftsgruppen) gegenüber jungen Männern ohne Migrationshintergrund hin als auf signifikant geringere Aussichten junger Frauen mit Migrationshintergrund (bzw. bestimmter Herkunftsgruppen) im Vergleich zu jungen Frauen ohne Migrationshintergrund (Diehl et al. 2009; Seeber 2011).

Den Annahmen des Intersektionalitätskonzepts folgend geht der vorliegende Beitrag jedoch davon aus, dass junge Frauen mit Migrationshintergrund signifikant geringere Chancen auf eine berufliche Ausbildung haben.

3   Bildungsorientierungen und Übergangsprozesse Schule – berufliche Ausbildung

Die ausgeprägte Bildungsorientierung in Migrantenfamilien bezieht sich auf Söhne wie Töchter. Die hohen Erwartungen der Eltern verbinden sich mit einer *emotionalen* Unterstützung in Bildungsfragen unabhängig vom Geschlecht (Hummrich 2004), seltener jedoch mit einer *konkreten* Unterstützung z.b. bei der Lehrstellensuche (Beicht und Granato 2011). Die hohe Bildungsorientierung in Migrantenfamilien hat beim Übergang in eine weiterführende Schule auch unter Berücksichtigung ihrer ungünstigeren sozialen Herkunft Bestand (Soremski 2010, Granato 2013). Dies gilt auch für den Übergang Schule – Ausbildung: Unter Kontrolle der ungünstigeren sozialen Herkunft der Eltern entscheiden sich *junge Frauen* und *Männer mit Migrationshintergrund* sowie junge Frauen ohne Migrationshintergrund signifikant seltener für eine betriebliche Ausbildung als männliche Jugendliche ohne Migrationshintergrund (Beicht und Granato 2010). Sie geben (weiterführenden) schulischen bzw. berufsschulischen Bildungsgängen den Vorrang (Beicht und Granato 2011). *Eltern* mit Migrationshintergrund sind unter Kontrolle ihrer eigenen ungünstigeren (beruflichen) Bildungsabschlüsse stärker an einem Hochschulstudium als an einer beruflichen Ausbildung für ihre Töchter und Söhne interessiert (Becker 2011).

Junge Frauen und Männer haben am Ende der Schulzeit meist konkrete (berufliche) Bildungspläne; Unterschiede bestehen weniger nach dem Migrationshintergrund (Diehl et al. 2009) als nach schulischer Voraussetzung *und* Geschlecht (Diehl et al. 2009; Kuhnke und Müller 2009; Schmidt-Koddenberg und Zorn 2012). Hauptschulabgänger – junge Männer häufiger als junge Frauen – zielen auf eine *betriebliche* Ausbildung. Bei einem mittleren Abschluss interessieren sich gerade junge Frauen mit Migrationshintergrund häufiger für eine *schulische* Ausbildung als junge Männer (Beicht und Granato 2011). Das Spektrum der Ausbildungsberufe im dualen System, auf das sich Ausbildungsplatzsuchende bewerben, unterscheidet sich zum Teil bei einem Migrationshintergrund: BewerberInnen mit Migrationshintergrund bewerben sich auf durchschnittlich etwas mehr Ausbildungsberufe, ziehen dabei ein breites Spektrum von Berufen in Betracht und bevorzugen im Vergleich zu BewerberInnen ohne Migrationshintergrund häufiger Dienstleistungsberufe als Fertigungsberufe (Beicht 2012).

Bei den *Strategien der Suche nach einer betrieblichen Ausbildung* gibt es zwischen jungen Frauen und Männern mit und ohne Migrationshintergrund eine große Übereinstimmung und nur wenig Unterschiede in ihrem hohen Engagement, ihrer Flexibilität in Bezug auf die einbezogenen Berufe und ihrer Mobilitätsbereitschaft (Beicht und Granato 2011). Je näher am Ende der Schulzeit die konkrete Entscheidung für einen Bildungsgang rückt, desto stärker orientieren sich gerade junge Frauen an den „Opportunitätsstrukturen", d.h. an den Möglichkeiten, die ihnen erreichbar erscheinen (Krüger 2001) und entwickeln dabei eine große Bandbreite an Strategien im Umgang mit den begrenzten Möglichkeiten des Ausbildungsmarktes (Schittenhelm 2007).

Trotz ähnlicher Bildungspräferenzen am Ende der Schulzeit und vergleichbarer Suchstrategien am Übergang Schule – Ausbildung wie Nichtmigranten (Becker 2011; Beicht und Granato 2011; Diehl et al. 2009), durchlaufen junge Frauen und Männer mit Migrationshintergrund häufiger längere, schwierige und prekäre bildungsbiografische Übergänge in eine berufliche Ausbildung. Unterschiede bestehen dabei nach Geschlecht und schulischer Vorbildung. Bei einem *Hauptschulabschluss* (*maximal Hauptschulabschluss*) nehmen junge Männer mit (50%) und junge Frauen ohne Migrationshintergrund (47%) im Verlauf des Übergangsprozesses erheblich häufiger an Maßnahmen und Bildungsgängen im Übergangssystem teil als junge Frauen mit Migrationshintergrund (27%; Männer ohne MH 40%; Beicht und Granato 2011). Bei einem *mittleren Abschluss* finden sich dagegen junge Frauen mit Migrationshintergrund (40%) häufiger in einer Übergangsmaßnahme wieder als junge Frauen ohne Migrationshintergrund (25%) und junge Männer mit Migrationshintergrund (29%; Männer ohne MH 16%; Beicht und Granato 2011).

Die Übergangsprozesse nicht studienberechtigter Jugendlicher lassen sich trotz ihrer Unterschiedlichkeit zu Verlaufstypen zusammenfassen[2]: Gegenüber 56% der jungen Frauen ohne Migrationshintergrund (Männer ohne MH 63%) gelingt es jungen Frauen mit Migrationshintergrund mit 45% nur zu einem kleineren Teil *relativ rasch in eine vollqualifizierende Ausbildung einzumünden und dort dauerhaft zu verbleiben*; häufiger als junge Männer mit Migrationshintergrund, die zwar häufiger einmünden, dort aber letztlich seltener verbleiben (41%). Ohne wesentliche Unterschiede nach Geschlecht und Migrationshintergrund münden und verbleiben 17% der jungen Frauen bzw. 16% der jungen Männer mit Migrationshintergrund nach „Zwischenetappen" zwar *verzögert, aber dauerhaft in einer betrieblichen Ausbildung* (ohne MH: Frauen 13%, Männer 15%). Weitere

---

2   Die empirischen Analysen in diesem wie im folgenden Kapitel beruhen (wenn nicht anders vermerkt) auf der BIBB-Übergangsstudie, die Resultate im Wesentlichen auf den Auswertungen und Ergebnissen in Beicht und Granato 2010, 2011. Der Migrationshintergrund wurde indirekt definiert. Kein Migrationshintergrund wird angenommen, wenn ein Jugendlicher die deutsche Staatsangehörigkeit besitzt, zudem als Kind in der Familie zuerst ausschließlich die deutsche Sprache gelernt hat und außerdem Vater und Mutter in Deutschland geboren sind. Trifft eine dieser Bedingungen nicht zu, wird von einem Migrationshintergrund ausgegangen. Nach dieser Definition haben rund 23% der Probanden einen Migrationshintergrund (Beicht und Granato 2011). Die Typenbildung ist Ergebnis einer Sequenzmusteranalyse, die sich auf die ersten drei Jahre nach Verlassen der allgemeinbildenden Schule bezieht (Beicht und Granato 2011)

10% gehen nach Ende der allgemeinbildenden Schule den Weg einer schulischen Höherqualifizierung über eine weiterführende berufliche Schule (Fachoberschule oder Fachgymnasium), ohne Differenzen nach Migrationshintergrund und Geschlecht (mit MH: Frauen 12%, Männer 10%; ohne MH: Frauen 11%, Männer 9%; Beicht und Granato 2011).

Langwierige bzw. nicht geglückte Übergangsprozesse kennzeichnen den Weg junger Menschen, die sich langfristig in Übergangsmaßnahmen befinden bzw. lange keinen Ausbildungsplatz finden. Der kleine Teil, der nach einer Übergangsmaßnahme eine Ausbildung beginnt, bricht sie relativ häufig kurze Zeit später wieder ab. Mit 30% gehören Schulabgänger mit Migrationshintergrund diesem problematischsten Verlaufstyp (fast) doppelt so oft an wie Nichtmigranten (17%; w 21% m 14%), junge Männer mit Migrationshintergrund (33%) deutlich häufiger als junge Frauen mit Migrationshintergrund (27%). Diese wie andere Ergebnisse (Beicht 2009, 2011) deuten auf die häufiger schwierigen und prekären bildungsbiografischen Übergänge nichtstudienberechtigter Schulabsolventinnen und -absolventen mit Migrationshintergrund an dieser Statuspassage hin.

4   Bildungsübergänge in berufliche Ausbildung

Junge Frauen und Männer mit Migrationshintergrund durchlaufen nicht nur häufiger Maßnahmen im Übergangssystem, auch ihre Einmündungschancen in berufliche Ausbildung sind geringer. Von allen SchulabgängerInnen (einschließlich derjenigen *mit (Fach-)Hochschulreife*), die bei Beendigung der Schule einen *betrieblichen* Ausbildungsplatz suchen, schneiden junge Frauen mit Migrationshintergrund am ungünstigsten ab (Abb. 1).

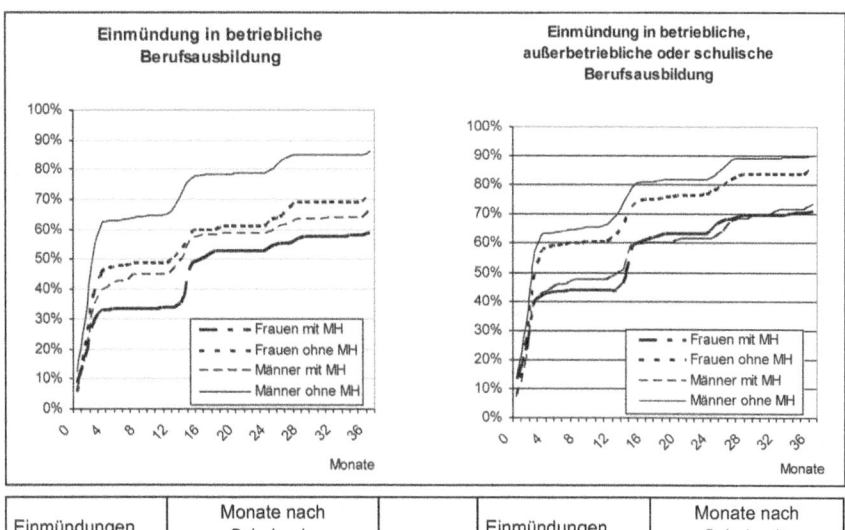

Einmündungen in %	Monate nach Schulende		
	12	24	36
Frauen mit MH	33,7	54,7	59,1
Frauen ohne MH	50,8	63,5	71,8
Männer mit MH	47,2	59,4	66,5
Männer ohne MH	67,8	80,3	86,4

Einmündungen in %	Monate nach Schulende		
	12	24	36
Frauen mit MH	44,1	65,8	70,9
Frauen ohne MH	63,0	78,4	85,4
Männer mit MH	49,3	61,9	73,3
Männer ohne MH	69,8	83,1	90,2

Schätzung nach der Kaplan-Meier-Methode (kumulierte Einmündungsfunktion, gewichtete Ergebnisse).

Quelle: Beicht und Granato 2010:11 auf der Grundlage der BIBB-Übergangsstudie

Basis: Personen der Geburtsjahrgänge 1982 bis 1988, die die allgemeinbildende Schule vor dem Jahr 2006 verlassen haben und bei Schulbeendigung einen betrieblichen Ausbildungsplatz (Grafik links, ungewichtete Fallzahl:2.935) bzw. einen betrieblichen oder schulischen Ausbildungsplatz suchten (Grafik rechts, ungewichtete Fallzahl: 3.533).

Abbildung 1: Wahrscheinlichkeit der Einmündung in eine betriebliche bzw. vollqualifizierende Berufsausbildung nach Verlassen des allgemeinbildenden Schulsystems – junge Frauen und Männer mit und ohne Migrationshintergrund, die eine Ausbildung suchten

Ein Jahr nach Verlassen der allgemeinbildenden Schule ist lediglich jede Dritte in eine betriebliche Ausbildung eingemündet und selbst nach drei Jahren sind es nur 59%. Häufiger finden junge Männer mit und junge Frauen ohne Migrationshintergrund einen betrieblichen Ausbildungsplatz. Die höchste Einmündungsquote haben junge Männer ohne Migrationshintergrund, mit 68% nach einem Jahr und 86% nach drei Jahren (Abb. 1; Beicht und Granato 2011).

Betrachtet man den Übergang in *alle* vollqualifizierenden Formen beruflicher Ausbildung (betrieblich, außerbetrieblich oder berufsfachschulisch), erhöhen sich insbesondere die Zugangsquoten junger Frauen ohne Migrationshintergrund, ohne an die junger Männer ohne Migrationshintergrund heranzureichen (Abb. 1, rechter Teil). Junge Frauen mit Migrationshintergrund profitieren seltener von nichtbetrieblichen Ausbildungsformen; ihre Einmündungsquote hat sich drei Jahre nach Schulende an die männlicher Migranten angenähert.

Bei *maximal einem Hauptschulabschluss* finden nur 27% der *jungen Frauen mit Migrationshintergrund* im ersten Jahr nach Ende der Schulzeit einen betrieblichen Ausbildungsplatz, erheblich seltener als junge Männer mit und junge Frauen ohne Migrationshintergrund (42% bzw. 39%). Drei Jahre nach Beendigung der allgemeinbildenden Schule sind von den Jugendlichen mit maximal Hauptschulabschluss, die einen betrieblichen Ausbildungsplatz suchten, die Hälfte der jungen Frauen mit Migrationshintergrund, 62% der jungen Frauen ohne Migrationshintergrund und 63% der jungen Männer mit Migrationshintergrund in eine betriebliche Ausbildung eingemündet. Bei Berücksichtigung aller vollqualifizierenden Ausbildungsformen erreichen Hauptschulabgängerinnen mit Migrationshintergrund mit 67% innerhalb von drei Jahren bei weitem nicht die Übergangsquoten von Hauptschulabgängerinnen ohne Migrationshintergrund (78%; Beicht und Granato 2011).

Liegt ein *mittlerer Schulabschluss* vor, so münden junge Migrantinnen im Verlauf von drei Jahren ebenfalls seltener in eine betriebliche Ausbildung ein (72%) als männliche Migranten (78%) und Frauen ohne Migrationshintergrund (78%; Männer ohne MH 89%). Bei Einmündung in eine vollqualifizierende Ausbildung erhöhen sich nach drei Jahren die Unterschiede noch zuungunsten von Realschulabsolventinnen mit Migrationshintergrund (mit MH: Frauen 76%, Männer 84%; ohne MH Frauen 91%, Männer 92%; Beicht und Granato 2011).

Soziale bzw. weitere kulturelle Ressourcen (Bourdieu 1983), die soziale Herkunft sowie die Ausbildungslage in der Region haben meist einen statistisch signifikanten Einfluss auf den Einmündungserfolg (Beicht 2011; Diehl et al. 2009; Eberhard 2012; Ulrich 2011). Wie wirken sich nun diese Einflussfaktoren auf die Einmündungschancen junger Frauen bzw. Männer mit Migrationshintergrund aus? Die meisten der untersuchten Einflussgrößen[3] erweisen sich zwar als relevant (statistisch signifikant) für den Einmündungserfolg in nichtakademische Ausbildung.

---

3   In den Regressionsanalysen wurden folgende Faktoren berücksichtigt: Schulabschluss, -note; die soziale Herkunft (Schul- und Berufsabschluss der Eltern, berufliche Positionierung des Vaters), weitere familiäre bzw. soziale Ressourcen (offenes, problemorientiertes Gesprächsklima in der Familie, soziale Einbindung der Jugendlichen) sowie ausbildungsmarktrelevante Merkmale (Wohnort in West- bzw. Ostdeutschland, die Siedlungsdichte in der Wohnregion, Zeitpunkt des Schulabschlusses), vgl. Beicht und Granato 2011.

Sie erklären jedoch die geringeren Aussichten von Schulabsolventinnen und -absolventen mit Migrationshintergrund nicht vollständig: Junge Menschen mit Migrationshintergrund verfügen zwar häufiger als junge Nichtmigranten über einen Hauptschulabschluss, ihre Schulnoten fallen im Durchschnitt etwas schlechter aus, sie verfügen seltener über soziale bzw. kulturelle Ressourcen und ihre Eltern haben seltener einen Berufsabschluss. Bei gleichzeitiger Berücksichtigung all dieser Faktoren bleibt dennoch ein eigenständiger Einfluss des Migrationshintergrunds bestehen. D.h. junge Menschen mit Migrationshintergrund haben selbst mit den *gleichen* Voraussetzungen in Bezug auf Schulabschluss, Schulnoten, soziale Herkunft, kulturelle Ressourcen und soziale Einbindung schlechtere Aussichten auf einen betrieblichen sowie einen vollqualifizierenden Ausbildungsplatz als junge Menschen ohne Migrationshintergrund (Beicht und Granato 2011).

Junge Männer mit Migrationshintergrund haben gegenüber allen jungen Männern auch unter Kontrolle der o.g. Einflussfaktoren geringere Einmündungschancen in betriebliche und nichtakademische Berufsausbildung. Dies lässt sich damit erklären, dass junge Männer mit Migrationshintergrund am Erfolg der Gruppe der jungen Männer beim Ausbildungszugang insbesondere in betriebliche Ausbildung nicht profitieren können.

Die Einmündungswahrscheinlichkeit *junger Frauen* mit Migrationshintergrund in *alle* Formen beruflicher Ausbildung ist signifikant geringer als die aller Frauen; dies bestätigt die eingangs formulierte Hypothese für die nichtakademische Berufsausbildung insgesamt. Betrachtet man nur die Einmündung in eine betriebliche Ausbildung, haben junge Frauen mit Migrationshintergrund gegenüber allen jungen Frauen zwar geringere Einmündungschancen, diese sind jedoch nicht signifikant – entgegen der o.g. Annahme (Kap. 2) und entsprechend der Forschungsbefunde der letzten Jahre. Die geringeren Einmündungschancen junger Frauen mit Migrationshintergrund im Vergleich zu denjenigen ohne Migrationshintergrund in eine betriebliche Ausbildung sind deswegen nicht statistisch signifikant, weil junge Frauen im Vergleich zu jungen Männern insgesamt erheblich geringe Einmündungschancen in betriebliche Ausbildung haben.

5 Bildungserfolg in der beruflichen Ausbildung

Inwieweit wirken sich die geringeren Zugangschancen junger Frauen und Männer mit Migrationshintergrund in berufliche Ausbildung auf die Art der Ausbildungsplätze aus, in die Jugendliche mit Migrationshintergrund einmünden? Wie wirken sie sich auf die Rahmenbedingungen der Ausbildung aus, in die sie eingemündet sind und wie auf das Ausbildungsergebnis?

Die geringeren Einmündungschancen in berufliche Ausbildung haben Auswirkungen auf die Strukturen und Bedingungen der Ausbildung, in denen Jugendliche mit Migrationshintergrund ausgebildet werden. Auszubildende mit Migrationshintergrund werden mit 71% signifikant seltener betrieblich ausgebildet (ohne MH 77%).[4] Zudem finden sie sich mit 41% häufiger in Ausbildungsberufen wieder, in denen die durchschnittliche Vertragslösungsquote höher ist (ohne MH 33%). Darüber hinaus werden Auszubildende mit Migrationshintergrund mit 64% signifikant häufiger als NichtmigrantInnen (53%) in solchen dualen Ausbildungsberufen ausgebildet, in denen sie schulisch höher qualifiziert sind als der Durchschnitt der Auszubildenden in diesem Beruf (Beicht et al. 2011).

Zwar durchläuft mit 77% die große Mehrheit der Auszubildenden ihr Ausbildung erfolgreich bis zum Schluss, dennoch wirken sich die ungünstigeren Rahmenbedingungen der Ausbildung auf das Ergebnis aus. Denn sie schließen signifikant seltener als Auszubildende ohne Migrationshintergrund (85%) ihre Ausbildung erfolgreich ab. Auch ihre Prüfungsnoten fallen signifikant ungünstiger aus ((sehr) gute Prüfungsnote: mit MH 43%; ohne MH 53%). Zudem münden sie nach erfolgreichem Abschluss der Ausbildung deutlich seltener als diejenigen ohne Migrationshintergrund in eine qualifizierte Berufstätigkeit ein (mit MH 52%, ohne MH 63%) und werden – nach Abschluss einer betrieblichen Ausbildung – auch seltener von ihrem Ausbildungsbetrieb übernommen (mit MH 58%; ohne MH 67%; Beicht et al. 2011).

Wie wirken sich die ungünstigeren Rahmenbedingungen der Ausbildungsplätze, in die Jugendliche mit Migrationshintergrund eingemündet sind, auf den Ausbildungserfolg aus, d.h. auf das vollständige Durchlaufen der Ausbildung mit erfolgreichem Abschluss, auf eine (sehr) gute Prüfungsnote sowie auf die Verwertung der Ausbildung, d.h. auf die betriebliche Übernahme nach Abschluss der Ausbildung und die Einmündung in eine qualifizierte Tätigkeit nach der Ausbildung?[5] Neben den Rahmenbedingungen der Ausbildung (Höhe der statisti-

---

4   Die Resultate in diesem Kapitel beruhen auf dem Beitrag Beicht et al. 2011. Basis der folgenden Analysen auf der Grundlage der BIBB-Übergangsstudie sind ausschließlich in Westdeutschland lebende Probanden, welche die allgemeinbildende Schule maximal mit einem mittleren Abschluss verlassen haben und denen der Einstieg in eine vollqualifizierende Ausbildung gelungen ist (Beicht et al. 2011). Rund 20% dieser Probanden haben einen Migrationshintergrund, rund 80% nicht. Zur Definition des Migrationshintergrunds, vgl. Kap. 3.2 Aufgrund geringer Fallzahlen differenziert dieser Beitrag nicht nach Geschlecht.

5   In den binär logistischen und Cox-Regressionen wurden folgende Faktoren berücksichtigt: Rahmenbedingungen der Ausbildung ((nicht-)betriebliche Ausbildung, Ausbildung in Dienstleistungsberuf bzw. im Wunschberuf, Höhe der statistischen Vertragslösungsquote im Ausbildungsberuf, Ausbildung in einem Beruf mit einem höheren Anteil an Auszubildenden mit niedrigeren Schulabschlüssen) sowie kulturelle und soziale Ressourcen (schulische Voraussetzungen der Auszubildenden, Übergangsbiographie, sozioökonomischer Status der Familie, of-

schen Vertragslösungsquote im Ausbildungsberuf, Ausbildung im Wunschberuf) haben die schulischen Voraussetzungen (mittlerer Abschluss), aber auch familiäre Ressourcen (offenes Gesprächsklima in der Familie), signifikante Auswirkungen auf den erfolgreichen Abschluss einer Ausbildung (Beicht et al. 2011).

Unter Kontrolle aller einbezogenen Faktoren lässt sich kein signifikanter Unterschied bei Auszubildenden mit und ohne Migrationshintergrund beim Erfolg der dualen Ausbildung – d.h. beim Beenden der Ausbildung, Abschluss mit (sehr) gutem Prüfungsergebnis, Übernahme vom Betrieb, Übergang in eine qualifizierte Erwerbsarbeit – feststellen. Auszubildende mit Migrationshintergrund haben bei gleichen kulturellen und sozialen Ressourcen und bei gleichen Rahmenbedingungen der Ausbildung wie Auszubildende ohne Migrationshintergrund die gleichen Aussichten auf erfolgreichen Abschluss und Verwertung ihrer Ausbildung. Dies bedeutet, dass ungünstigere Ausbildungsbedingungen, die sich verstärkt in den Ausbildungsberufen finden, in denen Auszubildende mit Migrationshintergrund ihre berufliche Ausbildung durchlaufen, einen signifikanten Anteil an der vorzeitigen Beendigung der Ausbildung haben, insbesondere die höheren Vertragslösungsquoten in den Berufen, in denen Auszubildende mit Migrationshintergrund ausgebildet werden.

6 Diskussion der Ergebnisse

Wenngleich die prekären Übergangsprozesse und geringeren Einmündungschancen junger Menschen mit Migrationshintergrund in eine berufliche Ausbildung hinreichend empirisch belegt sind, lassen sie sich nicht abschließend erklären. Weder berufliche Orientierungen, Berufspräferenzen oder Suchstrategien, noch die bisher untersuchten kulturellen und sozialen Ressourcen oder die regionale Ausbildungsmarktlage können die geringeren Zugangschancen junger Menschen mit Migrationshintergrund bzw. bestimmter Herkunftsgruppen in eine berufliche Ausbildung abschließend erklären (Beicht 2011, 2012; Beicht und Granato 2010, 2011; Diehl et al. 2009; Eberhard 2012; Gaupp et al. 2011; Hupka-Brunner et al. 2011; Seibert et al. 2009; Skrobanek 2007; Ulrich 2011). Dies gilt auch unter Berücksichtigung der Schulleistungen (Seeber 2011).

Junge Frauen mit Migrationshintergrund haben den vorliegenden Ergebnissen zu Folge die geringsten *Zugangschancen* in eine betriebliche bzw. vollqualifizierende Ausbildung. Selbst bei vergleichbaren Schulabschlüssen gelingt es ihnen seltener in eine nichtakademische Ausbildung einzumünden als jungen Männern

---

fenes, d.h. problemorientiertes Gesprächsklima in der Familie) sowie regionale Indikatoren zur Arbeitsmarktlage bzw. soziodemographische Merkmale (Beicht et al. 2011).

mit Migrationshintergrund, aber auch seltener als jungen Frauen ohne Migrationshintergrund; nicht nur unmittelbar nach Ende der Schulzeit, sondern auch für den weiteren Zeitraum der Statuspassage von 3 Jahren. Gerade einen mittleren Schulabschluss können sie seltener verwerten. Es ist anzunehmen, dass sie mit jungen Frauen ohne Migrationshintergrund um ein ähnlich enges Spektrum von Ausbildungsberufen konkurrieren (Hirschi 2009) und dabei der den Bildungstiteln zugeschriebene „Wert" nach der ethnischen Herkunft differiert. In der betrieblichen Wahrnehmung kann ein mittlerer Schulabschluss sehr unterschiedlich angesehen werden, je nach Geschlecht oder Herkunft eines Bewerbers (Imdorf 2010; 2012).

Arbeitgeber erlangen über das formale Bildungskapital und andere kulturelle Ressourcen keine vollkommene Transparenz über die Leistungsfähigkeit eines Bewerbers und verwenden daher zusätzliche Wahrscheinlichkeitsannahmen zur Selektion. Dafür stützen sie sich statt auf leistungsbezogene Kriterien auf Vermutungen über das Risiko, das sie bei einem Bewerber bzw. bei der Gruppe, zu welcher ein Bewerber gehört, vermuten. Für solche Zuschreibungen nutzen Arbeitgeber „askriptive" Merkmale wie „Herkunft" oder „Geschlecht" als *gruppenspezifische Signale* (Solga 2005, S. 65ff). Die Verwertbarkeit von Bildungstiteln und Ressourcen hängt demnach auch von diesen Zuschreibungen bzw. Signalen ab. Dies widerspricht dem meritokratischen Prinzip, wonach Selektionsprozesse im Bildungssystem und am Arbeitsmarkt durch die Logik individueller Leistung legitimierbar sind (Solga 2005). Untersuchungen in Deutschland und der Schweiz weisen auf den Einfluss betrieblicher Rekrutierungsstrategien für die geringeren Einmündungschancen von Jugendlichen mit Migrationshintergrund bzw. jungen Frauen in eine berufliche Ausbildung sowie auf die Argumentationsmuster betrieblicher Personalentscheider für die Selektion hin (Imdorf 2010, 2012; Scherr und Gründer 2011; vgl. Kap 2).

Eltern mit Migrationshintergrund sind, wie dargelegt, am Bildungsaufstieg ihrer Töchter (und Söhne) sehr interessiert. Auch wenn sie selbst eine ungünstige sozioökonomische Positionierung innehaben, können sie nicht automatisch sog. „bildungsfernen" Familien zugerechnet werden. Weiterentwicklungen ursprünglicher Bildungsziele, z.B. von beruflicher Ausbildung zu höherqualifizierender Schulausbildung, sind angesichts geringer Chancen beim Zugang in berufliche Ausbildung gerade für junge Frauen eine wichtige Option, um dennoch einen Berufsabschluss erreichen zu können. Sie sollten daher weniger als Zeichen von Motivationseinbrüchen oder Selbstselektionsprozessen bzw. als Desinteresse an einer beruflichen Ausbildung gedeutet werden, sondern als Folge ihrer geringeren Chancen, eine nichtakademische Ausbildungsmöglichkeit zu finden, d.h. als Reaktion auf Prozesse der Fremdselektion durch Ausbildungsanbieter (Skrobanek 2007; Solga 2005).

Die ungünstigeren Ausbildungsbedingungen, insbesondere die höheren Vertragslösungsquoten in den Berufen, in denen sich Auszubildende mit Migrationshintergrund überproportional wiederfinden, haben einen signifikanten Einfluss darauf, dass sie seltener die Ausbildung vollständig durchlaufen und abschließen sowie darauf, dass sie seltener eine (sehr) gute Prüfungsnote erhalten. Bei gleichen Rahmenbedingungen der Ausbildung sowie kulturellen und sozialen Ressourcen haben Auszubildende mit Migrationshintergrund die gleichen Aussichten auf erfolgreichen Abschluss und Verwertung der Ausbildung wie Nichtmigranten (Beicht et al. 2011).

Die Bildungsetappe berufliche Ausbildung (re)produziert Verwerfungen entlang der Ungleichheitsachse „ethnische Herkunft" weniger im *Verlauf*, sondern vorrangig beim *Zugang* in berufliche Ausbildung. Die Verwerfungen, die für Jugendliche, insbesondere für junge Frauen mit Migrationshintergrund, beim Eintritt in eine berufliche Ausbildung entstehen, lassen sich beim *Ergebnis* einer beruflichen Ausbildung nicht kompensieren. Der *Verlauf* der Bildungsetappe "Berufsausbildung" trägt jedoch unter Kontrolle der ungünstigeren Rahmenbedingungen (und kultureller und sozialer Ressourcen) nicht zu einer *zusätzlichen* Vertiefung von Ungleichheit bei. Dies gilt jedoch nur für diejenigen, die einen Ausbildungsplatz finden. Insgesamt gesehen trägt die Bildungsetappe "Berufsausbildung" zur Beibehaltung und Vertiefung von Ungleichheit bei, da jungen Menschen mit Migrationshintergrund unter Kontrolle zentraler Merkmale deutlich seltener die Einmündung in eine vollqualifizierende Ausbildung gelingt.

7　Ausblick

Mit dem anstehenden demografischen Umbruch verbunden ist, dass in wenigen Jahren in westdeutschen Metropolen mehr als die Hälfte der Kinder in einer Familie mit Migrationsgeschichte aufwächst. Ihr Qualifizierungsbedarf sowie ein Teil des künftigen betrieblichen Fachkräftebedarfs (Helmrich und Zika 2010) kann gedeckt werden, wenn die Qualifikationspotenziale junger Frauen und Männer mit Migrationshintergrund erheblich besser genutzt werden als bisher und sie bereits heute mehr Chancen beim Zugang in eine berufliche Ausbildung und in qualifizierte Berufsarbeit erhalten.

Gerade junge Frauen mit Migrationshintergrund benötigen:

- Ein konkretes Ausbildungsplatzangebot für jeden(n) ausbildungsinteressierte(n) Jugendliche(n)

- Mentoring und eine kontinuierlich angelegte Begleitung im Übergangsprozess, die u.a. als Türöffner bei Unternehmen fungiert
- Bei Bedarf eine kontinuierliche und begleitende Unterstützung im Ausbildungsprozess und beim Übergang in eine ausbildungsadäquate Beschäftigung
- Faire Chancen bei Unternehmen und Verwaltungen unter Zuhilfenahme anonymisierter Bewerbungsverfahren, sowie
- Eine „zweite Chance" für Jede(n), d.h. ein konkretes Angebot für junge Erwachsene, um einen Berufsabschluss nachzuholen.

Hieraus ergeben sich folgende Schlussfolgerungen für betriebliche, aber auch bildungspolitische Initiativen (Beicht und Granato 2011):

Jedem ausbildungsinteressierten Jugendlichen einen Ausbildungsvertrag

Jeder Schulabgängerin und jedem Schulabgänger ist bei Interesse an einer Berufsausbildung im Anschluss an die allgemeinbildende Schulzeit ein vollqualifizierender Ausbildungsplatz anzubieten. Hierbei hat die betriebliche Ausbildung eine hohe Priorität. Reichen die betrieblichen Ausbildungsplätze in der Region für eine Versorgung nicht aus, so sollte die öffentliche Hand mit Unterstützung der Arbeitsagenturen und Jobcenter vor Ort *außerbetriebliche Ausbildungsplätze* in der betriebsnahen Variante fördern, insbesondere für die Zielgruppe junger Menschen mit Migrationshintergrund.

Übergangsprozesse kontinuierlich begleiten bis über die 2. Schwelle hinaus

Im Rückblick wünschen sich 27-Jährige mit Berufsabschluss selbst für ihre jetzige Phase der Berufsentwicklung sowie rückwirkend für den Übergang Schule – Ausbildung – Beruf eine kontinuierliche Begleitung (Heuer et al. 2011). Gerade junge Frauen bzw. Männer mit Migrationshintergrund brauchen eine solche aktive und kontinuierliche Begleitung im Übergang von der Schule über die Ausbildung in den Beruf, da punktuelle Beratungen und Unterstützungsleistungen oft nicht genügen. Die Übergangsprozesse sollten daher durch ein breit angelegtes Mentoring-Programm unterstützt werden (Krekel und Ulrich 2009). Die aktive, kontinuierliche Begleitung durch eine/n geschulte „Patin/Paten" mit Vorbildfunktion durch den gesamten Orientierungs-, Übergangs- und Qualifizierungsprozess hindurch bis zu einer stabilen ausbildungsadäquaten Einmündung in den Beruf könnte erheblich zum Gelingen des Übergangs und Verlaufs der Qualifizierung sowie der Einmündung in den Beruf beitragen. MentorInnen könnten u.a. in ihrer Funktion als „Brückenbauer" als Ansprechpartner für Unternehmen fungieren und so einen Beitrag dazu leisten, fehlende berufliche Netzwerke von Migrantenfamilien ein Stück weit zu kompensieren (Facharbeitskreis Qualifizierung 2008).

Bisher steigert eine abgeschlossene Berufsausbildung zwar die Arbeitsmarktchancen junger Fachkräfte, bei denjenigen mit Migrationshintergrund aber in geringerem Ausmaß (Seibert 2011). Neueren Studien zufolge werden Absolventinnen und Absolventen beruflicher wie akademischer Bildung mit einem Migrationshintergrund – gerade Bildungsinländerinnen mit einem Hochschulabschluss – bei gleicher Qualifikation seltener zu einem Vorstellungsgespräch eingeladen (Akman et al. 2005; Kaas und Manger 2010; Nohl et al. 2010).

Insbesondere für junge Frauen mit Migrationshintergrund, die trotz besserer Schulabschlüsse noch größere Schwierigkeiten haben als junge Männer mit Migrationshintergrund, erfolgreich in eine betriebliche Ausbildung bzw. von der Ausbildung in den Beruf einzumünden, haben sich Mentorenprogramme bereits als sehr erfolgreich erwiesen – wenngleich sie bisher noch regional und zeitlich begrenzt sind.

Betriebliche Rekrutierung heute und morgen

Angesichts des demographischen Umbruchs ist zur Deckung des künftigen Fachkräftebedarfs von einer wachsenden betrieblichen Sensibilität bei der Rekrutierung von Auszubildenden auszugehen. Betriebe, bei denen die betriebliche Ausbildung einen hohen Stellenwert zur Sicherung des Fachkräftenachwuchses hat und die sich bei der Einstellung von Auszubildenden kompromissbereit zeigen, finden eher geeignete Auszubildende. Sie legen zudem bei der Personalrekrutierung einen vergleichsweise „höheren Wert auf die soziale Kompetenz (Eindruck, Vereinsengagement)" (Ebbinghaus und Loter 2010, S. 17). Betriebe mit Schwierigkeiten bei der Besetzung ihrer Ausbildungsplätze stellen dagegen im Leistungsbereich höhere Anforderungen; bei ihnen bleiben „Ausbildungsstellen bei Fehlen des Wunschkandidaten eher unbesetzt", da für sie die betriebliche Ausbildung als Weg der Personalrekrutierung eine untergeordnete Rolle spielt (Ebbinghaus und Loter 2010, S. 17). In wenigen Jahren könnten sich allerdings „alternative" Rekrutierungswege von Fachkräften über den Arbeitsmarkt aufgrund der Verrentung geburtenstarker Jahrgänge als zunehmend schwierig erweisen (Helmrich und Zika 2010). Betriebe sollten daher bereits heute ihre Personalpolitik in puncto Nachwuchs- bzw. Fachkräftesicherung sowie ihre Rekrutierungspraxis gegenüber Auszubildenden grundlegend überdenken.

Betriebliche Rekrutierungsverfahren transparent gestalten

Junge Frauen und Männer mit Migrationshintergrund brauchen faire Chancen bei ihrer Bewerbung. Hierfür ist die transparente Gestaltung des gesamten betrieblichen Rekrutierungsverfahrens der Personalauswahl insbesondere von Auszubildenden notwendig. Ein chancengleiches Auswahlverfahren beginnt spätestens mit der Ausschreibung für einen Ausbildungsplatz bei der Überlegung, wie junge Frauen und Männer mit Migrationshintergrund für eine Ausbildung angesprochen werden können. Auch bei den weiteren Schritten im Prozess der Personalrekrutierung sind Vorgehensweisen zu bevorzugen, die ein chancengleiches Auswahlverfahren für junge Frauen und Männer mit Migrationshintergrund ermöglichen (Beicht und Granato 2011).

Was wollen junge Frauen und Männer – was brauchen Betriebe? Potenziale der Vielfalt in Ausbildung und Beruf nutzen

Junge Menschen haben den Vorteil, der in der Vielfalt liegt, bereits seit längerem erkannt. Sie bevorzugen in der Ausbildung herkunftsgemischte Teams. Demnach empfinden fast alle Auszubildende „die interkulturelle Zusammensetzung und Zusammenarbeit als angenehm und positiv" (Bednarz-Braun 2008, S. 1f). Gerade in der eigenen Auszubildenden-Gruppe verstehen sich die meisten Jugendlichen (86 %) (sehr) gut mit ihren Mit-Auszubildenden aus einer anderen Herkunftskultur, Auszubildende mit Migrationshintergrund und junge Frauen besonders häufig (mit MH 92 %, ohne MH 83 %; Frauen 91%, Männer 84%, Bednarz-Braun 2011). Die gemeinsame Ausbildung von Jugendlichen unterschiedlicher Herkunft bewerten junge Menschen als „interessanter und vielfältiger". Dementsprechend sind sie deutlich häufiger mit ihrer Ausbildung zufrieden als diejenigen aus eigenkulturellen Gruppen (Bednarz-Braun 2008, S. 1f).

Auch *Betriebe* verstehen zunehmend: Ein modernes zukunftsfähiges Unternehmen kann es sich nicht leisten, auf die Potenziale junger Frauen und Männer mit Migrationshintergrund als Nachwuchskräfte in Ausbildung und Beruf zu verzichten. Denn es dient dem unternehmerischen Eigeninteresse, die Vielfalt der Kompetenzen und Fähigkeiten *aller* jungen Menschen in nach Herkunft und Geschlecht gemischten Teams einzusetzen (Kanschat 2009). Die Anonymisierung von Bewerbungsunterlagen (ohne Namen und Fotos) für die Vorauswahl von Bewerberinnen und Bewerbern hat sich als *eine* effiziente Möglichkeit bewährt, die Beteiligung von Jugendlichen mit Migrationshintergrund an betrieblicher Ausbildung zu steigern: So praktiziert beispielsweise der kaufmännische Verband in der Schweiz erfolgreich die Anonymisierung der Bewerberdaten in seinem Projekt

„smart selection". Die Auswertung der Kontakte zwischen Lehrbetrieben und Jugendlichen zeigt: „Sind Bewerberdaten anonym, hat die Herkunft keinen Einfluss mehr auf die Erfolgschancen" (Kaufmännischer Verband der Schweiz 2010). Zu überlegen ist auch, inwieweit die Initiative der Antidiskriminierungsstelle des Bundes (2011), anonymisierte Bewerbungsverfahren in großen Unternehmen in Deutschland einzuführen, zeitnah auf die betriebliche Ausbildung – auch in kleineren Betrieben – ausgedehnt werden kann.

Ausbildungsbedingungen verbessern – Ausbildungserfolg steigern

Die geringeren Chancen junger Frauen und Männer mit Migrationshintergrund beim Zugang in Ausbildung wirken sich auch auf die Platzierung in Ausbildung (Diehl et al. 2009) und auf die betrieblichen Ausbildungsbedingungen aus. Diejenigen, die einen Ausbildungsplatz finden, haben überproportional häufig ungünstige Ausbildungsbedingungen (Kap. 5; Beicht et al. 2011; Quante-Brandt und Grabow 2009). Dennoch sind Auszubildende mit Migrationshintergrund in der Ausbildung sehr erfolgreich: 77% erreichen einen Ausbildungsabschluss (Beicht et al. 2011). Noch erfolgreicher könnten sie jedoch bei *günstigeren Ausbildungsbedingungen* sein. Dadurch könnten Betriebe die Potentiale ihrer Auszubildenden besser nutzen.

Bedarf an Lernbegleitung und -unterstützung *während* der Ausbildung, um den Erfolg beim Durchlaufen und Abschluss der Ausbildung zu sichern, besteht daher aufgrund der oftmals ungünstigeren Lernbedingungen in den Betrieben, in denen Auszubildende mit Migrationshintergrund ausgebildet werden (Quante-Brandt und Grabow 2009). Bereits existierende Ansätze wie die Initiative „VerA Verhinderung von Ausbildungsabbrüchen" des Bundesministeriums für Bildung und Forschung sind gerade mit Blick auf die oftmals ungünstigen betrieblichen Rahmen- und Lernbedingungen von Auszubildenden mit Migrationshintergrund flächendeckend auszubauen: Über die Lernunterstützung, die zum Teil bereits in ausbildungsbegleitenden Hilfen (abH's) erfolgt, besteht hier ein hoher Bedarf an Austausch mit berufserfahrenen Experten über die Ausbildungssituation und mögliche Schwierigkeiten oder Konflikte in der Ausbildung. In einem ersten Schritt gilt es, den Anteil von Auszubildenden mit Migrationshintergrund an dieser Initiative, der bei zirka 24% liegt, erheblich zu steigern (Böse und Heinke 2010; Nasdala 2011). Gerade junge Frauen mit Migrationshintergrund benötigen angesichts häufig ungünstiger betrieblicher Rahmenbedingungen in der Ausbildung (Quante-Brandt und Grabow 2009) eine solche ausbildungsbegleitende Unterstützung.

Eine ‚zweite' Chance für Jede/Jeden – Niemand ohne Abschluss einer
Berufsqualifizierung

Erheblich stärker als bisher sind die in Pilotprojekten erfolgreich erprobten Verfahren der „zweiten Chance" zur Nachqualifizierung in einem anerkannten Beruf für junge Erwachsene mit und ohne Migrationshintergrund zu nutzen. Die berufsbegleitende modulare Nachqualifizierung, die an den bisherigen beruflichen Erfahrungen und Kompetenzen junger Erwachsener anknüpft, gilt es flächendeckend auszubauen, um den rund 472.000 jungen Ungelernten mit Migrationshintergrund in der Altersgruppe 30 - 35 Jahre und den rund 380.000 30-35 jährigen Ungelernten ohne Migrationshintergrund (Autorengruppe Bildungsberichterstattung 2012) ein Angebot zur beruflichen Nachqualifizierung in einem anerkannten Beruf zu unterbreiten. Es wäre von Vorteil, ein solches Angebot auch in Form einer zeitlich flexibilisierten „Teilzeitnachqualifizierung" einzurichten, vergleichbar zur zeitlichen Flexibilisierung in der Teilzeitausbildung. Gerade für junge Mütter und Väter mit Migrationshintergrund stellt dies ein notwendiges und attraktives Alternativangebot dar (Beicht und Granato 2011).

Literatur

Akman, Saro, Meltem Gülpinar, Monika Huesmann, und Getraude Krell. 2005. Auswahl von Fach-
und Führungsnachwuchskräften. Migrationshintergrund und Geschlecht bei Bewerbungen.
Personalführung 38 (10): 72–75.

Antidiskriminierungsstelle des Bundes. 2011. Anonymisierte Bewerbungsverfahren – das Pilotpro-
jekt. Berlin: Antidiskriminierungsstelle des Bundes. http://www.antidiskriminierungsstelle.de/
DE/Projekte_ADS/anonymisierte_bewerbungen/anonymisierte_bewerbungen_node.html;jsess
ionid=F5B25F768F2D495F901FBF429FE8EE66.2_cid103.

Autorengruppe Bildungsberichterstattung. 2010. Bildung in Deutschland 2010. Ein indikatorengestützter Bericht mit einer Analyse zu Perspektiven des Bildungswesens im demografischen
Wandel. Bielefeld: Bertelsmann.

Autorengruppe Bildungsberichterstattung 2012. Bildung in Deutschland 2012. Ein indikatorengestützter Bericht mit einer Analyse zur kulturellen Bildung im Lebensverlauf. Bielefeld: Bertelsmann.

Becker, Rolf. 2011. Integration durch Bildung: Bildungserwerb von jungen Migranten in Deutschland.
In Becker, Rolf (Hrsg.): Integration von Migranten durch Bildung und Ausbildung, S. 11–36.
Wiesbaden: VS Verlag für Sozialwissenschaften.

Bednarz-Braun, Iris. 2008. Alltagserfahrungen von Azubis mit jugendlichen Migranten. *Denk-doch-
mal.de. Netzwerk Gesellschaftsethik* (2). http://www.denk-doch-mal.de/node/34

Bednarz-Braun, Iris. 2011. Auszubildende mit und ohne Migrationshintergrund in Klein- und Großbetrieben bewerten ihre gemeinsame Ausbildung positiv. *Denk-doch-mal.de. Netzwerk Gesellschaftsethik.* Sonderausgabe: Migranten in Deutschland. http://www.denk-doch-mal.de/node/407

Beicht, Ursula. 2009. Verbesserung der Ausbildungschancen oder sinnlose Warteschleife? Zur Bedeutung und Wirksamkeit von Bildungsgängen am Übergang Schule – Berufsausbildung. *BIBB REPORT* 11/09. Bielefeld: Bertelsmann. http://www.bibb.de/de/52414.htm

Beicht, Ursula. 2011. Junge Menschen mit Migrationshintergrund: Trotz intensiver Ausbildungsstellensuche geringere Erfolgsaussichten. BIBB-Analyse der Einmündungschancen von Bewerberinnen und Bewerbern differenziert nach Herkunftsregionen. *BIBB-Report 16/2011.* Bielefeld: Bertelsmann. http://www.bibb.de/veroeffentlichungen/de/publication/show/id/6965

Beicht, Ursula. 2012. Berufswünsche und Erfolgschancen von Ausbildungsstellenbewerberinnen und -bewerbern mit Migrationshintergrund. *Berufsbildung in Wissenschaft und Praxis* 41 (6): 44–48.

Beicht, Ursula, und Mona Granato. 2010. Ausbildungsplatzsuche: Geringere Chancen für junge Frauen und Männer mit Migrationshintergrund. BIBB-Analyse zum Einfluss der sozialen Herkunft beim Übergang in die Ausbildung unter Berücksichtigung von Geschlecht und Migrationsstatus. *BIBB Report 15/10.* Bielefeld: Bertelsmann http://www.bibb.de/dokumente/pdf/a12_bibbreport_2010_15.pdf. Zugegriffen: 24.02.2013.

Beicht, Ursula, und Mona Granato. 2011. Prekäre Übergänge vermeiden – Potenziale nutzen. Junge Frauen und Männer mit Migrationshintergrund an der Schwelle von der Schule zur Ausbildung. *WISO Diskurs.* Bonn: Friedrich-Ebert-Stiftung. http://library.fes.de/pdf-files/wiso/08224.pdf. Zugegriffen: 24.02.2013.

Beicht, Ursula, und Mona Granato. 2011a. Risiken am Übergang Schule – Ausbildung: Verlieren junge Frauen hier ihre Bildungsvorteile? Und verschärfen sich die Nachteile für Jugendliche mit Migrationshintergrund? In Icking, Maria (Hrsg.): Die Zukunft der Beruflichen Bildung, S. 37–58. Berlin: Heinrich-Böll-Stiftung.

Beicht, Ursula, Mona Granato, und Joachim Gerd Ulrich. 2011. Mindert Berufsausbildung die soziale Ungleichheit von Jugendlichen mit und ohne Migrationshintergrund? In Granato, Mona, Dieter Münk, und Reinhold Weiß (Hrsg.): Migration als Chance, S. 177–20. Bielefeld: Bertelsmann.

Böse, Caroline; und Ruth Heinke. 2010. Stabilität in der Ausbildung – Kontinuität im Bildungsverlauf. *Berufsbildung in Wissenschaft und Praxis* 39 (5): 21f.

Boos-Nünning, Ursula, und Yasemin Karakaşoğlu. 2006. Viele Welten leben. Lebenslagen von Mädchen und jungen Frauen mit Migrationshintergrund. Münster: Waxmann.

Bourdieu, Pierre. 1983. Ökonomisches Kapital, kulturelles Kapital, soziales Kapital. In Reinhard Kreckel (Hrsg.): Soziale Ungleichheiten. (Sozialen Welt, Sonderband 2), S. 183–198. Göttingen: Verlag Otto Schwartz & Co.

Diehl, Claudia, Michael Friedrich, und Anja Hall. 2009. Jugendliche ausländischer Herkunft beim Übergang in die Berufsausbildung: Vom Wollen, Können und Dürfen. *Zeitschrift für Soziologie* 38 (1): 48–68.

Ebbinghaus, Margit, und Katarzyna Loter. 2010. Besetzung von Ausbildungsstellen. Welche Betriebe finden die Wunschkandidaten – welche machen Abstriche bei der Bewerberqualifikation – bei welchen bleiben Ausbildungsplätze unbesetzt? Bonn: Bundesinstitut für Berufsbildung. http://www.bibb.de/de/55671.htm

Eberhard, Verena. 2012. Der Übergang von der Schule in die Berufsausbildung – Ein ressourcentheoretisches Modell zur Erklärung der Übergangschancen von Ausbildungsstellenbewerbern. Bielefeld: Bertelsmann.

Eberhard, Verena, und Joachim Gerd Ulrich. 2011. „Ausbildungsreif" und dennoch ein Fall für das Übergangssystem? Institutionelle Determinanten des Verbleibs von Ausbildungsstellenbewerbern in teilqualifizierten Bildungsgängen. In Krekel, Elisabeth M., und Tilly Lex (Hrsg.): Neue Jugend, neue Ausbildung? Beiträge aus der Jugend- und Bildungsforschung, S. 97–112. Bielefeld: Bertelsmann.

Facharbeitskreis Qualifizierung im Kompetenzzentrum integra.net. 2008. Qualifizierung ist mehr. Handlungsempfehlungen für die Qualifizierung von Menschen mit Migrationshintergrund. IQ-Facharbeitskreis Qualifizierung 2005 – 2007. Bildungswerk der Hessischen Wirtschaft. Frankfurt a.M. http://www.integra-net.org/assets/files/Handlungsempfehlung(1).pdf

Gaupp, Nora, Tilly Lex, und Birgit Reißig. 2011. HauptschülerInnen auf dem Weg von der Schule in Ausbildung: Zur Situation von Jugendlichen mit Migrationshintergrund. In Reißig, Birgit, und Elke Schreiber (Hrsg.): Jugendliche mit Migrationshintergrund im Übergang Schule – Berufsausbildung. Arbeitshilfen für regionales Übergangsmanagement 4, S. 12–19. München/Halle: Deutsches Jugendinstitut.

Geisen, Thomas. 2011. Handlungsstrategien und Besonderheiten in der Adoleszenz von Jugendlichen mit Migrationshintergrund. *Denk-doch-mal.de. Netzwerk Gesellschaftsethik.* Sonderausgabe: Migranten in Deutschland. http://www.denk-doch-mal.de/node/406

Geisen, Thomas, und Christine Riegel (Hrsg.). 2009. Jugend, Partizipation und Migration. Wiesbaden: VS Verlag für Sozialwissenschaften.

Gille, Martina. 2006. Werte, Geschlechtsrollenorientierungen und Lebensentwürfe. In Gille, Martina, Sabine Sardei-Biermann, Wolfgang Gaiser, und Johann de Rijke: Jugendliche und junge Erwachsene in Deutschland. Lebensverhältnisse, Werte und gesellschaftliche Beteiligung 12- bis 29-Jähriger, S. 131–211. Wiesbaden: VS Verlag für Sozialwissenschaften.

Granato, Mona (2013): An der Bildungsmotivation liegt es nicht: Hohe Bildungsorientierung junger Frauen und Männer mit Migrationshintergrund auch am Übergang Schule – Ausbildung. In van Capelle, Jürgen (Hrsg.): Zukunftschancen: Ausbildungsbeteiligung und -förderung von Jugendlichen mit Migrationshintergrund. Wiesbaden: VS Verlag für Sozialwissenschaften 2013.

Heuer, Christoph, Herbert Schubert, und Holger Spieckermann. 2011. Biografische Übergänge von der Schule in den Beruf: Verbleibuntersuchung von Kölner Berufskollegabsolventen. Köln: Fachhochschule Köln.

Helmrich, Robert, und Gerd Zika. 2010. 16 Fragen zum Fachkräftemangel in Deutschland. Nürnberg: Bundesinstitut für Berufsbildung/Institut für Arbeitsmarktforschung. http://www.bibb.de/de/56363.htm

Hirschi, Andreas. 2009. Eine typologische Analyse des Schweizerischen Lehrstellenmarktes: Strukturelle Benachteiligung von jungen Frauen. *Schweizerische Zeitschrift für Bildungswissenschaften* 31 (2): 317–331.

Hummrich, Merle. 2004. Bildungserfolg trotz Schule: Über pädagogische Erfahrungen junger Migrantinnen. In Liegle, Ludwig, und Rainer Treptow (Hrsg.): Welten der Bildung in der Pädagogik der frühen Kindheit und in der Sozialpädagogik, S. 140–153. Freiburg: Lambertus.

Hupka-Brunner, Sandra, Nora Gaupp, Boris Geier, Tilly Lex, und Barbara Elisabeth Stalder. 2011. Chancen bildungsbenachteiligter Jugendlicher: Bildungsverläufe in der Schweiz und in Deutschland. *Zeitschrift für Soziologie der Erziehung und Sozialisation* 31 (1): 62–78.

Imdorf, Christian. 2010. Wie Ausbildungsbetriebe soziale Ungleichheit reproduzieren: Der Ausschluss von Migrantenjugendlichen bei der Lehrlingsselektion. In Krüger Heinz-Hermann, Ursula Rabe-Kleberg, Rolf-Torsten Kramer; und Jürgen Budde: Bildungsungleichheit revisited, S. 259–274. Wiesbaden: VS Verlag für Sozialwissenschaften.

Imdorf, Christian. 2012. Wenn Ausbildungsbetriebe Geschlecht auswählen. Geschlechtsspezifische Lehrlingsselektion am Beispiel des Autogewerbes. In Bergman, Manfred M., Sandra Hupka-Brunner, und Thomas Meyer (Hrsg.): Bildung – Arbeit- Erwachsenwerden: Ein interdisziplinärer Blick auf die Transition im Jugend- und Erwachsenenalter, S. 243–264. Wiesbaden: VS Verlag für Sozialwissenschaften.

Kaas, Leo, und Christian Manger. 2010. Ethnic Discrimination in Germany's Labour Market: A Field Experiment. IZA Discussion Paper No. 4741. Bonn: Institut Zukunft der Arbeit.

Kanschat, Katharina. 2009. Diversity – Erfolgsfaktor in Unternehmen. Die Charta der Vielfalt. *Berufsbildung in Wissenschaft und Praxis* 39 (1): 20–21.

Kaufmännischer Verband der Schweiz. 2010. Zukunft statt Herkunft. Bern. www.kvschweiz.ch/Jugend/Jugendpolitik/zukunft

Krekel, Elisabeth M., und Joachim Gerd Ulrich. 2009. Jugendliche ohne Berufsabschluss. Handlungsempfehlungen für die berufliche Bildung. Kurzgutachten Zukunft 2020. Bonn: Friedrich-Ebert-Stiftung. http://library.fes.de/pdf-files/stabsabteilung/06430.pdf

Krüger, Helga. 2001. Ungleichheiten im Lebenslauf. Wege aus den Sackgassen empirischer Traditionen. In Heintz, Bettina (Hrsg.): Geschlechtersoziologie. Kölner Zeitschrift für Soziologie und Sozialpsychologie, Sonderheft 41: 512–537.

Kuhnke, Ralf, und Matthias Müller. 2009. Lebenslagen und Wege von Migrantenjugendlichen im Übergang Schule – Beruf: Ergebnisse aus dem DJI-Übergangspanel. In Deutsches Jugendinstitut (Hrsg.): Wissenschaftliche Texte 3/2009. München/Halle: Deutsches Jugendinstitut.

Leemann, Regula, und Christian Imdorf. 2011. Zum Zusammenhang von Geschlechterungleichheiten in Bildung, Beruf und Karriere: Ein Ausblick. In Hadjar, Andreas (Hrsg.): Geschlechtsspezifische Bildungsungleichheiten. S. 417–440, Wiesbaden: VS Verlag für Sozialwissenschaften.

Mey, Eva. 2009. „Ich habe alle Chancen gepackt" – Ressourcen von Jugendlichen mit Migrationshintergrund. *Psychologie und Erziehung* 35 (1): 8–12.

Motakef, Mona. 2006. Das Menschenrecht auf Bildung und der Schutz vor Diskriminierung. Eine Studie über Exklusionsrisiken und Inklusionschancen im deutschen Bildungssystem. Berlin: Deutsches Institut für Menschenrechte. http://www.gew.de/Binaries/Binary29305/Menschenrecht_auf_Bildung.pdf

Nasdala, Heike. 2011. Ehrenamtliche Profis im Ruhestand machen Jugendliche fit für den Beruf. *Wirtschaft und Berufserziehung* 63 (2): S. 22–25.

Nohl, Arnd-Michael, Karin Schittenhelm, Oliver Schmidtke, und Anja Weiß (Hrsg.). 2010. Kulturelles Kapital in der Migration. Hochqualifizierte Einwanderer und Einwanderinnen auf dem Arbeitsmarkt. Wiesbaden: VS Verlag für Sozialwissenschaften.

Pechar, Hans. 2007. Chancengerechtigkeit in der Bildung. Zusammenfassung einer aktuellen OECD-Studie. *Erziehung und Unterricht* 157 (5-6): 449–458.

Quante-Brandt, Eva, und Theda Grabow. 2009. Die Sicht von Auszubildenden auf die Qualität ihrer Ausbildungsbedingungen. Regionale Studie zur Qualität und Zufriedenheit im Ausbildungsprozess. Bielefeld: Bertelsmann.

Raiser, Ulrich. 2007. Erfolgreiche Migranten im deutschen Bildungssystem – es gibt sie doch. Lebensläufe von Bildungsaufsteigern türkischer und griechischer Herkunft. Berlin: LIT.

Rauschenbach, Thomas. 2008. Gerechtigkeit durch Bildung? *DJI Bulletin* 81 (1): 4–7.

Riegel, Christine. 2004. Im Kampf um Zugehörigkeit und Anerkennung. Orientierungen und Handlungsformen von jungen Migrantinnen. Frankfurt a.M./London: IKO.

Scherr, Albert, und René Gründer. 2011. Toleriert und benachteiligt. Jugendliche mit Migrationshintergrund auf dem Ausbildungsmarkt im Landkreis Breisgau-Hochschwarzwald. Ergebnisse einer Umfrage unter Ausbildungsbetrieben 2011. Freiburg: Pädagogische Hochschule Freiburg. http://www.xenos-jhw.de/wp-content/uploads/Scherr_Gründer_2011_Toleriert_und_-benachteiligt_final.pdf

Schittenhelm, Karin. 2007. Statuspassagen junger Frauen zwischen Schule und Berufsausbildung im interkulturellen Vergleich. In Schlemmer, Elisabeth (Hrsg.): Ausbildungsfähigkeit im Spannungsfeld zwischen Wissenschaft, Politik und Praxis, S. 55–68. Wiesbaden: VS Verlag für Sozialwissenschaften.

Schittenhelm, Karin, und Mona Granato. 2004. „Geschlecht" und „Ethnizität" als Kategorien der Jugendforschung? Junge Migrantinnen heute und die Differenzierung einer Lebensphase. *Diskurs* 14 (1): 59–66.

Schmidt-Koddenberg, Angelika, und Simone Zorn. 2012. Zukunft gesucht! Berufs- und Studienorientierung in der Sek. II. Opladen: Verlag Barbara Budrich.

Segeritz, Michael, Petra Stanat, und Oliver Walter. 2010. Muster des schulischen Erfolgs von Mädchen und Jungen mit Migrationshintergrund. *Zeitschrift für Pädagogik*. Beiheft 55: 165–186.

Seeber, Susanne. 2011. Einmündungschancen von Jugendlichen in eine berufliche Ausbildung: Zum Einfluss von Zertifikat, Kompetenzen und sozioökonomischem Hintergrund. In Granato, Mona, Dieter Münk, und Reinhold Weiß: Migration als Chance. Ein Beitrag der beruflichen Bildung, S. 55–78. Bielefeld: Bertelsmann.

Seibert, Holger. 2011. Berufserfolg von jungen Erwachsenen mit Migrationshintergrund: Wie Ausbildungsabschlüsse, ethnische Herkunft und ein deutscher Pass die Arbeitsmarktchancen beeinflussen. In Becker, Rolf (Hrsg.): Integration von Migranten durch Bildung und Ausbildung. S. 197–226. Wiesbaden: VS Verlag für Sozialwissenschaften.

Seibert, Holger, Sandra Hupka-Brunner, und Christian Imdorf. 2009. Wie Ausbildungssysteme Chancen verteilen. Berufsbildungschancen und ethnische Herkunft in Deutschland und der Schweiz unter Berücksichtigung des regionalen Verhältnisses von betrieblichen und schulischen Ausbildungen. *Kölner Zeitschrift für Soziologie und Sozialpsychologie* 61 (4): 595–620.

Skrobanek, Jan. 2007. Wahrgenommene Diskriminierung und (Re)Ethnisierung bei Jugendlichen mit türkischem Migrationshintergrund und jungen Aussiedlern. *Zeitschrift für Soziologie der Erziehung und Sozialisation* 27 (3): 267–287.

Solga, Heike. 2005. Ohne Abschluss in der Bildungsgesellschaft. Opladen: Verlag Barbara Budrich.

Soremski, Regina. 2010. Das kulturelle Kapital in Migrantenfamilien: Bildungsorientierungen der zweiten Generation akademisch qualifizierter Migrantinnen und Migranten. In Nohl, Arnd-Michael, Karin Schittenhelm, Oliver Schmidtke, und Anja Weiß (Hrsg.): Kulturelles Kapital in der Migration. Hochqualifizierte Einwanderer und Einwanderinnen auf dem Arbeitsmarkt, S. 52–64. Wiesbaden: VS Verlag für Sozialwissenschaften.

Trappe, Heike. 2006. Berufliche Segregation im Kontext. Über einige Folgen geschlechtstypischer Berufsentscheidungen in Ost- und Westdeutschland. *Kölner Zeitschrift für Soziologie und Sozialpsychologie* 58 (1): 51–77.

Ulrich, Joachim Gerd. 2011. Übergangsverläufe von Jugendlichen aus Risikogruppen. *Berufs- und Wirtschaftspädagogik – Online*, bwp Spezial 5 - HT2011, WS 15. http://www.bwpat.de/content/ht2011/ws15/ulrich/

Ulrich, Joachim Gerd, Elisabeth M. Krekel, Simone Flemming, und Ralf-Olaf Granath. 2012. Die Entwicklung des Ausbildungsmarktes im Jahr 2012: Entspannung auf dem Ausbildungsmarkt gerät ins Stocken. Bonn: Bundesinstitut für Berufsbildung.

Winker, Gabriele, und Nina Degele. 2009. Intersektionalität. Zur Analyse sozialer Ungleichheiten. Bielefeld: transcript.

Integrationsklima in der Einwanderungs-gesellschaft stabil: gute Voraussetzung für integrationspraktische Herausforderungen[1]

Anne-Kathrin Will

Die Integration von Zuwanderern[2] wird gegenwärtig insbesondere mit Statistiken gemessen, die sich auf Bildungsabschlüsse und Beschäftigung konzentrieren. Sie vergleichen Zuwanderer oder auch einzelne Zuwanderergruppen mit der Mehr-heitsbevölkerung. Fehlende Unterschiede gelten als gute Integrationsergebnisse und Differenzen werden auf fehlende Chancengleichheit zurückgeführt. Von ei-ner Angleichung innerhalb solcher Indikatoren für strukturelle Integration ist die deutsche Realität jedoch – trotz Fortschritten – noch weit entfernt. Insbesondere im Erreichen von Bildungsabschlüssen und ihrer Wertigkeit sind Unterschiede deutlich sichtbar. Die bereits in den 1970er Jahren thematisierte Selektivität des deutschen Bildungssystems (Nunner-Winkler 1972, S. 164f.) trifft auch heute Kinder und Jugendliche in armen Haushalten, in denen Familien mit Migrations-geschichte überdurchschnittlich häufig leben. Durch eine Vielzahl von national und international vergleichenden Studien ist das Wissen über diese Problemlagen vorhanden. Es fehlen aber weiterhin Rezepte, die wirken und finanzierbar sind.

Strukturelle Indikatoren erfassen jedoch nicht die „gefühlte Integration", bzw. die gesellschaftliche Stimmung, in der Integration stattfindet. Das Integrati-onsbarometer des Sachverständigenrats deutscher Stiftungen für Integration und Migration (SVR) versucht diese Lücke zu schließen und nähert sich deshalb dem Themenfeld aus einer anderen Richtung: Es erhebt die Meinung über Integration in unterschiedlichen Bevölkerungsgruppen. Die Befragten sollen selbst einschät-

---

[1] Der vorliegende Beitrag gibt ausschließlich die persönliche Meinung der Autorin wieder und ist keinerlei Ausdruck der Position des Sachverständigenrats deutscher Stiftungen für Integration und Migration (SVR).

[2] Die verwendete männliche Form wird als generisches Maskulinum gebraucht und schließt weibliche Personen mit ein.

zen, wie es um Integration steht und dabei ihre eigenen Erfahrungen einfließen lassen. Neben ihren Einschätzungen zu unterschiedlichen Lebensbereichen wie der Nachbarschaft, dem Arbeitsmarkt, ihren sozialen Beziehungen und auch dem Bildungssystem werden Meinungen über politische Maßnahmen und die Politik der Bundesregierung in Sachen Integration erhoben. Zudem geht es um gegenseitige Erwartungen und Vertrauen. Aus einzelnen Dimensionen des Zusammenlebens wird der Integrationsklimaindex gewonnen, der zukünftig dauerhaft messen soll, wie sich das Integrationsklima in Deutschland entwickelt.

Im Folgenden werden die Ergebnisse des 2011 erhobenen SVR-Integrationsbarometers 2012[3] vorgestellt und teilweise mit den Ergebnissen des Jahres 2009 verglichen, in dem die Umfrage das erste Mal durchgeführt wurde. Im Jahr 2011 wurden 9.273 Personen mit und ohne Migrationshintergrund[4] in den Regionen Rhein-Ruhr, Rhein-Main, Stuttgart, Berlin-Brandenburg und Halle-Leipzig befragt. In den beiden östlichen Regionen wurde das Integrationsbarometer 2011 das erste Mal erhoben, in den drei westlichen Regionen das zweite Mal. Alle fünf Regionen haben eine lange Zuwanderungstradition, so dass davon ausgegangen werden kann, dass die Meinungen auf tatsächlichen Erfahrungen beruhen und nicht auf Hörensagen. In allen fünf Regionen wurden sechs Herkunftsgruppen[5] (ohne Migrationshintergrund, Spät-/Aussiedler, Türkei, EU27, sonstiges Europa, Afrika/Asien/Lateinamerika) im Stadtkern, am Stadtrand und in ländlichen Regionen befragt. Zuwanderer sind in der Umfrage überrepräsentiert, um die einzelnen Zuwanderergruppen getrennt auswerten zu können. Diese Dispropor-

---

3   Die Ergebnisse des Integrationsbarometers werden jeweils im Jahr nach der ursprünglichen Erhebung veröffentlicht, so dass es immer zu einer Differenz von einem Jahr zwischen Erhebungsjahr und Veröffentlichungsjahr kommt.

4   Ein Migrationshintergrund im Rahmen der Umfrage lag vor, wenn der Befragte selbst im Ausland geboren wurde oder mindestens ein Elternteil. Für die Zuordnung zu den Herkunftsgruppen wurde das Geburtsland (oder die Eigenschaft, als (Spät-)Aussiedler anerkannt zu sein) genutzt. Über das Geburtsland wurden 56,4% der Teilnehmer zugeordnet. Weitere 20,7% der Befragten gehören zur zweiten Zuwanderergeneration, d.h. sie wurden in Deutschland geboren und ihre Eltern stammen aus dem Ausland. Im Fall, dass beide Elternteile im Ausland geboren wurden, wurde das Geburtsland des Vaters für die Herkunftsgruppenzuordnung gewählt. Dies betraf 12,4% aller Befragten. 8,3% der Befragten hatten einen einseitigen Migrationshintergrund über das jeweilige ausländische Geburtsland zugeordnet, ohne weiter zwischen dem Geburtsland der Mutter oder des Vaters zu differenzieren.

5   In Halle-Leipzig wurde die Herkunftsgruppe Türkei nicht separat befragt, weil der Anteil der Türkeistämmigen aufgrund einer anderen Zuwanderungsgeschichte in der ehemaligen DDR, gering ist. Für Leipzig wurden insgesamt 1.510 Personen mit türkischem Migrationshintergrund im Jahr 2010 ermittelt (Stadt Leipzig 2011b). Aus diesem Grund wurde die eine befragte Person der Herkunftsgruppe Türkei in Halle-Leipzig in regionalspezifischen Auswertungen der Gruppe „sonstiges Europa" zugeordnet.

tionalität wird durch Gewichtungsfaktoren ausgeglichen.[6] Im Folgenden werden ausgewählte Ergebnisse der Umfrage vorgestellt.

1   Verantwortung für Integration: Zuwanderer setzen mehr Vertrauen in den Staat

Ausgehend von der Überlegung, dass die Wahrnehmung der eigenen Rolle und derjenigen, die anderen Akteuren zugeschrieben wird, den Verlauf von Integrationsprozessen beeinflussen kann, wurde erhoben, wie stark nach Auffassung der Befragten Zuwanderer, Mehrheitsbevölkerung und der deutsche Staat für die Integration von Zuwanderern verantwortlich sind. Befragte mit und ohne Migrationshintergrund sind sich darin einig, dass Zuwanderer zu zwei Dritteln „voll und ganz" für Integration Verantwortung tragen, ein Drittel sieht die Verantwortung auch „voll und ganz" bei der Mehrheitsbevölkerung (Abb.1).

Wird noch die zweite positive Antwortkategorie „eher verantwortlich" mit in die Betrachtung einbezogen, sind es in beiden Gruppen mindestens etwa 80%, die die Verantwortung bei den im Alltag interagierenden Gruppen selbst verorten. Es gibt eine offensichtliche Übereinstimmung zwischen Mehrheits- und Zuwandererbevölkerung. Theoretisch hätte es sein können, dass jeweils der anderen Gruppe mehr Verantwortung zugesprochen wird als der eigenen. So ist es aber nicht. Im Gegenteil: Es herrscht Einigkeit und der eigenen Gruppe wird sogar jeweils einige Prozentpunkte häufiger die volle Verantwortung zugeschrieben als der anderen. So sehen Befragte ohne Migrationshintergrund zu 37,4% vollkommen bei der Mehrheitsbevölkerung die Verantwortung, also bei der eigenen Gruppe. Von den Befragten mit Migrationshintergrund sind es hingegen 32,2% und somit 5 Prozentpunkte weniger. Bei der Einschätzung der Verantwortung der Zuwanderer ist das gleiche Muster zu beobachten (64,8% der Befragten mit Migrationshintergrund versus 62,8% der Befragten ohne Migrationshintergrund), aber mit geringerem Unterschied zwischen beiden Gruppen.

---

6   Weitere Informationen zur Umfrage finden sich im SVR-Jahresgutachten 2012 (SVR 2012, S. 28).

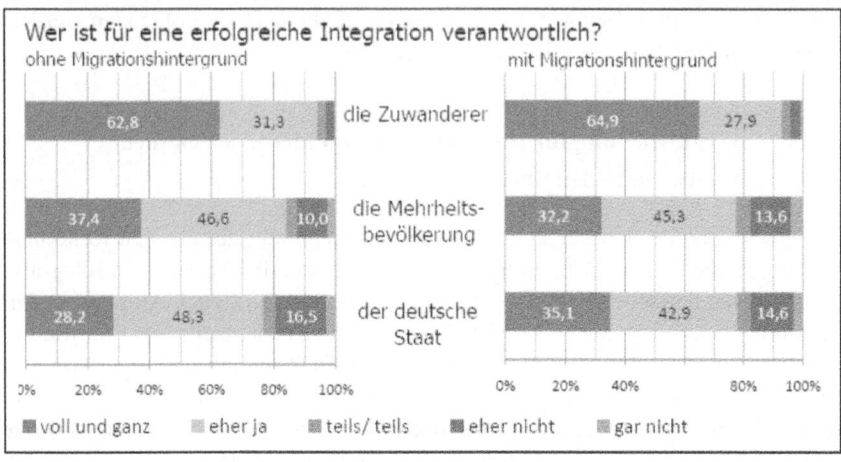

Quelle: SVR-Integrationsbarometer 2012; gewichtete Daten.

Abbildung 1:   Verantwortung für das Gelingen von Integration

Einzig bei der Rolle des Staates gehen die Meinungen etwas auseinander. 28,2% der Mehrheitsbevölkerung hält den Staat ebenso „voll und ganz" zuständig und weitere 48,3% sagen, dass er „eher" für die Integration von Zuwanderern verantwortlich sei. Bei den Befragten mit Migrationshintergrund ist dieser Anteil um einiges (und signifikant) höher.[7] Hier sind es 35,1%, die den Staat „voll und ganz" in der Verantwortung sehen und weitere 42,9%, die ihm zumindest „eher" Verantwortlichkeit zuschreiben. Der Ruf nach dem Staat ist bei allen Herkunftsgruppen, außer bei Unionsbürgern und ihren Kindern, stärker als bei Befragten ohne Migrationshintergrund. Die letztgenannten beiden Gruppen haben damit zum einen ein geringeres Vertrauen in die Aktivität und Effektivität des Staates, Integration zu fördern. Gleichzeitig sehen sie sich auch selbst stärker in der Verantwortung für das Gelingen von Integration.

2   Interesse an Integration: Angehörige der Mehrheitsbevölkerung unterstellen Zuwanderern häufiger Desinteresse

Bei der Verantwortung für Integration teilen somit Befragte mit und ohne Migrationshintergrund in ihren Erwartungen an sich selbst und an einander ihre Meinung. Darüber hinaus wurde explizit gefragt, ob – nach Auffassung der Befragten

---

7   Mann-Witney-Test (gewichtete Daten): U=4218291,5; p≤0,01; r=0,03.

– Angehörige der Mehrheitsbevölkerung an Integration interessiert sind und ob sich Zuwanderer integrieren wollen. Daraus ergibt sich eine Vierfeldermatrix, in der jede Gruppe sich selbst und auch die andere Gruppe jeweils in ihrem Interesse und Engagement für Integration bewertet (vgl. Tab. 1).

Tabelle 1: Vierfeldermatrix mit Selbst- und Fremdzuschreibung von Integrationsbereitschaft

	ohne Migrationshintergrund	mit Migrationshintergrund
Integrationsbereitschaft der Mehrheitsbevölkerung	Bewertung der eigenen Gruppe	Bewertung der anderen Gruppe
Integrationsbereitschaft der Zuwandererbevölkerung	Bewertung der anderen Gruppe	Bewertung der eigenen Gruppe

Dass die Mehrheitsbevölkerung an Integration interessiert ist, sagen 63,0% der Mehrheitsbevölkerung selbst und 66,9% der befragten Zuwanderer (Abb. 2). Ein Desinteresse an Integration konstatieren 30,0% der Mehrheitsbevölkerung (also bei ihrer eigenen Gruppe) und 25,5% der Befragten mit Migrationshintergrund. Interesse sich zu integrieren bei der Zuwandererbevölkerung sehen 59,7% der befragten Zuwanderer selbst, aber nur 46,3% der Befragten ohne Migrationshintergrund. Dies ist eine deutliche Abweichung und Ausdruck von Skepsis Zuwanderern gegenüber. Dieser Befund ist zwischen den Erhebungen 2009 und 2011 stabil geblieben (vgl. SVR 2012, S. 31). In den östlichen Befragungsgebieten sind Befragte ohne Migrationshintergrund den Integrationsanstrengungen von Zuwanderern gegenüber noch skeptischer als in den westlichen Befragungsgebieten.

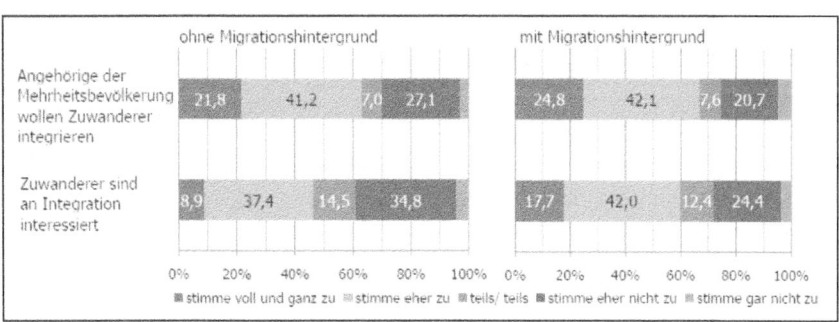

Quelle: SVR-Integrationsbarometer 2012; gewichtete Daten.

Abbildung 2: Gegenseitig zugeschriebenes Interesse an Integration

3   Erwartungen an einander: Chancen eröffnen und diese nutzen

Neben den gegenseitigen Zuschreibungen von Personen mit und ohne Migrationshintergrund sind die konkreten Erwartungen aneinander von Interesse. So könnten unterschiedliche Erwartungshaltungen zu Missverständnissen und ein angespanntes Miteinander führen. Deshalb wurde nach einer Reihe von möglichen Maßnahmen gefragt, die von Angehörigen der Mehrheitsbevölkerung und von Zuwanderern erwartet werden könnten. Dabei zeigt sich, dass beide Gruppen die gleichen Prioritäten setzen und sowohl von der eigenen als auch von der anderen Gruppe das Gleiche erwarten. So erwarten Befragte mit und ohne Migrationshintergrund von Zuwanderern in erster Linie, dass sie die Gesetze achten, sich um Arbeit und eine gute Ausbildung bemühen, gut Deutsch sprechen und Freundschaften mit Angehörigen der Mehrheitsbevölkerung schließen (Abb. 3). Das ganz klare Bekenntnis zu deutschen Gesetzen verdeutlicht, dass Häufungen von Delikten bei Personen mit Migrationshintergrund nicht auf einer anderen Einstellung gesetzlichen Konventionen gegenüber basiert, sondern vielmehr ein Resultat ihrer häufig schlechteren Soziallage ist (vgl. SVR 2010, S. 213f.).

Eine Auseinandersetzung mit der deutschen Geschichte erwarten Befragte mit Migrationshintergrund selbst häufiger von Zuwanderern als Befragte ohne Migrationshintergrund. Nur von einem knappen Viertel der Befragten in beiden Gruppen wird kulturelle Anpassung von Zuwanderern erwartet, bzw. dass sie zumindest teilweise religiöse und kulturelle Lebensweisen aufgeben. Von 29,2% der Befragten ohne Migrationshintergrund und 38,0% der Befragten mit Migrationshintergrund wird dies jedoch mit „gar nicht" kategorisch abgelehnt. Darüber hinaus wird nicht pauschal erwartet, dass Zuwanderer keine Sozialleistungen beziehen. Zuwanderer bejahen zwar diese Erwartung häufiger als Angehörige der Mehrheitsbevölkerung. Doch auch wenn in beiden Gruppen zwei Drittel eine Unabhängigkeit von Sozialleistungen befürworten, so lehnt auch ein Viertel diese Erwartung ab.

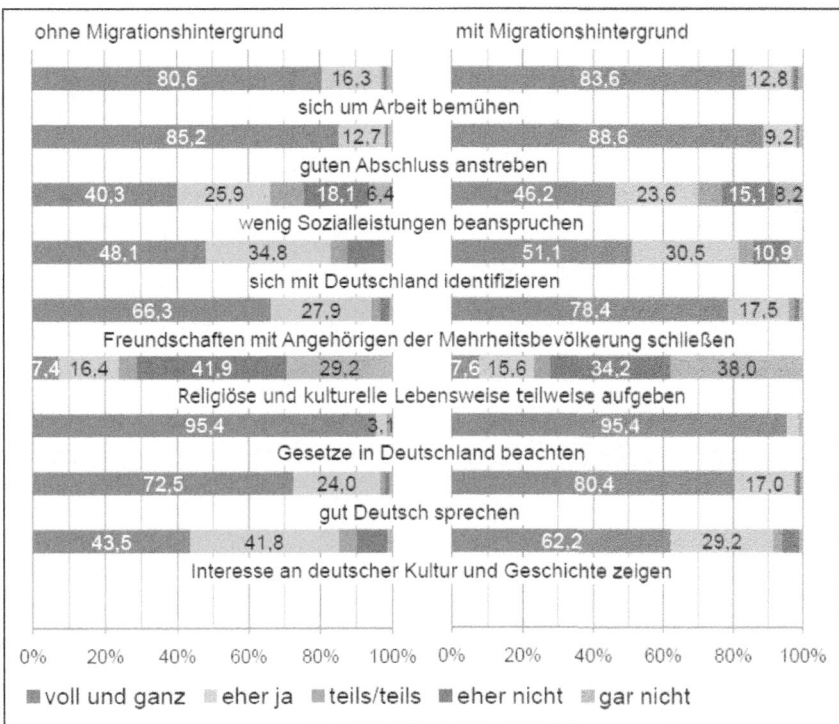

Quelle: SVR-Integrationsbarometer 2012; gewichtete Daten.

Abbildung 3: Erwartungen an Zuwanderer

Von den Angehörigen der Mehrheitsbevölkerung wird spiegelbildlich erwartet, dass sie Zuwanderern Chancen für ihre Teilhabe am Arbeitsmarkt und im Bildungssystem eröffnen, die notwendig sind, damit sie den an sie formulierten Erwartungen entsprechen können. Am stärksten wird das Gebot der Gleichbehandlung befürwortet. Hier gibt es eine fast hundertprozentige Zustimmung, womit dies als akzeptierte Norm auf beiden Seiten der Einwanderungsgesellschaft gelten kann (Abb. 4).

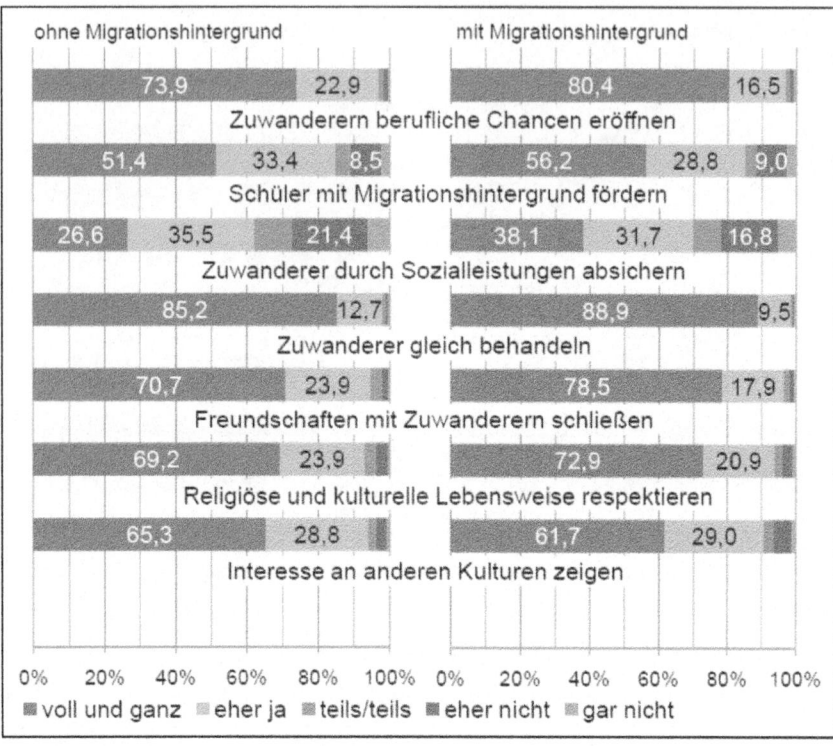

Quelle: SVR-Integrationsbarometer 2012; gewichtete Daten.

Abbildung 4:   Erwartungen an Angehörige der Mehrheitsbevölkerung

Des Weiteren finden es die Befragten wichtig, dass Zuwanderern berufliche Chancen eröffnet werden und sie auch in das soziale Miteinander durch
Freundschaften einbezogen werden. Das geht einher mit der Akzeptanz anderer
Lebensweisen und dem Interesse für andere Kulturen. Auch hier liegen die Zu-
stimmungswerte im Konsens bei beiden Gruppen um die 95%. Nicht erwartet
wird, dass die Mehrheitsbevölkerung Zuwanderer durch Sozialleistungen absi-
chert. Ähnlich wie zuvor von Zuwanderern nicht generell erwartet wurde, dass
sie keine Sozialleistungen in Anspruch nehmen, wird hier auch nicht pauschal
erwartet, dass Sozialleistungen gewährt werden. Auch hierin sind sich beide Befragtengruppen weitestgehend einig, auch wenn Zuwanderer eine Absicherung
mit 7,7 Prozentpunkten Unterschied etwas häufiger von der Mehrheitsbevölkerung erwarten.

Ebenfalls häufig, aber nicht so explizit wie Gleichbehandlung, berufliche Teilhabe und soziale Kontakte wird befürwortet, dass Schüler mit Migrationshintergrund besonders gefördert werden. Letzteres ist auch nicht für alle Schüler aus Zuwandererfamilien gleichermaßen relevant, wie eine Auswertung der Schulstatistik des Landes Nordrhein-Westfalen für das Jahr 2011 nach Staatsangehörigkeit zeigt. Jugendliche mit kosovarischer, serbischer, türkischer oder libanesischer Staatsangehörigkeit schneiden im Vergleich zu deutschen Jugendlichen schlechter ab (Abb.5). Sie verlassen die Schule deutlich häufiger ohne Schulabschluss, häufiger mit einem Hauptschulabschluss und seltener mit Abitur. Dies schränkt in einer Wissensgesellschaft wie Deutschland ihre Zukunftschancen ein.

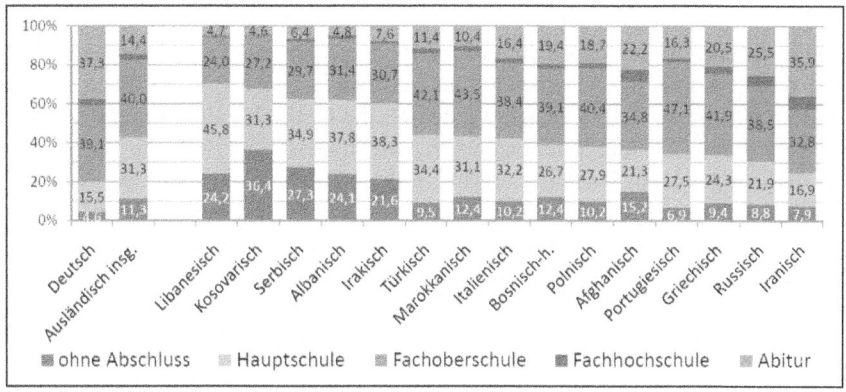

Quelle: IT NRW 2012; Schulstatistik des Landes Nordrhein-Westfalen; eigene Berechnung und Darstellung.

Abbildung 5: Schulabgänger des Jahres 2011 in Nordrhein-Westfalen für ausgewählte Staatsangehörigkeiten

Jugendliche mit russischer oder iranischer Staatsangehörigkeit hingegen haben ähnlich häufig höhere Abschlüsse wie Jugendliche mit deutschem Pass und gehen seltener ohne einen Abschluss von der Schule ab. Das zeigt, dass sich Maßnahmen nicht auf ausländische Kinder und Jugendliche oder solche mit Migrationshintergrund per se richten können, sondern gruppenspezifisch sein sollten und die soziale Herkunft mit berücksichtigen.

Zusammenfassend lässt sich sagen, dass Zuwanderer und Angehörige der Mehrheitsbevölkerung in ihren Auffassungen und Einschätzungen sehr nah beieinander liegen. Einzig bei der Einschätzung des Interesses an Integration von Zuwanderern weicht deren Selbsteinschätzung von der Fremdeinschätzung der Mehrheitsbevölkerung ab.

**4   Das Integrationsklima: der Versuch, die gesellschaftliche
        Stimmung zu messen**

Neben dem Selbst- und Fremdbild und den Erwartungen an einander ist vor allem
eine Einschätzung des konkreten Zusammenlebens das erklärte Ziel des SVR-
Integrationsbarometers. Ausgangspunkt dieser „Klimamessung" ist die theoretische Annahme, dass es nicht *die* Integration gibt, sondern sie sich – verstanden als
gleiche Teilhabechancen (vgl. SVR 2010, S. 21f.) – in einzelnen gesellschaftlichen Teilbereichen unterschiedlich gestalten kann. Deshalb wurde, um das „Integrationsklima" in der deutschen Einwanderungsgesellschaft zu messen, ein Index
entwickelt, der von unterschiedlichen Teilbereichen ausgeht und diese zusam-
menfasst. Als Bereiche, die für die meisten Befragten in ihrem Alltag relevant
sind, wurden die Nachbarschaft, soziale Beziehungen mit Freunden, Bekannten
und in der Familie, der Arbeitsmarkt und das Bildungssystem identifiziert.

In diesen vier Teilbereichen wurden 1.) die konkreten Erfahrungen der Befragten erhoben, 2.) ihre Meinungen dazu, wie die jeweilige Norm im Teilbereich
für den Umgang mit Pluralität erfüllt ist, 3.) wie der Teilbereich mit Pluralität
umgeht, d.h. wie effektiv er es schafft, gleiche Teilhabechancen für Mehrheitsbevölkerung und Zuwanderer zu gewährleisten, und 4.) zu welchem Verhalten die
Befragten in hypothetischen Situationen neigen würden. Einen Überblick über
diesen Ansatz gibt Abb. 6.

Quelle: SVR 2009.

Abbildung 6:   Theoretischer Hintergrund des Integrationsklimas in einzelnen
                   gesellschaftlichen Teilbereichen

Exemplarisch kann dies für die Teilbereiche Nachbarschaft und Arbeitsmarkt[8] mit den jeweiligen Fragen illustriert werden (vgl. Abb. 7). Dabei ist zu berücksichtigen, dass der Frage zur Erfahrung auch eine persönliche Interaktion zugrunde liegen muss. Das heißt, Personen, die nicht mehr oder noch nicht arbeiten, beantworten auch keine Fragen zu ihren Erfahrungen auf dem Arbeitsmarkt. Beide Gruppen werden über eine Filterführung zu ihren Erfahrungen mit der jeweils anderen Gruppe befragt. Personen ohne Migrationshintergrund werden somit gefragt, ob sie Kontakt zu Zuwanderern haben und welche Erfahrungen sie mit ihnen gemacht haben und umgekehrt werden Personen mit Migrationshintergrund zu Kontakten und Erfahrungen mit Angehörigen der Mehrheitsbevölkerung befragt.[9]

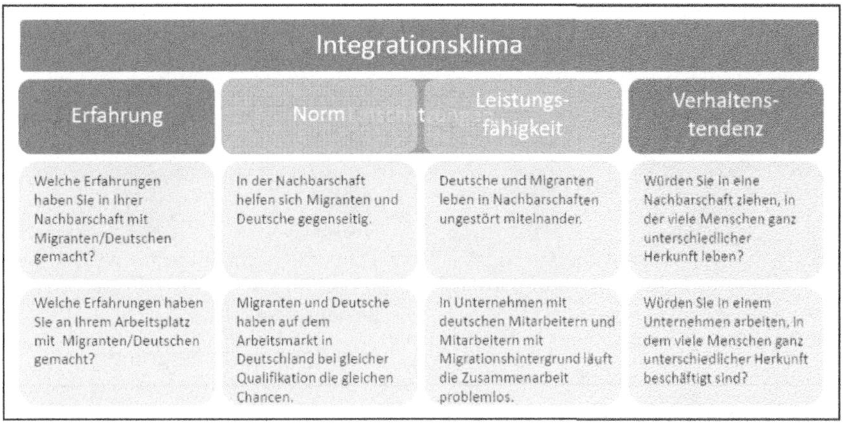

Integrationsklima			
Erfahrung	**Norm**	**Leistungsfähigkeit**	**Verhaltenstendenz**
Welche Erfahrungen haben Sie in Ihrer Nachbarschaft mit Migranten/Deutschen gemacht?	In der Nachbarschaft helfen sich Migranten und Deutsche gegenseitig.	Deutsche und Migranten leben in Nachbarschaften ungestört miteinander.	Würden Sie in eine Nachbarschaft ziehen, in der viele Menschen ganz unterschiedlicher Herkunft leben?
Welche Erfahrungen haben Sie an Ihrem Arbeitsplatz mit Migranten/Deutschen gemacht?	Migranten und Deutsche haben auf dem Arbeitsmarkt in Deutschland bei gleicher Qualifikation die gleichen Chancen.	In Unternehmen mit deutschen Mitarbeitern und Mitarbeitern mit Migrationshintergrund läuft die Zusammenarbeit problemlos.	Würden Sie in einem Unternehmen arbeiten, in dem viele Menschen ganz unterschiedlicher Herkunft beschäftigt sind?

Quelle: SVR 2009.

Abbildung 7: Fragen für die Teilbereiche Nachbarschaft und Arbeitsmarkt

Werden die Antworten innerhalb der vier Teilbereiche jeweils, um sie vergleichbar zu machen, in einem Durchschnittswert zusammengefasst, so wird deutlich, dass das jeweilige Teilklima in allen Bereichen positiv bewertet wird.

---

8   Die weiteren Fragen zu den Teilbereichen Soziale Beziehungen und Bildungssystem finden sich in Faßmann 2011, S. 114.
9   Nicht befragt werden einzelne Herkunftsgruppen zu ihrer Interaktion mit anderen Herkunftsgruppen. Über Einstellungen von Zuwanderergruppen untereinander und der Mehrheitsbevölkerung einzelnen Zuwanderergruppen gegenüber geben Fragen zum gegenseitigen Vertrauen Anhaltspunkte, die im Jahresgutachten 2010 und in einer Expertise für die Antidiskriminierungsstelle des Bundes ausgewertet wurden (vgl. SVR 2010, S. 57 ff. und Antidiskriminierungsstelle des Bundes 2012, S. 37 ff.).

Der Durchschnittswert liegt überall über dem Skalenmittel von 2 und damit im Bereich von „eher positiv" (Abb. 8). Allerdings wird auch deutlich, dass der Bildungsbereich im Vergleich zu den anderen Bereichen verhaltener bewertet wird. Dieser Befund hat sich zwischen den Befragungen 2009 und 2011 nicht verändert (SVR 2012, S. 41). Die Teildimension Leistung des Bildungssystems wird in den östlichen Befragungsgebieten positiver bewertet, insbesondere in Halle-Leipzig, also einer Region, die mit Ausländerquoten zwischen 1,1 und 5,8%[10] nur vergleichsweise selten und in geringem Maße mit heterogenen Schülerschaften konfrontiert ist. Dennoch weist der Ausländeranteil auf Kreisebene keinen signifikanten Zusammenhang mit der zusammengefassten Einschätzung des Bildungsbereichs auf.[11]

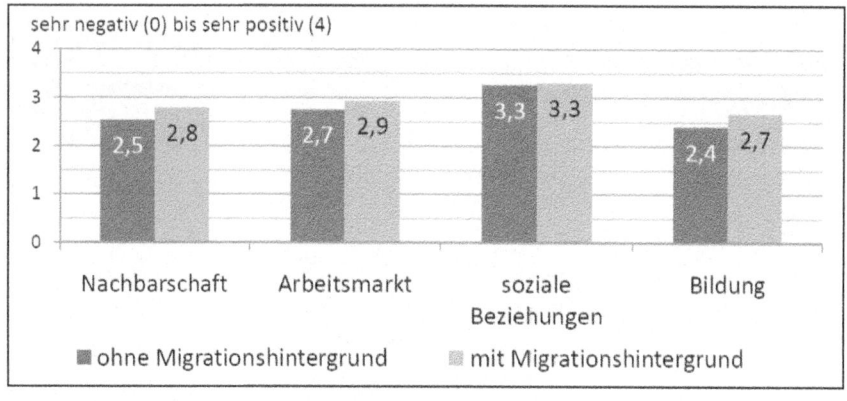

Quelle: SVR-Integrationsbarometer 2012; gewichtete Daten.

Abbildung 8:   Durchschnittliches Integrationsklima in vier Teilbereichen

---

10   Auf der regionalen Ebene der Kreise sind nur Ausländerquoten verfügbar, keine Quoten für den Anteil von Personen mit Migrationshintergrund, da die Fallzahlen so gering sind, dass sie mit dem Mikrozensus (auf dessen Basis die Anteile für Personen mit Migrationshintegrund bundesweit vergleichbar gewonnen werden) nicht zuverlässig ausweisbar sind. Für die Stadt Leipzig gibt jedoch eine Auswertung des Einwohnermelderegisters Aufschluss über den Anteil von Personen mit Migrationshintergrund in der Kommune. Er lag 2009 bei 8,4% (Stadt Leipzig 2011a, S. 11) und 2010 bei 8,0% (Stadt Leipzig 2011b).

11   Der Korrelationskoeffizient KendallsTau-b beträgt -0,011 und ist mit p=0,413 nicht signifikant. Damit ist die Ausländerquote auf Kreisebene entweder ein zu grober Indikator, der die vom Sozialraum abhängige Interaktionen im Bildungssystem nicht abbildet. Oder aber, es ist nicht der Ausländeranteil und die damit einhergehenden Klassen mit einem hohen Anteil an Schülern mit Migrationshintergrund, die Schulen vor besondere Probleme stellen, sondern die Konzentration von Schülern aus armen Familien und/oder einzelnen Herkunftsgruppen.

Abschließend wurde – wie bereits erwähnt – ein zusammenfassender Index gebildet. Der SVR-Integrationsklima-Index fasst die vier Teilbereiche zusammen. Anders als beim Vergleich dieser vier Bereiche mit einander, gehen in den SVR-Integrationsklimaindex aber auch Personen ein, die selbst keine persönlichen Erfahrungen mit der jeweils anderen Gruppe gemacht haben. Diese fehlende Erfahrungserdung wirkt sich nicht eindeutig in eine positive oder negative Richtung aus.

So könnte zwar der Kontakthypothese von Allport folgend davon ausgegangen werden, dass Personen, die Kontakt mit der anderen Gruppe haben, dadurch auch Vorurteile abbauen und eine positivere Meinung äußern (Allport 1997). Dies lässt sich aber in den Daten nicht durchgängig nachweisen. Werden Personen mit und ohne Kontakt im jeweiligen Bereich einander gegenübergestellt, so weichen ihre Einstellungen nicht immer von einander ab (Tab. 2),[12] d.h. die Hinzunahme von Befragten ohne persönlichen Kontakt färbt die Gesamteinschätzung nicht automatisch negativer ein.

Tabelle 2:   Mittelwerte der einzelnen Subsysteme (Norm, Leistung, Tendenz) im Vergleich

		Arbeits-markt	Nachbar-schaft	Soziale Beziehungen	Bildung
ohne Migrations-hintergrund	ohne Kontakt	2,7	2,9	2,1	2,0
	mit Kontakt	2,7	3,3	2,3	2,4
mit Migrations-hintergrund	ohne Kontakt	2,8	3,3	2,3	2,5
	mit Kontakt	2,8	3,3	2,4	2,6

Quelle: SVR-Integrationsbarometer 2012; gewichtete Daten.

Werden die Einschätzungen der drei oder vier Fragen zusammengefasst und Personen mit und ohne Migrationshintergrund in den östlichen und westlichen Befragungsregionen getrennt ausgewiesen, so ist eine zeitliche Stabilität zwi-

---

12   Die Abweichungen der gewichteten Daten sind nur bei Personen ohne Migrationshintergrund in allen Teilbereichen signifikant (Mann-Whitney-Tests für Arbeitsmarkt U=6395808,5; p<0,01; r=-0,03; für Nachbarschaft U=4375518,5; p<0,001; r=-0,18; für Soziale Beziehungen U=2120574,0; p<0,001, r=-0,13 und für Bildung U=4990689,0; p<0,001; r=-0,07). Dabei haben Personen mit Kontakt am Arbeitsmarkt einen geringeren zusammengefassten Wert als Befragte ohne Kontakt (was in den einstellig gerundeten Werten nicht deutlich wird). In den anderen drei Bereichen ist es umgekehrt, Personen mit Kontakt haben höhere Mittelwerte als Befragte ohne Kontakt. Aufgrund der überwiegend geringen Effektgrößen (r) erklären diese signifikanten Abweichungen nur einen Bruchteil der Varianz der Stichprobe.

schen der Befragung 2009 und 2011 zu sehen und auch ein Unterschied zwischen den westlichen und östlichen Befragungsgebieten: in ersteren beurteilen die Befragten das Zusammenleben etwas positiver als in letzteren (Abb. 9). Aber auch bei der Zusammenfassung aller Teilbereiche bleiben die Werte ein gutes Stück über dem arithmetischen Mittel der Skala im „eher positiven" Bereich mit einer Tendenz zu einer „sehr positiven" Einschätzung.

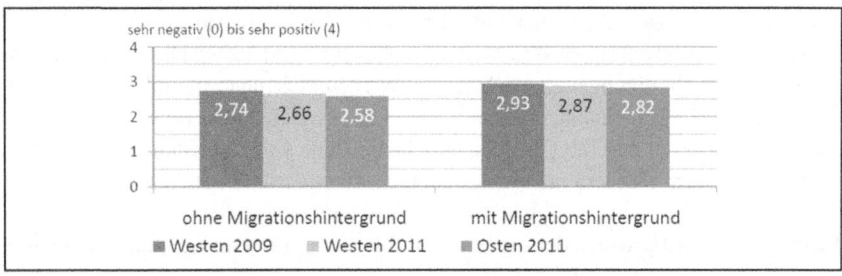

Quelle: SVR-Integrationsbarometer 2010 und 2012; gewichtete Daten.

Abbildung 9:   Integrationsklima-Index im Zeitverlauf und Ost-West-Vergleich

Wird der SVR-Integrationsklimaindex 2012 für die sechs Herkunftsgruppen des Integrationsbarometers getrennt ausgewiesen, wird deutlich, dass auch alle Herkunftsgruppen in ihren Einschätzungen nicht weit auseinander liegen. Personen ohne und mit einem türkischen Migrationshintergrund schätzen das Zusammenleben jedoch signifikant verhaltener ein als alle anderen betrachteten Zuwanderer-Gruppen[13] (Abb. 10).

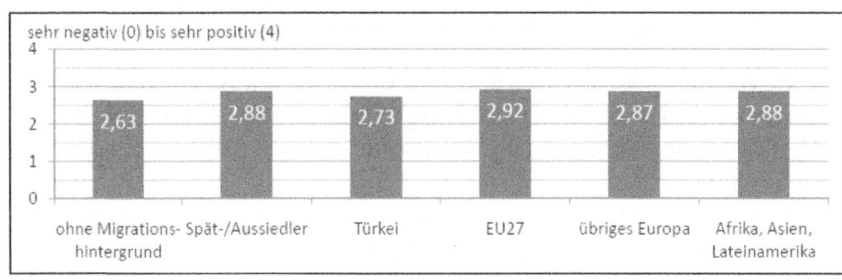

Quelle: SVR-Integrationsbarometer 2012; gewichtete Daten.

Abbildung 10:   Integrationsklima-Index nach Herkunftsgruppe

13   Ein Kruskal-Wallis-Test (Daten gewichtet) ist signifikant H(5)=336,87, p<0,001.

5 Weitere Klimaindikatoren: auch Zusammenleben am Wohnort und Wohlfühlen positiv beurteilt

Beeinflusst ist dieses positive Bild sicherlich auch durch den Eindruck der Befragten, dass das Zusammenleben an ihrem Wohnort besser funktioniert, als an anderen Orten in Deutschland. Etwa 80% der Befragten mit und ohne Migrationshintergrund in den östlichen und in den westlichen Befragungsgebieten wählten die beiden positiven Antwortoptionen. Nur Personen der Mehrheitsbevölkerung in den östlichen Befragungsgebieten sehen mit einer Zustimmung von insgesamt 75,8% das Zusammenleben in ihrem Wohnort latent negativer (Abb. 11). Etwa ein Zehntel meint, dass das Zusammenleben genauso gut oder schlecht funktioniert wie auch an allen anderen Orten in Deutschland. Dass Zuwanderer und Mehrheitsbevölkerung in ihrem Wohnort schlechter miteinander auskommen als andernorts, meint eine Minderheit von etwa 7 bis 13%.

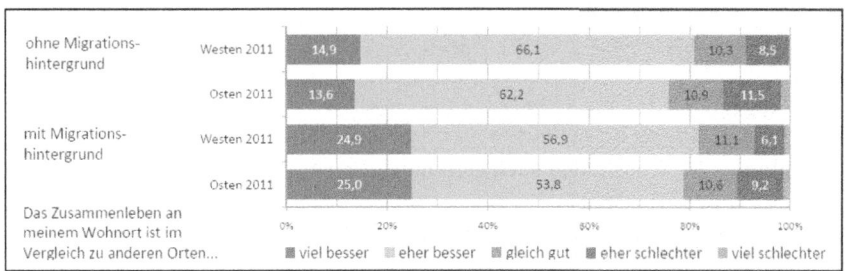

Quelle: SVR-Integrationsbarometer 2012; gewichtete Daten.

Abbildung 11: Einschätzung des Zusammenlebens am Wohnort

Eine positive Einschätzung wird somit einmal im SVR-Integrationsklimaindex deutlich und auch in der Frage zum Zusammenleben von Mehrheits- und Zuwandererbevölkerung im eigenen Wohnort. Es drückt sich zusätzlich auch in hohen Werten für das Wohlfühlen in Deutschland aus. Auch hier haben sich die Werte zwischen 2009 und 2011 kaum verändert und sind auf einem sehr hohen Niveau geblieben (SVR 2012, S. 39). Alle Gruppen fühlten sich zu über 90% wohl in Deutschland (Abb. 12). Personen, die selbst oder deren Eltern(-teile) aus der Europäischen Union (EU27) stammen, fühlen sich in Deutschland besonders wohl. Personen ohne Migrationshintergrund antworteten leicht verhaltener, ebenso Personen mit einem türkischen Migrationshintergrund. Es ist dasselbe Muster wie bei der Einschätzung des Integrationsklimas im Rahmen des Integrationsklimaindex. Dass Personen ohne Migrationshintergrund diejenigen sind, die das Zusammenleben etwas negativer beurteilen, kann an einem negativeren Antwortverhalten liegen. Dies wird durch die Frage nach dem Wohlfühlen nahegelegt, die sich nicht explizit auf das Zusammenleben bezieht.[14] Auf die Gruppe der Personen mit Wurzeln in der Türkei könnte dies ebenso zutreffen. Ebenso plausibel ist es jedoch auch, dass sich bei ihnen darin unter anderem nachweisbare Benachteiligungen und Diskussionen über ihre Zugehörigkeit zur deutschen Gesellschaft niederschlagen.

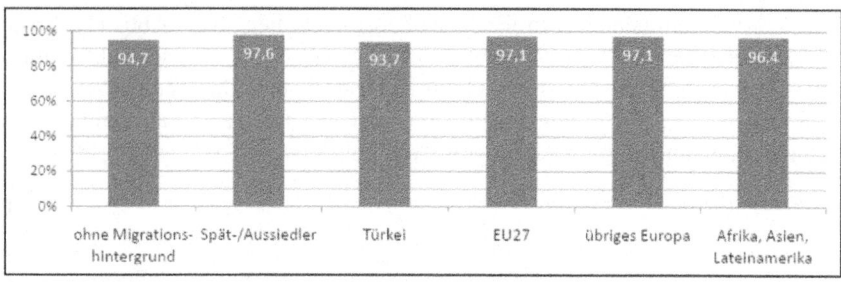

Quelle: SVR-Integrationsbarometer 2012; gewichtete Daten.

Abbildung 12:   Wohlfühlen nach Herkunftsgruppe

In der Befragung 2009 wurde auch nach den Gründen für das Wohlfühlen bzw. Nicht-Wohlfühlen gefragt.[15] Bei einer Auswertung dieser Angaben tritt vor allem die Komponente Sicherheit hervor. Diese drückt sich einmal in materieller Sicherheit durch Erwerbstätigkeit aus, aber auch in der sozialen Absicherung und der Sicherheit für Eigentum und Leben. So sagen 85,2% der Befragten ohne Migrationshintergrund und 84,0% derjenigen mit Migrationshintergrund, dass sie sich in Deutschland wohlfühlen, weil sie hier Arbeit haben. Für 81,9% der Befragungsteilnehmer ohne Migrationshintergrund und respektive 84,4% derjenigen mit einem Migrationshintergrund ist die soziale Absicherung ein wichtiger Grund, warum sie sich in Deutschland wohl fühlen und 78,3% der Mehrheitsbevölkerung und 86,8% der Zuwandererbevölkerung nennen Recht und Ordnung (Abb. 13). Wie auch schon zuvor in vielen Fragen tritt erneut die Ähnlichkeit zwischen Befragten mit und ohne Migrationshintergrund zutage. Von beiden Befragtengruppen werden die gleichen Prioritäten gesetzt.

---

14   Der SVR-Integrationsklimaindex korreliert mit dem Wohlfühlen in Deutschland mit Kendalls Tau-b 0,222 bei einer Irrtumswahrscheinlichkeit von p<0,01.
15   In der Befragung 2011 entfiel dieser Fragenblock, um die Länge der Befragung zu begrenzen.

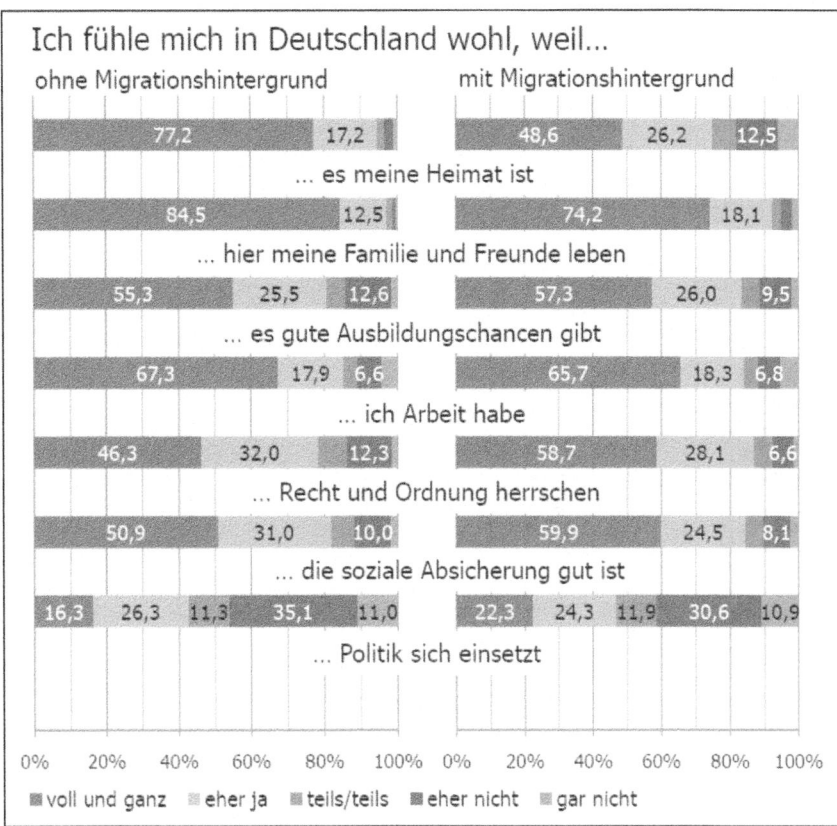

Quelle: SVR-Integrationsbarometer 2010; gewichtete Daten.

Abbildung 13: Gründe für Wohlfühlen in Deutschland

Dass sie sich in Deutschland nicht wohl fühlen, ist häufiger von Personen ohne und mit einem türkischen Migrationshintergrund angegeben worden. Stellt man ihre Angaben gegenüber, warum sie sich in Deutschland nicht wohl fühlen, wird von beiden Seiten Unzufriedenheit mit der Politik geäußert. Für Befragte mit türkischem Migrationshintergrund ist Deutschland auch oft (noch) keine Heimat und enge Bezugspersonen wie Familie und Freunde leben nicht vor Ort.

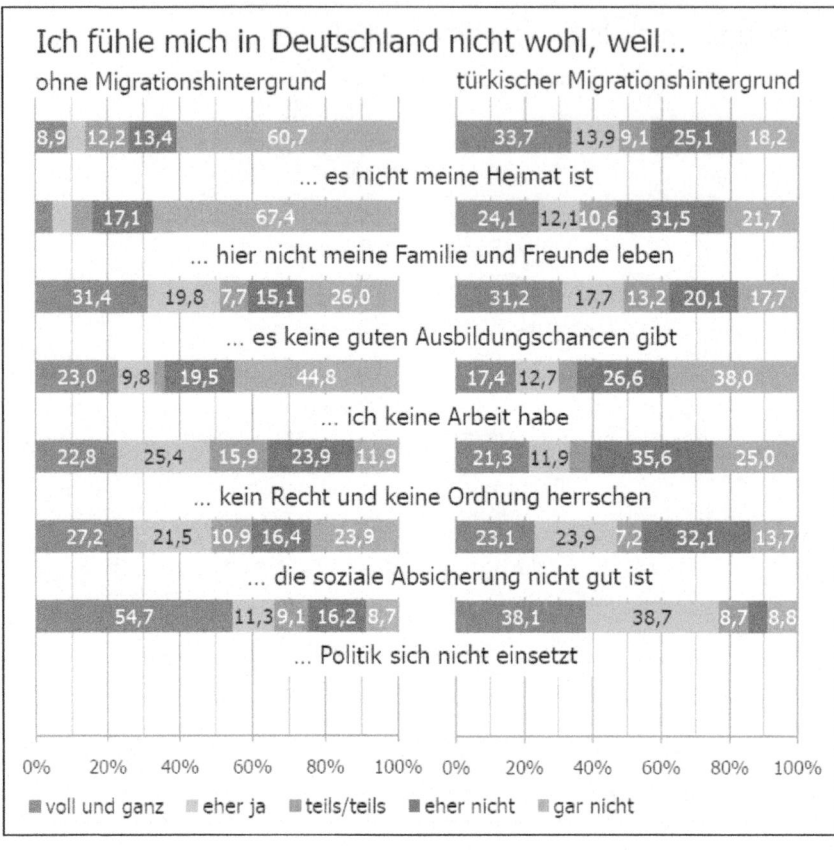

Quelle: SVR-Integrationsbarometer 2010; gewichtete Daten.

Abbildung 14: Gründe für Nicht-Wohlfühlen bei Personen ohne und mit türkischem Migrationshintergrund

Diskriminierung wurde nicht als möglicher Grund für das Nicht-Wohlfühlen in Deutschland abgefragt, sondern separat als wichtiger Indikator für das Gelingen des Zusammenlebens. Personen, die sich im Jahr 2011 in Deutschland nicht wohlfühlten, gaben aber signifikant häufiger an, in unterschiedlichen Lebensbereichen im letzten Jahr benachteiligt worden zu sein. Dieser Zusammenhang ist bei Zuwanderern stärker ausgeprägt als bei der Mehrheitsbevölkerung, wo er aber ebenso vorhanden ist.[16] Ähnlich wie in den Teilbereichen des Integrationsklimas, wurden auch Benachteiligungserfahrungen in konkreten Alltagsbereichen – und nicht pauschal – erhoben.

6 Der Wehrmutstropfen: Benachteiligungen in unterschiedlichen Lebensbereichen

Auch wenn sich Zuwanderer und Befragte der Mehrheitsbevölkerung darin einig sind, dass Gleichbehandlung die Norm sein sollte, so weicht die alltägliche Erfahrung offensichtlich von dieser Norm ab. Benachteiligungen in unterschiedlichen Lebensbereichen sind sowohl für Personen mit als auch ohne Migrationshintergrund oft bekannte Erfahrungen und Erstere machen sie deutlich häufiger als Letztere und das in unterschiedlichen Lebensbereichen (Abb. 15). Vor allem Befragte, die überwiegend durch ihr Aussehen als „fremd" wahrnehmbar sind, weil sie oder ihre Eltern(-teile) aus Afrika, Asien oder Lateinamerika stammen, und Personen mit türkischen Wurzeln berichten in allen acht abgefragten Bereichen, dass sie im Laufe des letzten Jahres benachteiligt wurden.

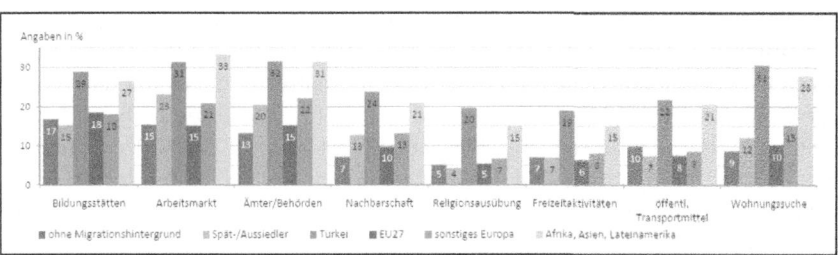

Quelle: SVR-Integrationsbarometer 2012; gewichtete Daten.

Abbildung 15: Benachteiligungserfahrungen nach Herkunftsgruppe

Beunruhigend ist die Tatsache, dass sich jüngere Befragte häufiger benachteiligt fühlten (Antidiskriminierungsstelle des Bundes 2012, S. 22f.). Im Rahmen einer Befragung kann jedoch nicht eindeutig geklärt werden: handelte es sich um ein Gefühl der Befragten in Situationen, in denen sie Entscheidungen nicht nachvollziehen konnten und diese mit persönlichen Eigenschaften wie ihrer Herkunft,

---

16 Wohlfühlen steht in einem negativen Zusammenhang mit den angegebenen Diskriminierungserfahrungen, d.h. mehr berichtete Diskriminierungen führen zu einem geringeren Wohlfühlwert (Kendalls Tau-b bei Befragten ohne Migrationshintergrund -,157 und bei Befragten mit Migrationshintergrund -,220, bei einer Irrtumswahrscheinlichkeit p<0,01).

ihr Geschlecht, Alter oder anderes in Zusammenhang setzten? Oder erinnerten sie sich an Erlebnisse, die als Diskriminierungstatbestand mit dem Allgemeinen Gleichbehandlungsgesetz geahndet werden? Eine Befragung wie das Integrationsbarometer kann hier nur einen Anhaltspunkt geben, wo weitere Forschungen einsetzen müssen, um zu klären, in welchem Ausmaß Diskriminierungen tatsächlich stattfinden oder Entscheidungen transparenter gemacht werden müssen, damit sie von den Betroffenen nicht als Benachteiligung empfunden werden.

7   Mediendemokratien: die Rolle der Medien

Wichtiges Element in post-modernen Gesellschaften sind die Medien, weshalb einzelne Theoretiker von „Mediendemokratien" (Baugut und Grundler 2009) oder sogar „Mediokratien" sprechen (Meyer 2001). Medien bestimmen nicht nur das politische Geschehen, sie transportieren auch Bilder über Bevölkerungsgruppen und Einschätzungen zu gesellschaftlichen Phänomenen wie dem Zusammenleben von Mehrheitsbevölkerung und Zuwanderern. Aus diesem Grund wurden die Teilnehmenden des Integrationsbarometers um eine Einschätzung gebeten, wie ihrer Meinung nach über Integration in den Medien berichtet wird. Dabei sind sich Befragte der Mehrheits- und Zuwandererbevölkerung einig, dass die öffentliche Diskussion das Thema zu negativ angeht. So finden 57,9% der befragten Personen ohne Migrationshintergrund die Berichterstattung zu negativ und 51,6% der Befragten mit Migrationshintergrund (Abb. 16). Von Letzteren bewertet ein Drittel (33,0%) die Darstellung aber auch als zu positiv, 29,0% der Befragten der Mehrheitsbevölkerung sind der gleichen Meinung. Nur 13,1% der Personen ohne Migrationshintergrund und 15,4% der Befragten mit Migrationshintergrund finden die mediale Repräsentation von Integrationsthemen angemessen. Alarmistische Darstellungen, die zum Teil auch der Medienlogik „only bad news is good news" geschuldet sind, werden somit von den Befragten durchschaut.

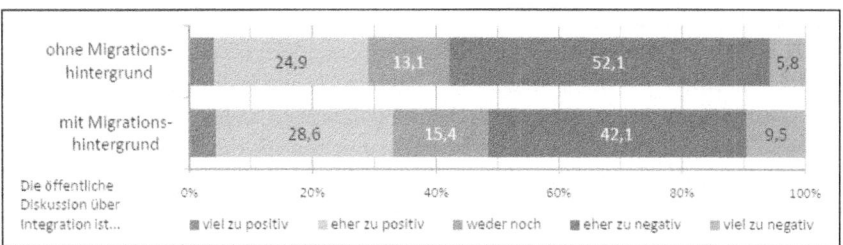

Quelle: SVR-Integrationsbarometer 2012; gewichtete Daten.

Abbildung 16: Einschätzung der medialen Darstellung von Integration

Besonders negativ wird die mediale Diskussion über Integration von Personen mit einem türkischen Migrationshintergrund wahrgenommen. Diesmal unterscheiden sie sich in ihrer kritischeren Meinung nicht nur von allen anderen Zuwanderergruppen, sondern auch von Befragten ohne Migrationshintergrund. Personen mit Wurzeln in der Türkei liegen im Mittel bei einem Wert um 1,4 und damit in der Tendenz bei der Bewertung „eher zu negativ" für die Berichterstattung über Integration. Alle anderen Gruppen liegen mit Durchschnittswerten von 1,7 bis 1,9 an der tendenziell neutralen Einschätzung „weder zu positiv noch zu negativ" (Abb. 17).

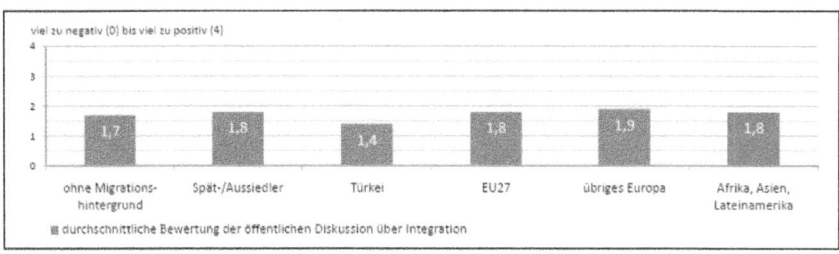

Quelle: SVR-Integrationsbarometer 2012; gewichtete Daten.

Abbildung 17: Einschätzung der medialen Darstellung von Integration nach Herkunftsgruppe

Dies muss im Zusammenhang mit dem öffentlichen Diskurs der vergangenen Jahre gesehen werden. Er hat sich nach islamistischen Terroranschlägen in den USA, Großbritannien und Spanien auch in Deutschland verändert. Zusätzlich haben Überlegungen zur deutschen „Leitkultur", zur christlichen Prägung westlicher Demokratien und die These vom „Kampf der Kulturen" (Huntington 1993) die Zugehörigkeit von muslimischen Zuwanderern zur deutschen Gesellschaft hinterfragt. Zu ihrer angeblichen kulturellen und religiösen „Andersartigkeit" wurde auch ihre strukturelle Integrationsfähigkeit angezweifelt, bzw. sogar versucht, ihre Integrationsunfähigkeit nachzuweisen (Sarrazin 2010). Die Thematisierung von Integration endet neuerdings häufig mit einer Diskussion über muslimische Zuwanderer, die als Beispiel schlechter oder misslungener Integration ins Feld geführt werden (Hierl 2012). Natürlich haben diese – in erster Linie medial ausgetragenen – Auseinandersetzungen ihre Spuren hinterlassen, vor allem in der türkeistämmigen Bevölkerung. Das zeigen auch weitere Fragen zur medialen Wahrnehmung von einzelnen Zuwanderergruppen deutlich: vor allem türkeistämmige Muslime finden die mediale Darstellung von Türken und Muslimen zu negativ (Schneider et al. 2013).

8   Was tut der Staat? Bewertung der Integrationspolitik und Erwartungen an sie

Nicht nur die politische Auseinandersetzung mit islamischen Glaubensgemeinschaften in Deutschland und mit einem deutschen Islam sind neu, sondern auch die politische Beschäftigung mit Zuwanderung und Integration an sich. Während seit dem Anwerbestopp 1972 kein Politiker mit Integrationsthemen Stimmen gewinnen konnte, hat sich dies im letzten Jahrzehnt stark verändert. In erster Linie ist dies eine Reaktion auf die Realität. Im Jahr 2000 wurde ein neues Staatsangehörigkeitsrecht erlassen, das dem Umstand Rechnung trug, dass Wohn- und Wahlbevölkerung zunehmend auseinander zu driften drohten. Auch die rechtlich unterschiedliche Behandlung von neu zuwandernden Spätaussiedlern aus der ehemaligen Sowjetunion und lang ansässigen, bzw. in Deutschland geborenen und aufgewachsenen Ausländern, wurde unhaltbar.

Im Jahr 2005 wurde ein neues Zuwanderungsgesetz als „Gesetz zur Steuerung und Begrenzung der Zuwanderung und zur Regelung des Aufenthalts und der Integration von Unionsbürgern und Ausländern" erlassen. Wichtige Neuerungen des Gesetzes sind die Einrichtung von Integrationskursen und das Erfordernis von Deutschkenntnissen beim Familiennachzug zu Drittstaatsangehörigen und deutschen Staatsangehörigen.[17]

---

17   Ehegatten von Unionsbürgern sind von dieser Regelung ausgenommen, sowie solche von Staatsangehörigen einer Zahl von Ländern, mit denen Deutschland besonders enge wirtschaftliche Verbindungen unterhält, wie die USA, Australien, Israel, Neuseeland, Kanada, Südkorea, Japan u.a. (vgl. hierzu SVR 2011, S. 98).

Auch in der politischen Diskussion hat sich einiges geändert. Integrations- und Migrationsthemen sind salonfähig geworden. Zuwanderer und ihre Nachkommen werden als Wählerpotenzial entdeckt und sowohl Bundes- als auch Landespolitik widmen sich Fragestellungen in den Bereichen Integration und Migration. Diese Domäne war zuvor Kommunalpolitikern vorbehalten, die mit konkreten Situationen konfrontiert waren, vor allem im Jugendhilfe- und Bildungsbereich (wie z.b. sich segregierende Wohngebiete und Schulen, zusätzliche Deutschförderung in Kindertageseinrichtungen und Schulen, der Notwendigkeit mehrsprachiger Elternarbeit und anderem).

Weil sich in den letzten Jahren viel verändert hat, wurden die Teilnehmenden des Integrationsbarometers nach ihren Einschätzungen diesbezüglich befragt. Sie sollten beurteilen, wie sehr die Integrationspolitik der letzten 5 Jahre die Integration von Zuwanderern verbessert, gar nicht verändert oder verschlechtert hat. Das positive Ergebnis: Etwa jeweils die Hälfte der Befragten der Mehrheits- und Zuwandererbevölkerung meint, dass die Integrationspolitik der letzten Jahre die Integration von Zuwanderern verbessert hat. Dies ist ein positives Ergebnis, wenn bedacht wird, dass die Leistungen der Politik eher Anlass zu Unmut und Kritik geben als zu Anerkennung und Lob. Über ein Drittel in beiden Gruppen sieht keinerlei Veränderung in der jüngeren Vergangenheit und 10,9 bis 17,8% sehen eine Verschlechterung. Personen mit Migrationshintergrund nahmen jedoch häufiger Verschlechterungen wahr als Personen ohne Migrationshintergrund (Abb. 18).

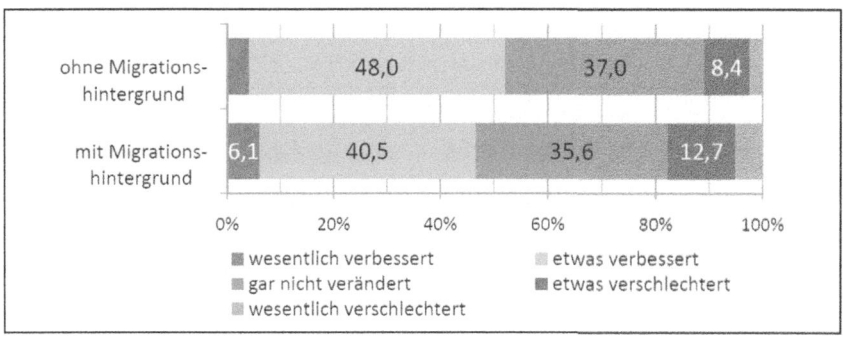

Quelle: SVR-Integrationsbarometer 2012; gewichtete Daten.

Abbildung 18: Einschätzung der Integrationspolitik der vergangenen 5 Jahre

Darüber hinaus wurde um eine Bewertung der Wichtigkeit unterschiedlicher politischer Maßnahmen im Themenspektrum Integration gebeten. Auch hier weisen beide Befragtengruppen ein analoges Bewertungsverhalten auf. Für besonders wichtig werden Chancengleichheit im Bildungssystem, auf dem Arbeitsmarkt und Diskriminierungsfreiheit generell befunden. Eine Erleichterung der Einbürgerungsverfahren hat jedoch nur für einen vergleichsweise kleinen Teil eine herausragende Bedeutung. Politischen Mitspracherechten wird somit eine geringere Bedeutung beigemessen als wirtschaftlichen Teilhabeoptionen, die durch Bildung und Beschäftigung ermöglicht werden (Abb. 19). Es sind zwar immerhin noch etwa 60% der Befragten mit und ohne Migrationshintergrund, die eine Erleichterung von Einbürgerungen wichtig finden. Im Vergleich zu allen anderen politischen Maßnahmen wie der Senkung von Arbeitslosigkeit, der Vermittlung demokratischer Grundwerte, dem Angebot von Sprachkursen, der Förderung von Toleranz und dem Diskriminierungsabbau, die jeweils etwa 90% der Befragten in beiden Gruppe für sehr oder eher wichtig halten, ist dies dennoch ein geringer Wert.

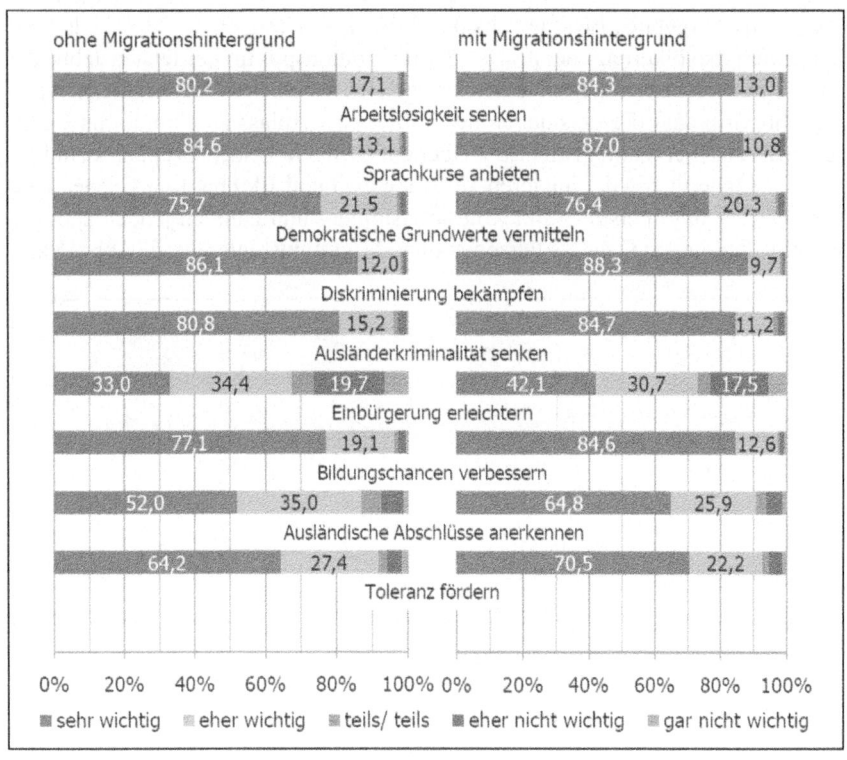

Quelle: SVR-Integrationsbarometer 2012; gewichtete Daten.

Abbildung 19: Bedeutung unterschiedlicher politischer Maßnahmen

9   Fazit: stabiler Optimismus mit punktuellen Eintrübungen

Abschließend lässt sich feststellen, dass die Befragten das Integrationsgeschehen in Deutschland überwiegend optimistisch sehen. Sie unterstellen weder Zuwanderern noch der Mehrheitsbevölkerung Ablehnung oder Verweigerung und sehen auch, dass sowohl Zuwanderer als auch Angehörige der Mehrheitsbevölkerung gemeinsam Anstrengungen unternehmen müssen, damit Integration gelingt. Die Befragung zeigt aber auch Handlungsbedarfe auf: Personen mit türkischem Migrationshintergrund sehen das Zusammenleben kritischer und berichten häufiger von Diskriminierungen im Alltag als andere Herkunftsgruppen. Zudem schneidet das Bildungssystem im Vergleich unterschiedlicher Alltagsdimensionen des Zusammenlebens schlechter ab. Hier sind weitere Anstrengungen nötig und die optimistische Grundstimmung in der deutschen Einwanderungsgesellschaft begünstigen sie.

Literatur

Allport, Gordon W. 1997. The nature of prejudice. Unabridged. 25th anniversary edition. 16. Aufl. Reading, Mass.: Addison-Wesley.

Antidiskriminierungsstelle des Bundes (Hrsg.). 2012. Benachteiligungserfahrungen von Menschen mit und ohne Migrationshintergrund im Ost-West-Vergleich. Expertise für die Antidiskriminierungsstelle des Bundes. Berlin: Antidiskriminierungsstelle des Bundes. http://www.svr-migration.de/content/wp-content/uploads/2012/08/120801_SVR-Expertise_fuer_ADS_final.pdf. Zugegriffen: 28.11.2012.

Baugut, Philip, und Maria-Theresa Grundler. 2009. Politische (Nicht-)Öffentlichkeit in der Mediendemokratie. Eine Analyse der Beziehungen zwischen Politikern und Journalisten in Berlin. Baden-Baden: Nomos.

Faßmann, Heinz. 2011. Die Messung des Integrationsklimas. Das Integrationsbarometer des Sachverständigenrats deutscher Stiftungen für Integration und Migration. *Leviathan* 39 (1), 99–124.

Fincke, Gunilla, Jan Schneider, und Anne-Kathrin Will. 2013. Muslime in der Mehrheitsgesellschaft. Medienbild und Alltagserfahrungen in Deutschland. Berlin: Sachverständigenrat deutscher Stiftungen für Integration und Migration.

Hierl, Katharina. 2012. Die Islamisierung der deutschen Integrationsdebatte. Zur Konstruktion kultureller Identitäten, Differenzen und Grenzziehungen im postkolonialen Diskurs. Berlin: LIT-Verlag.

Huntington, Samuel P. 1993. The Clash of Civilizations? *Foreign Affairs* 72 (3): 22–49. http://edvardas.home.mruni.eu/wp-content/uploads/2008/10/huntington.pdf.

Information und Technik Nordrhein-Westfalen, Geschäftsbereich Statistik (Hrsg.). 2012. Statistische Berichte. Allgemeinbildende Schulen in Nordrhein-Westfalen 2011. Landesergebnisse. Düsseldorf: Information und Technik Nordrhein-Westfalen. https://webshop.it.nrw.de/gratis/B139%20201100.pdf. Zugegriffen: 09.01.2013.

Meyer, Thomas. 2001. Mediokratie. Die Kolonisierung der Politik durch das Mediensystem. Frankfurt am Main: Suhrkamp.

Nunner-Winkler, Gertrud. 1972. Chancengleichheit im allgemeinen Schulwesen. In Széll, György (Hrsg.): Privilegierung und Nichtprivilegierung im Bildungssystem, S. 161–181. München: Nymphenburger Verlagshandlung.

Sarrazin, Thilo. 2010. Deutschland schafft sich ab. Wie wir unser Land aufs Spiel setzen. München: Deutsche Verlagsanstalt.

Stadt Leipzig. 2011a. Migranten in Leipzig 2010. Hrsg. vom Amt für Statistik und Wahlen. http://www.leipzig.de/imperia/md/content/12_statistik-und-wahlen/lz_migranten2010.pdf. Zugegriffen: 06.12.2012.

Stadt Leipzig (Hrsg.). 2011b. Migranten in Leipzig. http://www.leipzig.de/imperia/md/content/12_ statistik-und-wahlen/lz_fb_migranten.pd. Zugegriffen: 06.12.2012.

SVR - Sachverständigenrat deutscher Stiftungen für Integration und Migration. 2009. Konzept des Integrationsklimaindexes. Unveröffentlichte Präsentation. Berlin.

SVR - Sachverständigenrat deutscher Stiftungen für Integration und Migration. 2010. Einwanderungsgesellschaft 2010. Jahresgutachten mit Integrationsbarometer. Berlin: Sachverständigenrat deutscher Stiftungen für Integration und Migration. http://www.svr-migration.de/content/wp-content/uploads/2010/11/svr_jg_2010.pdf. Zugegriffen: 26.11.2012.

SVR - Sachverständigenrat deutscher Stiftungen für Integration und Migration. 2011. Migrationsland 2011. Jahresgutachten 2011 mit Migrationsbarometer. Berlin: Sachverständigenrat deutscher Stiftungen für Integration und Migration. http://www.svr-migration.de/content/wp-content/uploads/2011/04/jg_2011.pdf. Zugegriffen: 28.11.2012.

SVR - Sachverständigenrat deutscher Stiftungen für Integration und Migration. 2012. Integration im föderalen System: Bund, Länder und die Rolle der Kommunen. Jahresgutachten 2012 mit Integrationsbarometer. Berlin: Sachverständigenrat deutscher Stiftungen für Integration und Migration. http://www.svr-migration.de/content/wp-content/uploads/2012/05/SVR_JG_2012_WEB. pdf. Zugegriffen: 26.11.2012.

Teil II:

Praktische Erfahrungen der Ausbildungsförderung von Jugendlichen mit Migrationshintergrund

„Jetzt weiß ich: unsere Stärken werden gebraucht!" – Der Einfluss der ethnischen Herkunftsgruppe auf die Einmündung von Jugendlichen in die duale Ausbildung

Gerburg Benneker

1 Ausgangslage: Jugendliche mit Migrationshintergrund haben seltener Zugang zur betrieblichen Ausbildung

Junge Menschen, die in Deutschland leben und eine andere als die deutsche Staatsangehörigkeit haben, beteiligen sich nach den Daten der Berufsbildungsstatistik nur etwa halb so häufig an der dualen Ausbildung als jene mit deutscher Staatsangehörigkeit. 2011 lag die Ausbildungsanfängerquote junger Ausländerinnen und Ausländer bei 29,8% und die der jungen Deutschen bei 60,2% (Bundesministerium für Bildung und Forschung 2013, S. 44). Will man jedoch wissen, wie viele Jugendliche mit Migrationshintergrund eine betriebliche Ausbildung absolvieren, sind die Daten der Berufsbildungsstatistik nicht ausreichend, da sie nur die Staatsangehörigkeit als relevantes Merkmal erfassen. Nach dem Mikrozensus haben Jugendliche mit Migrationshintergrund jedoch zu 59% die deutsche Staatsangehörigkeit (Stürzer et al. 2012, S. 12). Daher ist die Berufsbildungsstatistik unzureichend, um den Anteil und die Entwicklung der Ausbildungsbeteiligung von Jugendlichen mit Migrationshintergrund an der dualen Ausbildung darzustellen.

Um mehr über die Beteiligung und Chancen der Jugendlichen mit Migrationshintergrund an der Ausbildung zu erfahren, wird bei drei Untersuchungen des Bundesinstituts für Berufsbildung (BIBB) der Status Migrationshintergrund

erhoben und ausgewertet: Die BIBB-Übergangsstudie (2004, 2006),[1] die BA/
BIBB-Bewerberbefragungen (2006, 2008, 2010 und 2012)[2] und die BIBB-Schul-
abgänger-Befragungen (2006, 2008, 2010 und 2012).[3] Die Studien definieren den
Migrationshintergrund zwar unterschiedlich,[4] kommen jedoch alle zu der gleichen Aussage: Im Vergleich zu Jugendlichen ohne Migrationshintergrund haben
Jugendliche mit Migrationshintergrund erheblich seltener Zugang zur betrieblichen Ausbildung.

Bei der BA/BIBB-Bewerberbefragung 2010 lag der Unterschied zwischen
den Jugendlichen mit und ohne Migrationshintergrund bei 14 Prozentpunkten.
Von den befragten Jugendlichen, die alle als ausbildungsreif eingestuft wurden
und eine Lehrstelle suchten, begannen jene ohne Migrationshintergrund zu 42%
eine betriebliche Ausbildung und jene mit Migrationshintergrund zu 28% (Beicht
2011, S. 9f).

Die BIBB-Schulabgänger-Befragung 2010 zeigte auf, dass Jugendliche mit
Migrationshintergrund von einer Entspannung auf dem Ausbildungsmarkt nur
leicht profitieren konnten (Friedrich 2011, S. 90). Die geringeren Einmündungs-
quoten von jungen Menschen mit Migrationshintergrund in eine berufliche Ausbildung zeigten sich auch drei Jahre nach Ende der Schulzeit (Beicht und Granato
2011).

2   Der Migrationshintergrund reduziert die Chancen auf eine Ausbildung

Auf der Suche nach den Gründen für die geringeren Zugangschancen wurde lange Jahre der Schwerpunkt auf die individuellen Voraussetzungen und weniger

---

1   In der BIBB-Übergangsstudie 2006 wurden 7.230 Jugendliche im Jahr 2006 befragt. Dabei
     handelt es sich um eine retrospektive Längsschnitterhebung, in der die gesamte Bildungs- und
     Berufsbiografie erfasst wurde. Bei 5.500 Jugendlichen lagen bereits Informationen über den
     weiteren Werdegang vor, von denen über 1.000 einen Migrationshintergrund haben (Beicht und
     Granato 2011, S. 17).

2   Bei der BA/BIBB-Bewerberbefragung 2010 handelt es sich um eine schriftlich-postalische
     Repräsentativbefragung von jungen Menschen, die bei der Bundesagentur für Arbeit im Ver-
     mittlungsjahr 2009/2010 als Ausbildungsstellenbewerber/-innen gemeldet waren. 4.621 Frage-
     bögen wurden ausgewertet (Beicht 2011, S. 5).

3   In den BIBB-Schulabgängerbefragungen wurden in Zusammenarbeit mit Forsa (Berlin) jeweils
     rund 1.500 Schulabgänger/-innen befragt. Erfasst wurden Jugendliche aus allgemeinbildenden
     Schulen, beruflichen Schulen und nicht vollqualifizierenden beruflichen Vollzeitschulen (Fried-
     rich 2011, S. 82).

4   Die unterschiedlichen Definitionen des Begriffs Migrationshintergrundes und deren methodi-
     scher Erhebung wurden u. a. von Settelmeyer und Erbe herausgearbeitet (Settelmeyer und Erbe
     2010, S. 14f).

vorhandene Ressourcen der Jugendlichen mit Migrationshintergrund gelegt. Berichte und Studien führten als Grund u.a. die häufig schlechteren Schulabgangsnoten und Schulabschlüsse, die geringere Unterstützung des Elternhauses und deren häufiger vorhandene Bildungsferne auf. Nicht der Migrationshintergrund per se wurde als Ursache für die schlechteren Chancen gesehen, sondern vor allem die schulischen, sozialen und familiären Voraussetzungen (Granato et al. 2011).

Das BIBB-Forschungsprojekt „Ausbildungschancen von Jugendlichen mit Migrationshintergrund" (Granato et al. 2011) konnte auf der Grundlage der o.g. BIBB-Studien aufzeigen, dass allein das Vorhandensein eines Migrationshintergrundes einen negativen Einfluss auf die Chance, eine betriebliche Ausbildung zu beginnen, hat. Dabei wurde auch hier deutlich, dass u.a. der häufiger vorhandene Hauptschulabschluss, die durchschnittlich schlechteren Schulnoten und die Tatsache, dass seltener beide Eltern einen Berufsabschluss haben, die Erfolgschancen negativ beeinflussen (Granato et al. 2011, S. 15). Doch selbst bei gleichen schulischen und sozialen Voraussetzungen sowie gleicher Ausbildungsmarktlage vor Ort haben junge Menschen mit Migrationshintergrund schlechtere Chancen, in eine vollqualifizierende betriebliche oder berufsfachschulische Ausbildung einzumünden als diejenigen ohne Migrationshintergrund (Granato et al. 2011). Die besonders prekäre Situation der jungen Migrantinnen und Migranten im Übergang Schule – Beruf im Vergleich zu den Jugendlichen ohne Migrationshintergrund konnte damit belegt werden.

Dass aber nicht nur der Migrationshintergrund, sondern darüber hinaus auch die jeweilige ethnische Herkunft die Chancen auf eine Ausbildung beeinflusst, zeigen weitere Analysen.

3   Ethnische Herkunft entscheidet mit

Die BA/BIBB-Bewerberbefragung hat nicht nur den Status des Migrationshintergrundes erfasst, sondern differenziert auch nach Herkunftsgruppen. Von den Ausbildungsstellenbewerber/-innen 2009/2010, die sich bei der Bundesagentur für Arbeit gemeldet hatten, haben 26% (bzw. 144.531) einen Migrationshintergrund. Von diesen Jugendlichen stammen über ein Drittel (36%) aus Osteuropa und den GUS-Staaten. Die zweitgrößte Gruppe mit 35% sind junge Menschen aus türkisch- und arabischstämmigen Familien, gefolgt von 18% aus südeuropäischen Staaten (Beicht 2011, S. 7).

Wie sehr Zugehörigkeit zu einer Herkunftsgruppe beim Zugang in Ausbildung eine wesentliche Rolle spielt, wird bei der Betrachtung der Relevanz der Schulabschlüsse deutlich. Höhere Schulabschlüsse haben nicht bei allen Jugend-

lichen den gleichen positiven Effekt auf die Einmündung in Ausbildung. Vor allem Jugendliche aus den ehemals südeuropäischen Anwerbestaaten konnten ihre
Chancen auf einen Ausbildungsplatz mit einem verbesserten Schulabschluss steigern. Bewerberinnen und Bewerber dieser Herkunftsgruppe mit maximal einem
Hauptschulabschluss begannen zu 22% eine betriebliche Ausbildung, jene mit
einer Studienberechtigung zu 59% (Abbildung 1). Dies ist eine Steigerung um 36
Prozentpunkte. Auch Jugendliche ohne Migrationshintergrund und Jugendliche
aus den osteuropäischen bzw. GUS-Staaten konnten ihre Chancen auf einen Ausbildungsplatz durch eine (Fach-)Hochschulreife erhöhen (Steigerung von 26 bzw.
20 Prozentpunkten). Lediglich für die Jugendlichen türkisch-arabischer Herkunft
hatte der Schulabschluss eine nur geringe positive Auswirkung. Diejenigen mit
maximal einem Hauptschulabschluss begannen zu 22% eine betriebliche Ausbildung, mit einer Studienberechtigung zu 28%. Dies ist ein Anstieg von lediglich
sechs Prozentanteilen und liegt damit weit unter den anderen Herkunftsgruppen.

Einmündung in betriebliche Ausbildung in BBiG/HwO-Berufen
Migrationshintergrund und Schulabschlussniveau
(Anteile je Personengruppe in Prozent)*

Einmündung in Ausbildung	ohne Migra- tions- hinter- grund	mit Migra- tions- hinter- grund	davon: mit Herkunft aus:				Ins- gesamt
			osteuro- päischen Staaten, GUS- Staaten	südeuro- päischen Staaten	Türkei, arabi- schen Staaten	anderen Staaten	
betriebliche Ausbildung							
bei maximal Hauptschulabschluss	27,8	23,7	29,1	22,4	19,7	21,9	26,5
bei mittlerem Schulabschluss	47,7	29,3	34,5	40,0	19,8	29,5	43,5
bei (Fach-)Hochschulreife	53,5	44,9	48,7	59,2	26,4	45,0	51,7
Insgesamt	41,8	28,0	33,6	32,8	20,1	27,5	38,1

* Als „Einmündung" gilt hier, wenn im Berichtsjahr 2009/2010 einschließlich der Nachvermittlungsphase
(d. h. von Oktober 2009 bis Ende 2010/Anfang 2011) eine Ausbildung aufgenommen wurde, die bis zum Befragungszeitpunkt andauerte. Zwischenzeitlich bereits wieder beendete Ausbildungsverhältnisse konnten hierbei
nicht berücksichtigt werden, da diese Information in der BA/BIBB-Bewerberbefragung nicht erhoben wurde.

Basis: Bewerber/-innen des Vermittlungsjahres 2009/2010 (ungewichtete Fallzahl: n = 4.566).

Quelle: BA/BIBB-Bewerberbefragung 2010

Abbildung 1:   Einmündung in betriebliche Ausbildung in BBiG/HwO-Berufen
nach Migrationshintergrund und Schulabschlussniveau (Prozent)

Zu einem vergleichbaren Ergebnis bezüglich der Ausbildungschancen der verschiedenen Migrationsgruppen nach ethnischer Herkunft kommt auch eine Analyse von Hamburger Daten. Bei Kontrolle von kognitiven Leistungen und dem Bildungshintergrund der Eltern zeigen sich vor allem für Jugendliche aus dem afghanischen und arabischen Sprachraum und für türkischstämmige Jugendliche beträchtliche Nachteile bei der Integration in den Ausbildungsmarkt. Jugendliche aus den ehemaligen GUS-Staaten hatten gegenüber Jugendlichen ohne Migrationshintergrund unter der Kontrolle der o.g. Einflussfaktoren keine Nachteile (Seeber 2011, S. 73).

4   Such- und Bewerbungsaktivitäten nach Herkunftsgruppen

Die Such- und Bewerbungsaktivitäten der jungen Migrantinnen und Migranten aus den verschiedenen Herkunftsländern unterscheiden sich in vielen Aspekten nicht grundlegend von einander und liefern keine plausible Erklärung für die oben beschriebenen Differenzen der Chancen auf eine Ausbildung. Der Anteil der Jugendlichen, die sich aus eigener Initiative beworben haben, die dies gleichzeitig für mehrere Berufe taten und bereits Praktika absolviert haben, unterscheidet sich zwischen den Herkunftsgruppen nicht wesentlich. (Beicht 2011, S. 9) (Abbildung 2). Eine Sonderauswertung der Daten der BA/BIBB-Bewerberbefragung 2010 hat ergeben, dass Jugendliche mit Migrationshintergrund andere Berufspräferenzen haben als jene ohne Migrationshintergrund.[5] Die größeren Schwierigkeiten, einen betrieblichen Ausbildungsplatz zu finden, sind jedoch nicht darauf zurückzuführen (Beicht 2012, S. 48).

Bei einigen Bewerbungsaktivitäten gibt es aber doch Unterschiede und bei näherer Betrachtung der verschiedenen Herkunftsgruppen existieren die größten Unterschiede bei Jugendlichen, deren Familie aus der Türkei oder aus arabischen Staaten kommt. Diese haben sich zwar insgesamt bislang am seltensten schriftlich beworben, wenn dies jedoch der Fall ist, fragen diese Jugendlichen im Durchschnitt bei einer noch größeren Zahl von Betrieben an als Jugendliche aus den anderen Herkunftsländern bzw. denen ohne Migrationshintergrund. Zudem schreiben sie überdurchschnittlich viele Bewerbungen, bewerben sich für mehr Berufe und geben häufiger eigene Stellengesuche auf. Trotz all ihrer Aktivitäten wurden Jugendliche dieser Herkunftsgruppe aber am seltensten zu einem Vorstellungsgespräch eingeladen.

---

5   Junge Migrantinnen und Migranten ziehen ein ebenso breites Berufsspektrum in Betracht und sind nicht nur auf wenige Berufe fixiert. Sie favorisieren im Vergleich zu Jugendlichen ohne Migrationshintergrund etwas stärker Dienstleistungsberufe und haben geringeres Interesse an Fertigungsberufen (Beicht 2012, S. 48).

Unterschiede innerhalb der Gruppe der Jugendlichen mit Migrationshintergrund zeigen sich auch beim Aspekt der erhaltenen Unterstützung (Abbildung 2).
Junge Menschen aus südeuropäischen Staaten erhalten am häufigsten eine Unterstützung durch Berufseinstiegsbegleiter oder Lotsen (10%), jene aus der Türkei
oder arabischen Staaten am seltensten (6%). Türkisch- und arabischstämmige Jugendliche besprechen auch am seltensten Fragen mit ihren Eltern. Ihre Verwand-
ten, Bekannten und Freunde fragen sie hingegen aber am häufigsten um Hilfe, am
seltensten geschieht dies bei Jugendlichen aus osteuropäischen Staaten bzw. den
GUS-Staaten.

Aktivitäten und Unterstützung der Bewerber/-innen im Such- und Bewerbungsprozess nach Migrationshintergrund

Such- und Bewerbungsaktivitäten sowie Unterstützung der Bewerber/-innen	ohne Migrationshintergrund	mit Migrationshintergrund	davon: mit Herkunft aus:				Insgesamt
			osteuropäischen Staaten, GUS-Staaten	südeuropäischen Staaten	Türkei, arabischen Staaten	anderen Staaten	
Such-/Bewerbungsaktivitäten bei Betrieben							
bei Betrieben nach Ausbildungsangeboten nachgefragt (Anteil in %)	41,9	40,0	38,9	39,8	40,2	42,9	41,4
wenn zutreffend: durchschnittliche Anzahl der Anfragen bei Betrieben	31,2	35,3	32,0	34,7	39,2	33,9	32,2
schriftliche Bewerbungen verschickt (Anteil in %)	83,0	75,4	76,8	77,2	73,3	74,5	81,0
wenn zutreffend: durchschnittliche Anzahl der Bewerbungen	36,6	44,9	41,4	42,6	52,9	35,3	38,6
für mehrere Berufe beworben (Anteil in %)	57,0	52,6	55,4	54,7	49,3	51,1	55,9
wenn zutreffend: durchschnittliche Anzahl der Berufe	5,8	8,1	7,5	6,7	9,3	9,1	6,4
auch überregional beworben (mehr als 100 km vom Wohnort entfernt) (Anteil in %)	16,3	14,5	14,7	14,8	13,2	17,7	15,9
eigenes Stellengesuch aufgegeben (Anteil in %)	8,1	11,0	11,8	10,0	11,3	8,5	8,8
an Vorstellungsgesprächen teilgenommen (Anteil in %)	60,7	49,6	53,0	53,0	46,4	43,5	57,8
wenn zutreffend: durchschnittliche Anzahl der Vorstellungsgespräche	5,8	5,5	5,4	5,6	5,5	5,8	5,7
Praktika absolviert (Anteil in %)	54,2	53,7	53,4	55,3	53,1	54,2	54,1
wenn zutreffend: durchschnittliche Anzahl der Praktika	3,8	3,8	3,6	3,8	4,2	3,3	3,8
Andere Suchaktivitäten							
im Internet Jobbörse der Arbeitsagentur genutzt (Anteil in %)	68,6	68,4	71,4	62,3	69,4	65,3	68,6
im Internet andere Jobbörsen genutzt (Anteil in %)	37,8	43,0	47,5	40,3	40,1	42,5	39,2
bei Kammern, Verbänden u. ä. erkundigt (Anteil in %)	19,9	18,6	16,7	19,0	19,8	19,9	19,6
Unterstützung							
alle wichtigen Fragen mit den Eltern besprochen (Anteil in %)	52,1	29,2	26,5	37,4	25,9	35,0	46,0
Verwandte, Bekannte, Freunde um Hilfe gebeten (Anteil in %)	45,2	45,3	39,3	49,8	50,5	40,8	45,2
versucht, Beziehungen zu nutzen (Anteil in %)	28,9	25,0	23,1	31,4	23,6	25,6	27,8
Unterstützung durch einen Berufseinstiegsbegleiter, Lotsen (Anteil in %)	7,5	8,1	8,8	10,1	5,7	10,0	7,6
Vorgelagerte Aktivitäten							
bereits einmal für ein früheres Ausbildungsjahr beworben (Altbewerber/-in) (Anteil in %)	36,4	42,1	45,7	39,1	41,4	37,9	37,9
Berufsvorbereitungs-, Berufseinstiegs-, Berufsorientierungsjahr absolviert (Anteil in %)	10,1	15,3	15,6	12,1	16,7	15,3	11,5
betriebliche Einstiegsqualifizierung absolviert (Anteil in %)	4,8	7,0	6,6	5,4	7,9	8,4	5,4

Basis: Bewerber/-innen des Vermittlungsjahres 2009/2010 (ungewichtete Fallzahl: n = 4.566).

Quelle: BA/BIBB-Bewerberbefragung 2010

Abbildung 2: Aktivitäten und Unterstützung der Bewerber/-innen im Such- und Bewerbungsprozess nach Migrationshintergrund (Prozent)

Die dargestellten Auswertungen verdeutlichen beispielhaft bestehende Unterschiede innerhalb der Gruppe der Jugendlichen mit Migrationshintergrund bzgl. der ethnischen Herkunft. Dies zeigt, dass zur Analyse von Ursachen der geringeren Einbindung Jugendlicher in das Ausbildungssystem soweit wie möglich Unterscheidungen vorgenommen werden sollten, um differenziert die Chancen und Einflussfaktoren bei Jugendlichen mit Migrationshintergrund im Übergang Schule – Beruf bewerten – und entsprechende spezifische Maßnahmen konzipieren – zu können.

5   Selektion von beiden Seiten

Die Vermutung liegt nahe, dass bei den ausbildenden Betrieben die Vorbehalte insbesondere gegenüber Jugendlichen aus solchen Ländern besonders hoch sind, deren kultureller bzw. religiöser Hintergrund sich wesentlich von denen der Mehrheitsgesellschaft in Deutschland unterscheidet. Eine Schweizer Studie konnte aufzeigen, dass gruppenspezifische Zuschreibungen von Jugendlichen mit Migrationshintergrund Einfluss auf die Entscheidungen von Personalverantwortlichen haben (Imdorf 2010, S. 259ff). Bei einer Befragung von Betrieben in Süddeutschland gaben 20% an, dass sie Ausbildungsplätze bevorzugt an deutschstämmige Jugendliche vergeben. Die Betriebe begründen dies mit den Erwartungen von Kunden bzw. des wirtschaftlichen Umfelds (besonders im Bereich Gastronomie und Beherbergung) und mit der Rücksichtnahme auf das Betriebsklima (hier besonders Handwerk) (Scherr und Gründer 2011, S. 25f). Diese diskriminierenden Einstellungen zeigten vor allem Betriebe ohne Erfahrungen mit der Ausbildung von Jugendlichen mit Migrationshintergrund. Insbesondere gab es dabei Vorbehalte gegenüber muslimischen Jugendlichen. 19% der befragten Betriebe, die noch nie Jugendliche mit Migrationshintergrund ausgebildet hatten, würden keine muslimischen Jugendlichen einstellen. Betriebe mit entsprechenden Erfahrungen in der Ausbildung bestätigten diese Aussage noch zu 8% (Scherr und Gründer 2011, S. 30).

Neben der Selektion der Betriebe im Auswahlverfahren spielt auch die Selbstselektion bzw. Selbstexklusion der Jugendlichen eine Rolle. Jugendliche mit Migrationshintergrund wissen häufig um ihre Schwierigkeiten beim Übergang in Ausbildung. Dies ist z.B. die Ursache für das verstärkte Bemühen von Migrantinnen und Migranten, den Realschulabschluss zu erwerben, um ihre geringeren Chancen, verglichen mit ihren Mitschülern ohne Migrationshintergrund, auf einen Ausbildungsplatz zu erhöhen (Schmidt 2011, S. 85). Zu einer Selbstexklusion kommt es laut Skrobanek nach einem längeren Sozialisationsprozess, wenn Jugendliche mehrere Misserfolge erlebt haben und diese den eigenen nicht erbrachten Leistungen zuschreiben. Sie passen ihre Wünsche und Ziele den wahrgenommenen Chancen bzw. gedachten Realisierungsmöglichkeiten an (Skrobanek 2009, S. 16f).

6 Potenziale und Kompetenzen erkennen und fördern

Die Vorbehalte von Betrieben gegenüber Jugendlichen mit Migrationshintergrund bzw. insbesondere gegenüber Jugendlichen aus bestimmten Herkunftsgruppen verdecken den Blick auf vorhandene Potenziale zukünftiger Auszubildender. Dieses kann sich die Wirtschaft, in Anbetracht der Tatsache, dass sich die Zahl der Schulabgänger in den nächsten zwanzig Jahren erheblich reduziert und der betriebliche Fachkräftebedarf immer schwerer rekrutieren lässt, kaum leisten.[6]

Zunehmend wichtiger wird es, nicht auf die Defizite der jungen Menschen mit Migrationshintergrund zu schauen, sondern auf ihre Stärken und Kompetenzen. Seit geraumer Zeit stehen vor allem die Aspekte Mehrsprachigkeit und interkulturelle Kompetenzen im Mittelpunkt von Politik und Forschung (Settelmeyer 2011, S. 143). Der Sonderauswertung einer repräsentativen Untersuchung von Erwerbstätigen zufolge benötigt ein Teil der ausländischen Erwerbstätigen die Muttersprache in beruflichen Zusammenhängen. Dies taten Russischsprachige zu 21%, Polnischsprachige zu 17%, Türkischsprachige zu 13% und Italienischsprachige zu 11% (Hall 2007, S. 48, Settelmeyer 2011, S. 150f). Es wird davon ausgegangen, dass Menschen mit Migrationshintergrund sich auf eine selbstverständlichere Weise mit kultureller Differenz auseinander setzen. Die daraus entstandenen Potenziale werden beiläufig und unhinterfragt erworben und sollten für ein berufliches Handeln reflektiert, differenziert und erweitert werden (Mecheril 2002 in Settelmeyer 2011). Jugendliche mit Migrationshintergrund sollten sich ihrer Potenziale und Kompetenzen bewusst werden und diese selbstsicher bei ihren Bemühungen auf der Suche nach einem Ausbildungsplatz einsetzen. Sie müssen hierbei allerdings unbedingt von außen gestärkt und gefördert werden.

In den letzten Jahren setzen sich private Unternehmen und öffentliche Einrichtungen mit der Vielfalt in ihrer Belegschaft auseinander und erkennen darin einen Mehrwert (Erbe und Benneker 2012, S. 38). Initiativen, die gezielt Jugendliche mit Migrationshintergrund ansprechen, sie für eine Ausbildung gewinnen möchten und ihnen aufzeigen, dass sie gebraucht werden, nehmen zu. Vor allem

---

6 Aus dem Geburtsjahrgang 2009 lassen sich laut Prognose 2025 ungefähr 365.000 Ausbildungsanfänger gewinnen – die Zahl des betrieblichen Fachkräftenachwuchses liegt aber bei rund 570.000, Statistisches Bundesamt 2011; Berechnungen des BIBB (Ulrich 2012, S. 5).

öffentliche Institutionen sind hier im besonderen Maße aktiv. Zu nennen sind als Beispiel die Kampagne „Berlin braucht dich", die Hamburger Initiative unter dem Titel „Wir sind Hamburg, bist du dabei?" oder auch die Aktion der Bundesbehörden „Wir sind bund", die (auf einer gesonderten Internetseite) Jugendliche mit Migrationshintergrund und deren Eltern mehrsprachig über die Ausbildungsmöglichkeiten in ihren Institutionen informieren.

7   „Zeig' die Stärken, die du hast"

Das Motto „Zeig' die Stärken, die du hast" hat sich das KAUSA[7] Jugendforum in einer vom BMBF geförderten Initiative seit 2012 auf die Fahnen geschrieben.[8] Mit dem Empowerment-Ansatz werden Jugendliche mit Migrationshintergrund im Rahmen von Workshops für einen erfolgreichen Übergang in die Arbeitswelt gestärkt.

Der in den USA geprägte Begriff des Empowerments lässt sich mit Selbstbefähigung, Selbstermächtigung bzw. Selbstbemächtigung übersetzen. Ziel dieses Handlungskonzepts ist es, „[…] die Menschen zur Entdeckung ihrer eigenen (vielfach verschütteten) Stärken zu ermutigen, ihre Fähigkeiten zu Selbstbestimmung und Selbstveränderung zu stärken und sie bei der Suche nach Lebensräumen und Lebenszukünften zu unterstützen, die einen Zugewinn von Autonomie, sozialer Teilhabe und eigenbestimmter Lebensregie versprechen." (Herriger 2002, S. 7).

In den Städten Berlin, Mannheim, Köln und Hamburg wurde 2012 mit einer Gruppe von durchschnittlich 20 bis 25 Jugendlichen mit Migrationshintergrund in jeweils zwei Workshops mit Coaches gearbeitet. In diesen Workshops setzten sich die Jugendlichen mit ihrer familiären Migrationsgeschichte, mit ihren Stärken und Schwächen und mit ihren beruflichen Zielen auseinander. In Gesprächen mit Unternehmern, Personalverantwortlichen und Auszubildenden und im Rahmen von Betriebsbesichtigungen, die während der Workshops durchgeführt wurden, konnten sie ihr Bild von einer möglichen zukünftigen Berufswelt konkretisieren. Zudem erhielten sie von Personalverantwortlichen die Rückmeldung, dass sie gebraucht werden. Darüber hinaus hatten die Jugendlichen in und nach den Workshops die Aufgabe, eine regionale Ausbildungskonferenz in ihrer

---

7   KAUSA, die Koordinierungsstelle Ausbildung bei Selbstständigen mit Migrationshintergrund, fördert durch Projekte und Aktionen die Ausbildungsbeteiligung von Unternehmer/-innen und Jugendlichen mit Migrationshintergrund. KAUSA ist seit 2006 ein Teil des Ausbildungsstrukturprogramms „JOBSTARTER" und wird vom Bundesministerium für Bildung und Forschung und dem Europäischen Sozialfonds der Europäischen Union gefördert (www.jobstarter.de/kausa).

8   Weitere Informationen über das KAUSA Jugendforum sind unter www.kausa-jugendforum.de zu finden.

Stadt mit vorzubereiten, in der ihre Stärken im Mittelpunkt standen. Auf diesen Ausbildungskonferenzen nahmen pro Standort durchschnittlich ca. 200 Jugendliche, überwiegend mit Migrationshintergrund, teil. An runden Tischen konnten die Jugendlichen auf den Konferenzen Vertreterinnen und Vertretern möglicher Ausbildungsbetriebe unterschiedlichster Art – von der Polizei bis zur Hotelkette IBIS – von ihren Erfahrungen im Übergang Schule – Beruf berichten. Sie hatten dabei auch die Chance, in persönlichen Kontakten Betriebe für Praktika oder sogar Ausbildungsplätze zu gewinnen.

Das Konzept des KAUSA Jugendforums sah nicht nur vor, die Jugendlichen zu „pushen", sondern auch den Unternehmerinnen und Unternehmern in der Region die Möglichkeit zu geben, mit den Jugendlichen ins Gespräch zu kommen und sie näher kennen zu lernen. Mögliche Vorbehalte gegenüber Jugendlichen mit Migrationshintergrund sollten dabei abgebaut werden, indem sie sich persönlich von den Fähigkeiten der Jugendlichen überzeugen.

Die Entwicklung der Jugendlichen, die am KAUSA Jugendforum teilgenommen haben, und auch die Rückmeldungen der beteiligten Unternehmer und Lehrkräfte bestätigen, dass die Herangehensweise des KAUSA Jugendforums auch für zukünftige Handlungsbedarfe die richtigen Akzente setzt. Insbesondere die Jugendlichen, die an den Workshops teilgenommen haben, haben eine sichtbare positive Entwicklung vollzogen. Dass das Thema der Ausbildungskonferenzen wichtig ist, bestätigt eine Befragung der teilnehmenden Jugendlichen.

8   Erfahrungen mit dem KAUSA Jugendforum

Die Jugendlichen, die an den vier Konferenzen teilgenommen haben, wurden nach ihren Erfahrungen damit befragt. Von rund 800 teilnehmenden Jugendlichen haben 320 den Fragebogen ausgefüllt. Die Antworten hinsichtlich des persönlichen Nutzens der Teilnahme am KAUSA Jugendforum ergaben, dass zwei Drittel der Jugendlichen alle angesprochenen Aspekte (Kontakte zu Unternehmen: 65 %, Bewusstsein der Vorteile eines Migrationshintergrunds: 66%, Bewusstsein der eigenen Kompetenzen: 60%) positiv bewerten (Abbildung 3). Die höchste Zustimmung fand der Slogan „Zeig die Stärken, die du hast!" (84%) – ein Hinweis darauf, dass der Empowerment-Ansatz bei den Jugendlichen auf hohe Akzeptanz gestoßen ist. Auch die Bedeutung des KAUSA Jugendforums für eine Berufswahlentscheidung wurde von den Jugendlichen als hoch eingeschätzt (73,4%).

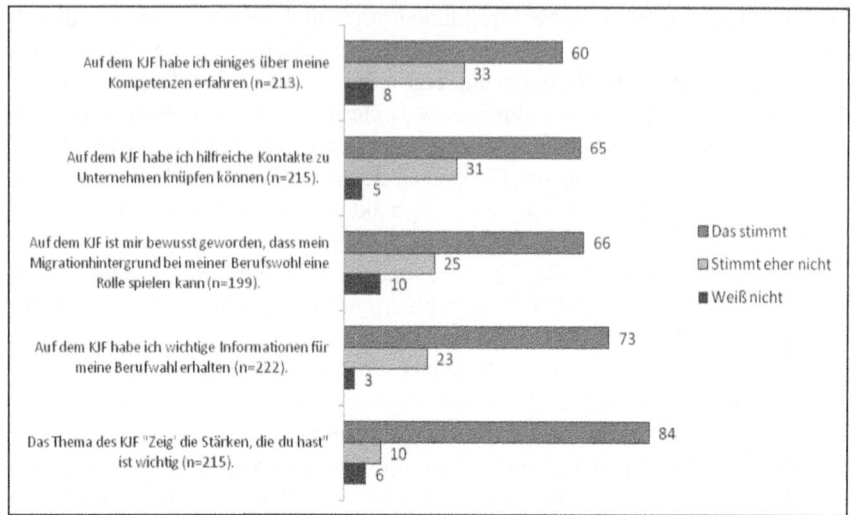

Quelle: Befragung der Jugendlichen bei den Konferenzen des KAUSA Jugendforums, 2012.

Abbildung 3:   Erfahrungen der Jugendlichen mit dem KAUSA Jugendforum
                     (KJF), (Mehrfachnennungen möglich, Angaben in Prozent)

So hat eine Teilnehmerin aus Hamburg erklärt, dass sie aufgrund des KAUSA
Jugendforums 2012 Unternehmensvertretern viel selbstbewusster entgegentreten
kann. Sie habe ihren Migrationshintergrund zum ersten Mal als etwas Wertvolles
betrachtet. Auf der Ausbildungskonferenz hat sie eine Firma kennengelernt. Ihr
Interesse wurde geweckt, und es fand ein intensives Gespräch mit dem Personal-
referenten statt, in dem sie ermutigt wurde, sich bei ihm zu bewerben (JOBSTAR-
TER 2012, S. 34).

Ein Workshop-Teilnehmer aus Berlin meinte:

„Ich bin jetzt überzeugt, dass wir mit unseren Stärken gebraucht werden."

Auch die Leiterin eines Berufsorientierungsprojekts an einer Schule war von
der Ausbildungskonferenz begeistert.

*„Endlich einmal standen die Jugendlichen im Vordergrund und konnten ihre Kraft und ihre Po-
tenziale zeigen. Während der Veranstaltung erhielt ich immer wieder positive Rückmeldungen
von den Schülerinnen und Schülern. Sie sind innerlich richtig gewachsen, weil es um sie und
um ihre Meinung ging. Es war einfach super, dass sie zu Wort kamen und über ihre Erfahrungen
berichten konnten."*

Viele Unternehmerinnen und Unternehmer, die an den Konferenzen teilgenommen haben, waren überrascht von der Motivation und dem Engagement der
anwesenden Jugendlichen. Ein Ausbildungsleiter drückte seine Überzeugung bezüglich der Jugendlichen mit Migrationshintergrund folgendermaßen aus:

> *„Die Produkte und Dienstleistungen unserer Firma müssen den weltweiten Kundenwünschen*
> *entsprechen. Gerade Jugendliche mit Migrationshintergrund bringen hier zusätzliche Kompe-*
> *tenzen ein, weil sie mehrere Sprachen sprechen und sich im Umgang mit verschiedenen Kul-*
> *turen auskennen. Davon profitieren wir in der Forschung und der Fertigung unserer Produkte*
> *sowie im weltweiten Vertrieb und Service."*

An allen vier Standorten wurden die Jugendlichen zu Beginn der Workshops
von den Coaches gefragt, ob sie der Meinung seien, dass sie aufgrund ihres Migrationshintergrundes besondere Kompetenzen für den Beruf mitbringen. Alle
Jugendlichen reagierten mit Irritation und erstaunten Blicken. Mehrheitlich wurde die Frage mit Nein beantwortet. In den Fragebögen hingegen, die die Jugendlichen nach Abschluss der Ausbildungskonferenzen des KAUSA Jugendforums
ausgefüllt haben, stimmten 90% der Aussage zu, dass sie durch ihre Herkunft
bestimmte Kenntnisse und Fähigkeiten mitbringen. Durch die Beschäftigung mit
dem Thema ist also das Bewusstsein für die eigenen Stärken gewachsen. Nach
Einschätzung der Jugendlichen liegen ihre besonderen Kompetenzen vor allem in
der Mehrsprachigkeit (58% stimmten dieser Aussage zu) und in Kenntnissen über
die Kultur des Herkunftslandes und deren Gewohnheiten (51% stimmten dieser
Aussage zu) (Abbildung 4).

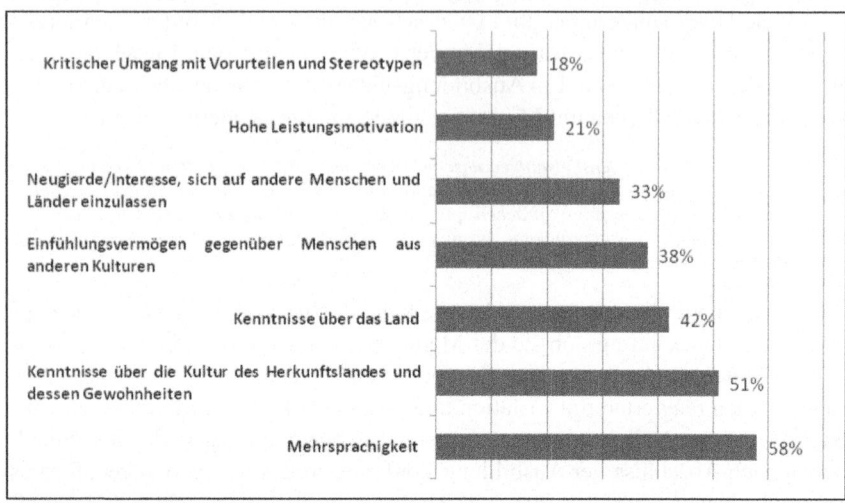

Quelle: Befragung der Jugendlichen bei den Konferenzen des KAUSA Jugendforums, 2012.

Abbildung 4:   Zustimmung der Jugendlichen im Hinblick auf die verschiedenen Kenntnisse und Fähigkeiten aufgrund ihrer Herkunft (n=214, eigene Darstellung)

Damit die Chance auf eine erfolgreiche Integration in die betriebliche Ausbildung nicht länger davon beeinflusst wird, aus welchem Land die Eltern oder die Jugendlichen selbst kommen, ist ein Bündel von Maßnahmen notwendig, welches an verschiedenen Punkten ansetzt (vgl. Granato in diesem Band). Eine Möglichkeit besteht in einem kompetenz- und stärkenorientieren Ansatz, den das KAUSA Jugendforum verfolgt und der offensiv und bewusst den „Migrationshintergrund" der Jugendlichen – gemeinsam mit den Jugendlichen und den Betrieben – thematisiert. Ziel ist es, dass die Jugendlichen an sich glauben und selbstbewusst ihre beruflichen Vorstellungen verfolgen, und dass die Vorbehalte von Personalverantwortlichen durch den Austausch mit Jugendlichen mit Migrationshintergrund zurückgehen und noch stärker die vorhandenen Potenziale bei der Rekrutierung von Auszubildenden zur Deckung des eigenen Fachkräftebedarfs erkannt werden.

Literatur

Beicht, Ursula. 2011. Junge Menschen mit Migrationshintergrund: Trotz intensiver Ausbildungsstellensuche geringere Erfolgsaussichten. BIBB-Analyse der Einmündungschancen von Bewerberinnen und Bewerbern differenziert nach Herkunftsregionen. *BIBB-Report 16/2011*. Bielefeld: Bertelsmann. http://www.bibb.de/veroeffentlichungen/de/publication/show/id/6965

Beicht, Ursula. 2012. Berufswünsche und Erfolgschancen von Ausbildungsstellenbewerberinnen und -bewerbern mit Migrationshintergrund. *Berufsbildung in Wissenschaft und Praxis* 41 (6): 44–48.

Beicht, Ursula, und Mona Granato. 2011. Prekäre Übergänge vermeiden – Potenziale nutzen. Junge Frauen und Männer mit Migrationshintergrund an der Schwelle von der Schule zur Ausbildung. *WISO Diskurs*. Bonn: Friedrich-Ebert-Stiftung. http://library.fes.de/pdf-files/wiso/08224.pdf. Zugegriffen: 24.02.2013.

Benneker, Gerburg, und Robert Westermann 2013: "Zeig' die Stärken, die du hast!" Ergebnisse der Teilnehmerbefragung des KAUSA Jugendforums 2012. Programmstelle beim Bundesinstitut für Berufsbildung für das Programm JOBSTARTER des Bundesministeriums für Bildung und Forschung. Bonn. http://www.jobstarter.de/_media/2013-07-02_ergebnisse_der_teilnehmerbefragung_final(1).pdf

Bundesministerium für Bildung und Forschung (BMBF). 2013. Berufsbildungsbericht 2013. Bonn/ Berlin: Bundesministerium für Bildung und Forschung.

Erbe, Jessica, und Gerburg Benneker. 2012. Betriebliche Vielfalt fördern und sichtbar machen – das Beispiel einer Mitarbeiterbefragung zum Migrationshintergrund. *Berufsbildung in Wissenschaft und Praxis* 41 (5): 38–39.

Friedrich, Michael. 2011. Berufliche Wünsche und beruflicher Verbleib von Schulabgängern und Schulabgängerinnen. In Bundesinstitut für Berufsbildung (Hrsg.): Datenreport zum Berufsbildungsbericht. Bonn: Bundesinstitut für Berufsbildung. http://datenreport.bibb.de/

Granato, Mona, Verena Eberhard, Michael Friedrich, Christine Schwerin, Joachim Gerd Ulrich, und Ursula Weiß. 2011. Ausbildungschancen von Jugendlichen mit Migrationshintergrund. Abschlussbericht zum Forschungsprojekt 2.4.202. Bonn: Bundesinstitut für Berufsbildung. https://www2.bibb.de/tools/fodb/pdf/eb_24202.pdf

Hall, Anja. 2007. Fremdsprachenkenntnisse im Beruf – Anforderungen an Erwerbstätige. *Berufsbildung in Wissenschaft und Praxis* 36 (3): 48–49.

Herriger, Norbert. 2002. Empowerment in der Sozialen Arbeit. Eine Einführung. 2. überarbeitete Auflage. Stuttgart: Kohlhammer.

Imdorf, Christian. 2010. Wie Ausbildungsbetriebe soziale Ungleichheit reproduzieren: Der Ausschluss von Migrantenjugendlichen bei der Lehrlingsselektion. In Krüger Heinz-Hermann, Ursula Rabe-Kleberg, Rolf-Torsten Kramer; und Jürgen Budde: Bildungsungleichheit revisited, S. 259–274. Wiesbaden: VS Verlag für Sozialwissenschaften.

JOBSTARTER beim Bundesinstitut für Berufsbildung (Hrsg.). 2012. Buch der Ideen. Bonn: Bundesinstitut für Berufsbildung. http://www.kausa-jugendforum.de/start/

Mecheril, Paul. 2002. „Kompetenzlosigkeitskompetenz". Pädagogisches Handeln unter Einwanderungsbedingungen. In Auernheimer, Georg (Hrsg.): Interkulturelle Kompetenz und pädagogische Professionalität, S. 15–34. Opladen: Leske + Budrich.

Scherr, Albert, und René Gründer. 2011. Toleriert und benachteiligt. Jugendliche mit Migrationhintergrund auf dem Ausbildungsmarkt im Landkreis Breisgau-Hochschwarzwald. Ergebnisse einer Umfrage unter Ausbildungsbetrieben 2011. Freiburg: Pädagogische Hochschule Freiburg. http://www.xenos-jhw.de/wp-content/uploads/Scherr_Gründer_2011_Toleriert_und_-benachteiligt_final.pdf

Schmidt, Christian. 2011. Migrant/-innen im Übergangssystem: Bildungsaspirationen am Beispiel des Berufsgrundbildungsjahres Hessen. In Granato, Mona, Dieter Münk, und Reinhold Weiß (Hrsg.): Migration als Chance. Ein Beitrag der beruflichen Bildung, S. 79–87. Bielefeld: Bertelsmann.

Seeber, Susanne. 2011. Einmündungschancen von Jugendlichen in eine berufliche Ausbildung: Zum Einfluss von Zertifikat, Kompetenzen und sozioökonomischem Hintergrund. In Granato, Mona, Dieter Münk, und Reinhold Weiß: Migration als Chance. Ein Beitrag der beruflichen Bildung, S. 55–78. Bielefeld: Bertelsmann.

Settelmeyer, Anke. 2011. Haben Personen mit Migrationshintergrund interkulturelle Kompetenzen. In: Granato, Mona, Dieter Münk, und Reinhold Weiß: Migration als Chance. Ein Beitrag der beruflichen Bildung, S. 143–160. Bielefeld: Bertelsmann.

Settelmeyer, Anke, und Jessica Erbe. 2010. Migrationshintergrund. Zur Operationalisierung des Begriffs in der Berufsbildungsforschung. Wissenschaftliche Diskussionspapiere Heft 112. Bonn: Bundesinstitut für Berufsbildung.

Skrobanek, Jan. 2009. Migrationsspezifische Disparitäten im Übergang von der Schule in den Beruf. Ergebnisse aus dem DJI-Übergangspanel. Deutsches Jugendinstitut. Wissenschaftliche Texte, Heft 1. München: Deutsches Jugendinstitut.

Stürzer, Monika, Vicki Täubig, Mirjam Uchronski, und Kirsten Bruhns (Hrsg.). 2012. Schulische und außerschulische Bildungssituation von Jugendlichen mit Migrationshintergrund. Jugend-Migrationsreport. Ein Daten- und Forschungsüberblick. Wissenschaftliche Texte. München: Deutsches Jugendinstitut.

Ulrich, Joachim Gerd. 2012. Kein Entrinnen aus dem Nachwuchsmangel, wenn es überall an Nachwuchs mangelt? Wege zur erfolgreichen Rekrutierung von Auszubildenden. In Cramer, Günter, Hermann Schmidt, und Wolfgang Wittwer (Hrsg.): Ausbilder-Handbuch (Aktualisierungslieferung Nr. 136, Kapitel 3.1.7), S. 1–19. Köln: Deutscher Wirtschaftsdienst.

Ethnische Zielgruppenansprache wider Willen? Zur Rolle herkunftsgruppenspezifischer Projekte zur Förderung der Zukunftschancen von Jugendlichen mit Migrationshintergrund

Yunus Ulusoy

1 Einleitung

Projektträger, informelle und formelle Gruppen sowie Organisationen, die Migrantinnen und Migranten in den Fokus ihrer Arbeit stellen, sehen sich häufig mit der Frage konfrontiert, ob die ethnische Zielgruppenansprache in der Projektarbeit gewollt und notwendig ist. Gegen eine ethnische Zielgruppenansprache[1] wird argumentiert, sie sei ein Instrument der Separierung, das auf den Integrationsprozess konterkarierend wirken und statt Integration Parallelstrukturen fördern könnte. Mit dieser Kritik müssen sich nicht nur Projektträger, sondern alle Akteure mit oder ohne Migrationshintergrund, die ethnische oder herkunftsspezifische Zielgruppen adressieren bzw. mit ihnen arbeiten, auseinandersetzen.

Bei der öffentlichen Debatte um das Für und Wider der ethnischen Zielgruppenansprache wird die Trägerschaft durch mehrheitsgesellschaftliche soziale Organisationen und eigenethnische Organisationen unterschiedlich bewertet. Die Frage der ethnischen Zielgruppenansprache und die Rolle herkunftsgruppenspezifischer Projekte wird in diesem Beitrag deshalb nicht nur im Hinblick auf mehrheitsgesellschaftliche Organisationen, sondern auch im Hinblick auf das Potenzial eigenethnischer Organisationen erörtert.

---

1 Mit ethnischer Zielgruppenansprache oder -orientierung sind in diesem Beitrag die Aktivitäten einer Organisation gemeint, die sich auf Menschen mit Migrationshintergrund beziehen. Davon zu unterscheiden ist die in der sozialen Arbeit gängige Zielgruppenansprache, die keine Bezüge zur ethnischen Herkunft aufweist (z.B. Frauen, Jugendliche, Ältere, Arbeitslose etc.). Wenn spezielle Herkunftsgruppen im Fokus der Zielgruppenansprache stehen, werden diese Aktivitäten als hier herkunftsspezifische Zielgruppenansprache bezeichnet.

Das Problem der unzureichenden Bildungs- und Ausbildungsbeteiligung von Jugendlichen mit Migrationshintergrund erfordert jedoch, alle Potenziale und Fördermöglichkeiten zu nutzen, weshalb auch alle Optionen in den Blick genommen werden sollten.

2 Zielgruppenorientierte Projektarbeit als Instrument der Existenzsicherung von sozialen Organisationen

Wie Unternehmen der Privatwirtschaft müssen auch soziale Organisationen[2] ihre Existenz in einem Wettbewerbsumfeld sicherstellen, das sowohl durch das Leistungsangebot von vergleichbaren sozialen Organisationen, als auch durch die Inanspruchnahme dieser Leistungen bestimmt wird. Der Erfolg einer sozialen Organisation – und damit auch ihr längerfristiges Bestehen - hängt davon ab, ob sie in der Lage ist, Bedürfnisse und Problemlagen von Menschen zu identifizieren und anzusprechen, um konkrete und auf diese Bedarfe ausgerichtete Lösungs- und Unterstützungsmöglichkeiten anzubieten. Insofern müssen sich soziale Organisationen auf dem Mark für soziale Leistungen behaupten, ihre Einrichtungen müssen frequentiert und ihre Angebote angenommen werden.

Eine Möglichkeit, sich am Markt zu behaupten, ist die Adressierung von spezifischen Zielgruppen, insbesondere über die Förderung von Projekten.[3] Soziale Organisationen sind aufgrund der veränderten wirtschaftlichen und gesellschaftlichen Rahmenbedingungen zunehmend auf die Akquise von Projektmitteln angewiesen, die häufig von öffentlichen Auftraggebern als Ergänzung zum Regelangebot zur Verfügung gestellt werden. Die Projektmittel können einen partiellen Deckungsbeitrag bis hin zur ausschließlichen Finanzierung des Budgets der sozialen Organisation liefern. Die Projektarbeit bietet im Idealfall die Mög-

---

2 Soziale Organisationen werden in diesem Beitrag als gemeinnützige, nicht auf Gewinnmaximierung ausgerichtete, aber Gewinnorientierung nicht ausschließende „Not-For-Profit-Organisationen" außerhalb des staatlichen und privatwirtschaftlichen Sektors verstanden (Stoll 2008, S. 22). Sie weisen eine zivilgesellschaftliche Verankerung und traditionell eine formale, institutionelle und auf Dauer ausgerichtete Organisationsstruktur auf (Vereine, Verbände). Zusätzlich bestehen aber auch bürgerschaftliche Engagementformen, die Netzwerk- und Initiativstrukturen aufweisen, und nicht auf Dauer ausgerichtet sein müssen.

3 Für den Begriff Projekt gibt es keine gängige und allgemeingültige Definition. Nach der DIN-Definition 69901 des Deutschen Instituts für Normung e.V. ist ein Projekt ein Vorhaben, das im Wesentlichen durch die Einmaligkeit der Bedingungen in ihrer Gesamtheit gekennzeichnet ist, wie z.B. Zielvorgabe, zeitliche, finanzielle, personelle und andere Begrenzungen, Abgrenzungen gegenüber anderen Vorhaben und projektspezifische Organisation (Bernecker und Eckrich 2003, S. 56). Die Projektarbeit ist somit befristet, sollte einen innovativen Ansatz aufweisen, sich durch eine gewisse Komplexität auszeichnen, ziel- und erfolgsorientiert geplant werden und sich vom Regelangebot unterscheiden.

lichkeit, Verfahren, Strategien und Instrumente zu entwickeln und zu erproben, um besondere Zielgruppen mit vergleichbaren Problemlagen oder Bedarfen anzusprechen, die durch die Regelangebote nicht hinreichend erreicht werden können. Hierin liegt idealtypisch eine Chance des Wettbewerbsvorteils sozialer Organisationen. Die Projektarbeit ermöglicht sozialen Organisationen neue und besondere Zielgruppen gezielt anzusprechen. Damit unterstützen Projekte auch die Flexibilität der sozialen Organisation, die eigene strategische Ausrichtung gegenüber neuen Zielgruppen zu verändern und anzupassen.

Neben der Finanzierung von Personal, Ideen/Maßnahmen und Infrastruktur sowie der Entwicklung innovativer Maßnahmen als Ergänzung zum Regelangebot können über Projekte die sozialpolitischen Zielsetzungen der Organisation besser kommuniziert werden. Projekte können insofern die Kommunikation zur Zielgruppe und damit die Identifikation der Zielgruppe mit der sozialen Organisation fördern, was wiederum die Akzeptanz und Inanspruchnahme begünstigt.

Migrantinnen und Migranten sind eine mögliche Zielgruppe für die innovative Projektarbeit, da sie durch das Regelangebot von mehrheitsgesellschaftlichen Organisationen häufig nur unzureichend erreicht werden. Gegenüber den in der sozialen Arbeit gängigen Abgrenzungskriterien (z.B. Geschlecht, Altersgruppen oder Rechtskreise des SGB) ist die ethnische Zielgruppenorientierung von sozialen Organisationen problembehaftet, weil sich damit neben den gesellschaftlich erwünschten auch nicht erwünschte Effekte einstellen können. Jedes Angebot, dass sich an Migranten wendet, wird an seiner Wirkung auf das gesellschaftlich erwünschte übergeordnete Ziel der Integration gemessen.

3 Für und Wider ethnischer Zielgruppenprojekte von mehrheitsgesellschaftlichen und eigenethnischen Organisationen im Ausbildungsmarkt

3.1 Ausgangslage: Demographischer Wandel und ungenutzte Potenziale bei Jugendlichen mit Migrationshintergrund

Nach Angaben des Mikrozensus für das Jahr 2011 (Statistisches Bundesamt 2012a) hatte jeder fünfte Einwohner in Deutschland (19,5%, 16 Millionen) einen Migrationshintergrund. Die Bevölkerung ohne Migrationshintergrund sank zwischen 2005 und 2011 um 1,3 Millionen (-2%), zugleich stieg die Bevölkerung mit Migrationshintergrund um 900.000 (+6%). Die Bevölkerung mit Migrationshintergrund ist im Durchschnitt mit 35,2 Jahren wesentlich jünger als die einheimische Bevölkerung mit durchschnittlich 46,1 Lebensjahren. Jedes dritte Kind unter 10 Jahren (33,8%) wies eine familiäre Migrationsgeschichte auf. Zugleich besaßen aber nur 40,2% der Migranten – im Vergleich zu 68,6% der Deutschen ohne Migrationshintergrund – einen berufsqualifizierenden Bildungsabschluss. Deutschland ist aufgrund der schrumpfenden und älter werdenden Mehrheitsbevölkerung auf die Potenziale der Bevölkerung mit Migrationshintergrund angewiesen, um langfristig sowohl die sozialen Sicherungssysteme zu erhalten als auch den (Fach-)Arbeitskräftebedarf decken zu können.

Die Leistungsfähigkeit des Sozialstaats als auch der Wirtschaft hängt entscheidend davon ab, ob die Gesellschaft in der Lage ist, die individuellen Potenzialen und Fähigkeiten ihrer Mitglieder der Gesellschaft zu nutzen und zu fördern. Die zentralen Weichen hierfür werden während der Bildungs- und Ausbildungssozialisation gestellt. Die Möglichkeiten höherer Bildungsabschlüsse sollten sich in einem marktwirtschaftlichen System anhand individueller Talente ergeben, und nicht durch Rahmenbedingungen geprägt sein, die der einzelne nicht beeinflussen kann. Doch lassen sich nach einer Studie des Deutschen Instituts für Wirtschaft 66% des formalen Bildungserfolgs bei Männern und 56% bei Frauen durch den sozioökonomischen Status der Familie erklären (Schnitzlein 2013, S. 6). Internationale Studien (OECD 2009) belegen, dass das deutsche Bildungssystem soziale Unterschiede der Familien vergleichsweise schlecht ausgleichen kann (Autorengruppe Bildungsberichterstattung 2012, S. 92). Die Autoren des Bildungsberichts 2012 stellten fest, dass 61% der 15-Jährigen aus Elternhäusern mit hohem, aber nur 16% aus solchen mit niedrigem sozioökonomischen Status in 2009 das Gymnasium besuchten, wohingegen sich der Besuch der Hauptschule mit 5% gegenüber 27% umgekehrt verhielt (Autorengruppe Bildungsberichterstattung 2012, S. 70). Die Disparitäten betreffen Jugendliche mit Migrationshintergrund, insbesondere Jugendliche mit arabischem und türkischem Hintergrund, in noch stärkerem Maß, da unter der Bevölkerung mit Migrationshintergrund sozial benachteiligte Familien überproportional vorhanden sind Selbst eine hohe Bildungsaspiration führt hier nicht zum gleichen Bildungserfolg wie bei einheimischen Kindern (Becker 2010, S. 13ff.; Beicht und Granato 2010, S. 8). Das mitgebrachte Bildungsniveau[4]

---

4   Insgesamt verfügen 2% der Bevölkerung ohne Migrationshintergrund, die bereits das Schulsystem durchlaufen haben, über keinen Schulabschluss, aber 14% der entsprechenden Personen mit Migrationshintergrund und 15% der Zuwanderer mit eigener Migrationserfahrung. 16% der Bevölkerung mit Migrationshintergrund, die sich nicht mehr in einer Ausbildung befinden, haben keine Berufsausbildung, aber 40% der Bevölkerung mit Migrationserfahrung. Insbesondere die Türkeistämmigen - mit rund drei Millionen Zuwanderern die größte ethnische Bevölkerungsgruppe - weisen bei den Bildungsindikatoren deutlich schlechtere Werte als die Gesamtbevölkerung auf. So liegt bei den Türkeistämmigen, die die Schule bereits durchlaufen haben, der Anteil ohne Schulabschluss bei 31% und der Anteil an der Bevölkerung, die sich nicht mehr in Ausbildung befindet, ohne berufliche Ausbildung bei fast zwei Dritteln (Statistisches Bundesamt 2012a).

und der daraus resultierende Sozialstatus der ersten Generation der Zuwanderer beeinflusst aufgrund des ausgeprägten Zusammenhangs von sozialem Status der Eltern und dem Bildungserfolg der Kinder entscheidend die Entwicklungsperspektiven der Nachfolgegenerationen im Bildungs- und Ausbildungssystem.

Die bereits in der schulischen Ausbildung angelegte, durch die soziale Herkunft bedingte Chancenungleichheit insbesondere von Jugendlichen mit Migrationshintergrund wird beim Übergang von der Schule zur Berufsausbildung noch zementiert. Nach der Bewerberbefragung der Bundesagentur für Arbeit und des Bundesinstituts für Berufsbildung (BA/BIBB-Bewerberbefragung 2010) konnten nur 28% der Bewerber aus Familien mit einer Zuwanderungsgeschichte in eine betriebliche Berufsausbildung nach BBiG/HwO einmünden. Hingegen betrug die Einmündungsquote bei Bewerbern ohne Migrationshintergrund 42% (Beicht und Granato 2010).

Mehr als ein Viertel der gut eine Mio. Jugendlichen, die 2011 neu in das Ausbildungssystem einmündeten, kamen im Übergangssystem unter (Autorengruppe Bildungsberichterstattung 2012, S. 101 f.). Diese 294.000 Jugendlichen werden nicht in die Gruppe der unversorgten Bewerber eingerechnet. Selbst wenn dadurch die Überführung in eine Ausbildung gelingt, verzögert sich das Eintrittsalter (Bundesinstitut für Berufsbildung 2012, S. 43). Nicht selten entstehen im Übergangsystem Maßnahmenketten, die zu belastenden „Maßnahmekarrieren" führen, wovon jugendliche Migranten wiederum besonders betroffen sind (Beicht und Granato 2011, S. 27). Von den nichtstudienberechtigten Migranten durchlaufen 38% und von den entsprechenden einheimischen Jugendlichen 32% Maßnahmen und Bildungsgänge des Übergangsystems. Bei Hauptschulabsolventen, die im Übergangssystem häufig höhere Schulabschlüsse anvisieren, sind die Anteile von Jugendlichen mit und ohne Migrationshintergrund mit 42% bzw. 40% annähernd gleich. Allerdings wird die Disparität größer, wenn man Jugendliche mit mittleren Schulabschlüssen betrachtet. Dann verweilen 36% der betroffenen Jugendlichen mit Migrationshintergrund und nur 20% der Jugendlichen ohne Migrationshintergrund im Übergangssystem (Beicht und Granato, 2011, S. 29f.). Trotz der demographischen Entwicklung sehen Prognosen für das Jahr 2025 rund 238.000 Jugendliche im Übergangssystem vor (Statistische Ämter des Bundes und der Länder 2010, S. 64).

Unter den Bewerbern um betriebliche Ausbildungsplätze sind besonders diejenigen mit türkisch-arabischem Hintergrund benachteiligt, da unter ihnen nur 20% in eine betriebliche Ausbildung einmünden (Bundesinstitut für Berufsbildung 2012, S. 80). Selbst die Vorteile eines höheren Schulabschlusses machen sich bei dieser Gruppe kaum bemerkbar. Der Einmündungserfolg mit (Fach-) Hochschulreife gegenüber einem Hauptschulabschluss steigt von 28% auf 53%

bei Bewerbern ohne Migrationshintergrund und verändert sich bei türkisch-arabischstämmigen Jugendlichen unwesentlich von 20% auf 26%. Bei südosteuropäischen Bewerbern erhöht sich der Einmündungserfolg um das 2,6-Fache und erreicht mit 59% einen Wert, der sogar den Wert der mehrheitsgesellschaftlichen Jugendlichen übertrifft (Bundesinstitut für Berufsbildung 2012, S. 80f.).

Es finden sich somit beim Zugang zum Ausbildungsmarkt erhebliche Unterschiede zwischen den verschiedenen Herkunftsgruppen. Die vom Bundesinstitut für Berufsbildung (2012) festgestellte überproportionale Benachteiligung von Jugendlichen mit türkischem und arabischem Hintergrund am Ausbildungsmarkt, insbesondere mit höheren Schulabschlüssen, kann jedoch alleine mit dem sozialen Hintergrund der Familie nicht erklärt werden. Es bleibt ein Benachteiligungsfaktor, der eine Korrelation zur Religion und Ethnie nahe legt und mit der sozialen und kulturellen Distanz erklärt werden kann. Die defizitäre Wahrnehmung des Integrationsstandes dieser Gruppe, die problembehafteten Zuschreibungen, die der Islam nach dem Anschlag vom 11. September 2001 in New York in der westlichen Welt erfahren hat, und die Größe der Bevölkerungsgruppe verstärken die Wahrnehmung der sozialen und kulturellen Distanz der Mehrheitsbevölkerung zur türkisch-muslimischen Bevölkerungsgruppe. So zeigte die ALLBUS-Befragung 2006, dass starke Lebensstilunterschiede von Deutschen gegenüber Türken von 70% der einheimischen Befragten in Westdeutschland, gegenüber Italienern jedoch nur von 17% empfunden wurden (Bundeszentrale für politische Bildung 2008, S. 210). Diese gesellschaftliche Atmosphäre wirkt sich auch auf den Zugang zum Ausbildungs- und Arbeitsmarkt aus. So wurden nur 46% der türkisch-arabischen Jugendlichen, jedoch 61% der deutschen Jugendlichen ohne Migrationshintergrund zu einem Vorstellungsgespräch eingeladen. Bei allen Jugendlichen mit Migrationshintergrund lag der Wert bei 50% (Beicht und Granato 2010, S. 9).

Nimmt man die demographische Bedeutung ebenso wie die mangelnde Bildungs- und Ausbildungsbeteiligung der Jugendlichen mit Migrationshintergrund und insbesondere der türkisch-arabischen Jugendlichen in den Blick, ergibt sich die Notwendigkeit verstärkter Anstrengungen, um ihren überproportionalen Anteil unter den Bildungs- und Ausbildungsverlierern zu senken. Vor diesem Hintergrund ist es folgerichtig, dass sich auch soziale Organisationen der Frage widmen, wie das Bildungs- und Ausbildungspotenzial der Migrantenbevölkerung genutzt und gesteigert werden kann.

3.2 Migrationsbedingte Teilhabehemmnisse

Die Schwierigkeiten des Berufswahlprozesses, der Bewerbung und der Einstellung multiplizieren sich bei Jugendlichen mit Migrationshintergrund häufig aufgrund migrationsspezifischer Besonderheiten. Dazu gehört, dass überproportional viele jugendliche Migranten aus Elternhäusern stammen, in denen keine Erfahrung mit der betrieblichen Ausbildung und wenig Kenntnis über die Möglichkeiten der beruflichen Qualifikation besteht. Die duale Ausbildung, wie sie in Deutschland praktiziert wird, kennen viele Einwanderer aus ihren Herkunftsländern nicht. Das soziale Kapital[5] der Familie und Jugendlichen – ein wichtiger Faktor für den Zugang zum Ausbildungsmarkt - ist häufig auf die eigene ethnische Gruppe begrenzt, was die Möglichkeit von Referenzgebern und Türöffnern bei der Ausbildungssuche einschränkt. Ethnisch orientierte Netzwerke sind dann von Vorteil, wenn sich Jugendliche um einen Ausbildungs- oder Arbeitsplatz in der ethnischen Ökonomie bemühen. Allerdings sind die Ausbildungs- und Tätigkeitsmöglichkeiten der ethnischen Betriebe begrenzt und können daher nur einem Teil der ausbildungswilligen Jugendlichen Optionen bieten.

Junge Migranten kommen aus Milieus, in denen nicht nur das soziale Kapital begrenzt ist, sondern auch das Erlernen und der Einsatz des Selbstmarketings, was ein Startnachteil im Bewerbungsprozess bedeutet. Die Informationsdefizite der Eltern und des sozialen Umfeldes können dazu führen, dass jugendliche Migranten den Berufswahl- und Bewerbungsprozess als zentrale Etappen für ihr späteres Leben allein entscheiden müssen. Traditionell vorhandene Kultur-, Lebensstil-, Generations- und Wertekonflikte zwischen Jugendlichen und Eltern werden zudem im Migrationsprozess durch unterschiedliche Integrationsprozesse zwischen Eltern und Jugendlichen verstärkt. Oft fehlt jungen Migranten ein gebildeter Muttersprachler, der ihre Bewerbungsunterlagen prüft und korrigiert. Diese Probleme verstärken die beschriebenen Einmündungsprobleme in die duale Ausbildung.

---

5 Der Begriff „Soziales Kapital" wurde von Pierre Bourdieu geprägt. Er versteht darunter die Gesamtheit der aktuellen und potentiellen Ressourcen, die mit der Teilhabe an dem Netz sozialer Beziehungen gegenseitigen Kennens und Anerkennens verbunden sind (Bourdieu 1983, S. 191). Mit der Zugehörigkeit zu einer Gruppe kooperieren Bürger miteinander und produzieren somit für sich selbst und für die Gruppe soziales Kapital.

3.3 Herkunftsgruppenspezifische Förderung oder Assimilation in allgemeine Förderangebote?

Im öffentlichen Diskurs zur Bildungsteilhabe von Zuwanderern werden nur selten die gesellschaftlichen Rahmenbedingungen und die migrationsbedingten Besonderheiten betrachtet, sondern die Chancenungleichheit von Jugendlichen mit Migrationshintergrund auf individuelle familiäre und kulturelle Faktoren zurückgeführt und häufig eine vermeintlich selbstverschuldete gesellschaftliche Segregation für die Defizite verantwortlich gemacht. So werden Defizite in der Lese- und Sprachkompetenz auf die ethnisch segregierte Nachbarschaft, den ethnischen Medienkonsum oder muttersprachliche Kommunikation im privaten Umfeld zurückgeführt. Maßnahmen, die eine ethnische Zielgruppenansprache vorsehen, werden bei dieser Betrachtungsweise als integrationshemmend klassifiziert, vor allem, wenn die Maßnahmen muttersprachliche Kommunikationsmittel einsetzen. Argumentiert wird, dass ethnische oder herkunftsspezifische Zielgruppenansprache die Separierung fördert und ethnische Unterschiede auf langer Sicht zementieren und gar zu einer Reethnisierung führen würde (Gestring et al. 2006, S. 208). Herkunftsspezifische Maßnahmen und Kommunikationsinstrumente würden somit die kulturelle, gesellschaftliche und identifikatorische Integration mit Deutschland erschweren. Von den Kritikern wird gefordert, die Jugendlichen in herkunftsgruppenunabhängigen Maßnahmen zu fördern, um ihre sprachliche und kulturelle Anpassung zu unterstützen.

Dieser Diskurs bezieht sich auf die vermeintlich vorhandenen assimilatorischen Defizite auf der individuellen Ebene der jugendlichen Zuwanderer, fördert jedoch mit Segregationsszenarien die soziale und kulturelle Distanz in der Bevölkerung und erhöht die Einstellungshürden gegenüber Migranten im Ausbildungs- und Arbeitsmarkt. Gegen die These der Erschwerung der Integration lässt sich anführen, dass die jungen Migranten von heute – anders als die Gastarbeitergeneration – Zu- und Zusammengehörigkeiten entwickeln, die über das ethnische Identitätskonzept hinausgehen und die sich als „multiple belongings" im Integrationsprozess beschreiben lassen (Pfaff-Czarnecka 2011, S. 2f).

Aufgrund der gesellschaftlich bedingten herkunftsgruppenspezifischen Benachteiligung und der migrationsspezifischen Besonderheiten werden die für alle Jugendlichen konzipierten Standardangebote der Beratung und Begleitung den Problemlagen von jungen Migrantinnen und Migranten im Ausbildungsmarkt nicht immer gerecht. Da die Problemlagen und die Lebenssituation von Jugendlichen mit und ohne Migrationshintergrund nicht in allen Punkten gleich sind, sollte diese Ungleichheit bei der Konzeption von Förderprogrammen zur Förderung der Chancengleichheit berücksichtigt und die ethnische Zielgruppenansprache stärker betrieben werden, um die Teilhabeperspektiven der jugendlichen Migranten möglichst umfassend zu begünstigen. Das Ausmaß und die Intensität der unzureichenden Teilhabechancen von Jugendlichen mit Migrationshintergrund verlangen geradezu nach einer positiven Diskriminierung, wie sie beispielsweise bei der Förderung der Chancengleichheit von Frauen zum Tragen kommen. Die Förderung der Chancengleichheit von Frauen ist ein klassisches Beispiel dafür, dass ohne positive Diskriminierung gewachsene Benachteiligungen nicht aufgebrochen und die Gleichberechtigung nicht erreicht werden kann. Das Beispiel der Frauenförderung belegt die Chancen der ethnischen Zielgruppenansprache in der Projektarbeit, insbesondere bei der Förderung von besonders benachteiligten Jugendlichen, wie solchen mit türkisch-arabischem Hintergrund.

Soziale Organisationen, die eine ethnische Zielgruppenansprache verfolgen, können die migrationsbedingten Besonderheiten der Lebenssituation von Jugendlichen mit Migrationshintergrund gezielt aufgreifen. So können sie aufgrund ihrer Ressourcen und Netzwerke als Promotoren und Fürsprecher, als Referenzgeber, Türöffner, Berater und Begleiter zu einer erfolgreichen Vermittlung führen, wie sie über die Regelberatungsangebote nicht in der Intensität geleistet werden können.

Projekte, die die Teilhabechancen von jungen Migranten im Bildungs- und Ausbildungssystem mit herkunftsgruppenspezifischer Ansprache erhöhen wollen, greifen weder in die Entscheidungsfreiheit des Ausbildungsbetriebes ein, noch haben sie eine formale Quotierung zum Ziel. Aber sie können gesellschaftliche und institutionelle Benachteiligungen durch Aufklärungs-, Informations- und Sensibilisierungsarbeit abbauen und zugleich den Jugendlichen helfen, ihre Potenziale besser zu vermarkten und spezifische, in der Migrationssituation oder den gesellschaftlichen Rahmenbedingungen liegende Defizite auszugleichen. Volkswirtschaftlich und gesellschaftspolitisch ist es sinnvoller, in die Förderung der Ausbildungsfähigkeit und Ausbildungsvermittlung von jungen Zuwanderern zu investieren, als die Folgekosten einer überproportional häufig gescheiterten Arbeitsmarktintegration von Migranten zu finanzieren, deren Hauptursache in der fehlenden beruflichen Ausbildung liegt.

3.4   Die Rolle der eigenethnischen Organisationen

Insgesamt sollten vor dem Hintergrund der ausgeprägten Chancenungleichheit alle Aktivitäten und Projekte von sozialen Organisationen begrüßt werden, die die Teilhabechancen von jungen Migrantinnen und Migranten auf dem Ausbildungs- und Arbeitsmarkt erhöhen können. Deshalb müssen nicht nur die Aktivitäten von mehrheitsgesellschaftlichen Organisationen in diesen Integrationsprozess eingebunden werden, sondern auch die eigenethnischen Organisationen mit ihren Potenzialen, Zugängen und Kompetenzen.

Anders als bei den mehrheitsgesellschaftlichen Organisationen wird das Engagement von Migrantenorganisationen (MO) – insbesondere von türkischen Organisationen – an sich kritisch betrachtet. Ihnen wird unterstellt, aufgrund ihrer Herkunftslandorientierung herkunftsethnische Sozialisations- und Identifikationsprozesse zu verstärken, die Orientierung in die Aufnahmegesellschaft zu behindern und damit konterkarierend auf die politisch-normativen Ziele der Integrationspolitik zu wirken.[6]

In Bezug auf die Förderung der Teilhabechancen im Ausbildungs- und Arbeitsmarkt greifen die Vorbehalte der vermeintlichen Herkunftslandorientierung nicht, da es sich hier um einen Bereich handelt, der per se mit dem Leben in Deutschland verbunden ist und somit unabhängig von der vermeintlichen Herkunftslandorientierung der eigenethnischen Organisationen auf die Integration in die Mehrheitsgesellschaft abzielt. Unabhängig davon, wie man das freiwillige Engagement von eigenethnischen Organisationen generell bewertet, muss ihr Engagement mindestens in der Ausbildungsförderung begrüßt werden.

Sowohl Regelinstitutionen als auch mehrheitsgesellschaftliche Organisationen greifen bei der Umsetzung ihrer Programme und Projekte immer stärker auf die Potenziale der MO zurück, um überhaupt Zugang zu den ethnischen Gruppen zu erhalten, der ohne die Kooperation mit den MO kaum gelingen würde. Häufig bedarf es eines Bindeglieds zwischen Adressaten und den vorhandenen Unterstützungs- und Hilfsangeboten (Halm und Sauer 2007, S. 18). Inzwischen beklagen MO sich darüber, lediglich von mehrheitsgesellschaftlichen Organisationen als Türöffner zur Zielgruppe instrumentalisiert, jedoch nicht als Partner auf gleicher Augenhöhe akzeptiert zu werden. MO haben deutlich geringere Möglichkeiten, selbst geförderte Projekte durchzuführen, und kritisieren, dass mehrheitsgesellschaftliche Organisationen über ihre gewachsenen sozialen Netzwerke zu den administrativ-politischen Entscheidungsträgern den öffentlichen Fördermarkt beherrschen. Diese Kritik aus der Migrantencommunity sollten mehrheitsgesell-

---

6   Anders als in der Wahrnehmung der Mehrheitsgesellschaft agieren die meisten ethnischen Vereine nicht herkunftslandbezogen, sondern konzentrieren sich zunehmend und mehrheitlich auf Themen, die mit dem Leben in Deutschland verbunden sind. In 2004 wiesen nur ein Fünftel der türkischen Gruppen und Organisationen, in denen sich türkeistämmige Migranten engagierten, einen überwiegenden Türkeibezug auf, vier Fünftel konzentrierten sich hingegen in ihren Aktivitäten auf das Leben in Deutschland (Halm und Sauer 2007, S. 195ff.). Sechs Jahre später, in 2010, waren nur noch 12% der türkischen Organisationen in ihren Aktivitäten überwiegend auf die Türkei gerichtet. Bei den türkeibezogenen Organisationen handelt es sich in erster Linie um kulturelle, religiöse und ethnische Zusammenschlüsse (Sauer 2011, S. 223f.).

schaftliche soziale Organisationen antizipativ aufgreifen, wenn sie eine langfristige Integration der eigenen Organisationen in die veränderte demographische Landschaft vorantreiben wollen.

Eigenethnische Organisationen erfüllen im Prozess der Einmündung in den Ausbildungsmarkt für die Jugendlichen Integrations-, Interessensvertretungs-, Komplementär- und Bereitstellungs- sowie Identitätsstiftungsfunktionen:

Die integrative Funktion der MO liegt darin, dass sie den Jugendlichen Orientierung bieten und soziale Dienste für sie organisieren. MO haben ein ureigenes Interesse daran, ihre Gruppenmitglieder durch die Deckung bestehender Bedarfe zu binden, ebenso wie die Bildungs- und Ausbildungssituation ihres Nachwuchses zu verbessern. Die Unterstützungsmöglichkeiten sind von Verein zu Verein sehr unterschiedlich und können von der ideellen Unterstützung bis hin zur praktischen Verantwortungsübernahme reichen, letzteres vor allem über die Verankerung des Themas Bildung- und Ausbildung im Vereinsalltag und in den Vereinsaktivitäten. Erfolgreiche Vorbilder können im Verein als Lotsen und Ratgeber den Jugendlichen Orientierung geben und die Unterstützungsdefizite der Eltern in gewissem Umfang auffangen. Die verschiedenen Hilfestellungen von eigenethnischen Organisationen und Gruppen haben eine stabilisierende Komponente, um lebensweltliche Krisen und Probleme im Migrationsalltag zu bewältigen, Solidarität zu organisieren und Netzwerkressourcen zur Verfügung zu stellen.

Durch die zunehmende Bedeutung des Integrationsthemas auf allen politischen Ebenen und bei allen gesellschaftlichen Akteuren kommt den eigenethnischen Vereinen, Verbänden und Organisationen auch eine Willensbildungsaufgabe zu, um die Interessen der in ihnen vertretenen Migrantengruppen in einer demokratischen und pluralistischen Gesellschaft aufzunehmen, zu bündeln und zu artikulieren. Nicht nur Vereine und Verbände, die sich dem Bildungs- und Ausbildungsthema widmen, sondern nahezu alle MO üben eine Interessensvertretungsfunktion aus, um die Benachteiligungen im Bildungs- und Ausbildungsmarkt zu benennen und politische wie auch administrative Entscheidungsträger zum Handeln zu bewegen. Ihre Interessensvertretungsfunktion organisieren die meisten MO unabhängig von den Herkunftsländern und abhängig von den spezifischen Interessen ihrer Zielgruppen in Deutschland. Dabei konkurrieren sie mit anderen MO innerhalb der eigenen Community um Anerkennung, Akzeptanz und Vertretungsfunktion.

Eigenethnische MO haben zudem eine Komplementär- bzw. ergänzende Funktion zu vorhandenen Angeboten der mehrheitsgesellschaftlichen Strukturen, da deren Angebote oft nicht bekannt sind, nicht ausreichend angenommen werden oder nicht bedarfsgerecht sind. Im Bereich der wohlfahrtsorientierten sozialen Dienste und der Projektarbeit verfügen mehrheitsgesellschaftliche Organisationen über infrastrukturelle, finanzielle und personelle Kapazitäten, mit denen MO weder konkurrieren können noch wollen. Dies gilt insbesondere bei der Erziehungs-, Bildungs- und Sozialberatung und der Jugendhilfe. MO agieren einerseits als Brückenbauer für mehrheitsgesellschaftliche Akteure und beheben z.b. deren Zugangsdefizite, versuchen andererseits aber auch zunehmend mit eigenen Bildungs- und Ausbildungsprojekten und -initiativen, die eigenen Zielgruppen, insbesondere die Eltern, für die Bildungs- und Ausbildungsthematik zu sensibilisieren.

Die Bereitstellungsfunktion als eine der zentralen Aufgaben von eigenethnischen Organisationen kommt besonders im religiösen Bereich zu Geltung. Von Moscheevereinen werden nicht nur Gebetsräume, sondern auch Versammlungs- und Schulungsräume zur Verfügung gestellt. In der Mehrheitsgesellschaft ist häufig nicht bekannt, welche sozialen Dienste bereits als Selbsthilfe in Moscheevereinen angeboten werden (vgl. Halm et al. 2012, S.361f.). Die Vereinsräume und religiösen Stätten dienen auch als Infrastruktur für Bildungs- und Ausbildungsangebote und als Foren, um die Zielgruppen zu erreichen. Bei einem Freitagsgebet können mehrere hundert Eltern über eine Informationsveranstaltung oder Maßnahme eines Ausbildungsprojektes informiert werden. Es gibt kaum andere Orte, an denen so viele Menschen mit Migrationshintergrund mit wenig Aufwand angesprochen werden können.

Die Funktion der MO, Kultur- und Identitätspflege zu betreiben (Identitätsstiftungsfunktion) und dafür die Infrastruktur zur Verfügung zu stellen und in diesem Kontext herkunftslandorientierte Aktivitäten anzubieten, wird integrationspolitisch sehr ambivalent und kritisch bewertet. Die MO sind manchmal zwar Orte der Kultur- und Identitätspflege, zugleich aber auch Orte, an denen Kultur- und Identitätskonflikte sowohl ent-, als auch verschärft werden können.

Die Bedeutung der MO im Bildungs- und Ausbildungsbereich sollte weder unterschätzt noch mit Erwartungen versehen werden, die sie überfordern könnten. Anders als mehrheitsgesellschaftliche Organisationen sind MO selten auf bestimmte Themen spezialisiert. Sie verfügen weder über ausgebildetes Fachpersonal im pädagogischen Bereich, noch über eine fundierte Erfahrung als Bildungs- und Ausbildungsexperte. Eine pauschalisierende Kritik, die das Engagement von MO im Bildungs- und Ausbildungsbereich mit Reethnisierung und Separierung gleichsetzt, bedient Vorurteile und Klischees, für die es keine wissenschaftliche Grundlage gibt. Sie wird weder den Interessen der jungen Migranten, noch den Motiven der engagierten Migranten in den MO gerecht.

4 Bedingungen der ethnischen Zielgruppenorientierung als Instrument der Projektarbeit im Ausbildungsmarkt

Das Potenzial der ethnischen Zielgruppenorientierung von Projekten liegt in der Ergänzung des vorhandenen Systems der Ausbildungseinmündung aus Schule, Berufsberatung, kommunaler Jugendhilfe und ausbildenden Unternehmen, vor allem aber des Übergangssystems der berufsvorbereitenden und Ausbildungsreife fördernden schulischen Angeboten (Berufsgrundbildungsjahr, Berufsvorbereitungsjahr und Berufseinstiegsjahr, Berufskollegs), um möglichst allen jugendlichen Migranten gleiche Teilhabechancen auf dem Ausbildungsmarkt zu gewähren. Dies gelingt in den Regelangeboten bisher nur mit mäßigem Erfolg, wie die Daten der offiziellen Bildungsberichte, der internationalen Vergleichsstudien und die Daten des Mikrozensus, wie sie bereits im Kapitel 2.1 vorgestellt wurden, zeigen. Dabei stellt sich die Frage, welche Bedingungen bei der ethnischen Zielgruppenansprache in der Ausbildungsförderung relevant sind.

Zunächst muss eine ethnische Zielgruppe eine ausreichende Größe vor Ort aufweisen, damit ihre Relevanz und Erreichbarkeit sichergestellt sind und Aufwand und Ertrag in einem vertretbaren Verhältnis stehen. Dies gilt insbesondere für die herkunftsspezifische Ansprache.[7] Die demographische Relevanz von unversorgten Jugendlichen vor Ort kann nach Stadt oder Kommune und nach Herkunftsgruppe sehr unterschiedlich sein; in der Regel wird sie von der türkeistämmigen Zielgruppe und der Zielgruppe aus der ehemaligen Sowjetunion erfüllt. Allerdings ist der Anteil der Jugendlichen mit geringen Bildungsabschlüssen, bzw. solchen, die unversorgt sind, bei der Zielgruppe aus der ehemaligen Sowjetunion nicht so hoch wie bei den türkischen Jugendlichen. Zudem sind Ausbildungshemmnisse, mit denen erstere im Bewerbungsprozess konfrontiert sind, möglicherweise anders gelagert.

Maßnahmen zur Ausbildungsförderung sollten zwar bereits bei Schülerinnen und Schülern der Abschlussjahrgänge der Sekundarstufe 2 ansetzen, insbesondere solche, die leistungsschwache Jugendliche ansprechen, um für sie im

---

7 Nach einer Pressemitteilung des Statistischen Bundesamtes waren Ende 2012 194 Nationalitäten in Deutschland vertreten (Statistisches Bundesamt 2012b). Nimmt man die Zahlen des Mikrozensus als Grundlage, sind die drei Millionen Türkeistämmigen die größte Herkunftsgruppe, gefolgt von rund 2,9 Mio. Migranten aus dem Gebiet der ehemaligen Sowjetunion, den 1,5 Mio. Zuwanderern aus dem Gebiet des ehemaligen Jugoslawiens, den rund 1,5 Mio. Menschen aus Polen und rund 800.000 Italienern (Statistisches Bundesamt 2012a). Die Zahl der arabisch sprechenden Muslime aus dem Nahen- und Mittleren Osten und Nordafrika liegt zwischen 500.000 und 700.000, wenn man die Zahlen der Studie muslimisches Leben in Deutschland aus dem Jahr 2009 zugrunde legt (Haug et al. 2009, S. 81). Mit den nichtmuslimischen Arabern dürfte die Zahl der arabischsprachigen Community schätzungsweise zwischen 800.000 und 1.000.000 Personen liegen.

Anschluss einen geeigneten Bildungs- und Ausbildungsweg zu organisieren, wie es das neue Übergangsystem in NRW[8] vorsieht. Eine ethnische Zielgruppenorientierung sollte jedoch bei Maßnahmen, die im Schulsystem, also in den Klassen, organisiert sind, noch nicht erfolgen, da sie eher zur Stigmatisierung führen und konterkarierend zur Förderung wirken könnte. Maßnahmen, die im Schulsystem angesiedelt sind, sollten sich auf die Bedürfnis- und Problemlagen und nicht auf den ethnischen Hintergrund konzentrieren. Anders ist es, wenn Fördermaßnahmen, Hausaufgabenhilfe oder Orientierungsunterstützungen für die Berufswahl außerhalb der Schule angesiedelt sind. Ein Beispiel hierfür ist die Ausbildungsbörse „Zeig Flagge! Azubis mit Vielfalt", das von der Arbeitsagentur Dortmund in Kooperation mit den Kammern, dem Jobcenter Dortmund, der Stadt Dortmund und der Stiftung Zentrum für Türkeistudien und Integrationsforschung seit 2010 jährlich in Dortmund stattfindet. Die Ausbildungsbörse „Zeig Flagge! Azubis mit Vielfalt" bringt rund 40 Ausbildungsbetriebe und 300 bis 400 Schüler mit Migrationshintergrund mit Unternehmen zusammen und dient auch dazu, Unternehmen für die Potenziale von Nachwuchskräften mit Migrationshintergrund zu sensibilisieren.

Auch eine ethnische Zielgruppenansprache sollte sich auf vergleichbare Bildungsabschlüsse und Bedürfnislagen beziehen. Der Bezug einzig auf den Migrationshintergrund wäre im Aufwand-Nutzenverhältnis nicht effizient und im Zielerreichungsgrad nicht effektiv. Eine Zielgruppenansprache muss – unabhängig davon, ob ethnisch ausgerichtet oder nicht - ähnliche Bedarfs- und Problemlagen berücksichtigen. Das Bildungsniveau, die Ausbildungsreife und Ausbildungshemmnisse sind nicht nur zwischen den ethnischen Gruppen, sondern innerhalb der ethnischen Gruppen sehr unterschiedlich. Wenn junge Migranten in der „Warteschleife" des Übergangsystems verweilen, ergibt sich eine gemeinsame Bedürfnis- und Förderungslage unabhängig von der speziellen ethnischen Herkunft, weshalb ethnisch übergreifende Projekte in diesem Bereich des Übergangsystems Sinn machen, zusätzlich jedoch auch herkunftsgruppenorientierte Maßnahmen erfolgreich sein können.

Projekte mit ethnischer Zielgruppenausrichtung sollten über Personal mit interkulturellen Kompetenzen verfügen, um so die sozialen Rahmenbedingungen der Jugendlichen wie die familiäre Situation, den kulturellen Hintergrund, den individuellen Integrations-, Sprach- und Bildungsstand kultursensibel berücksich-

---

8   In Nordrhein-Westfalen wird derzeit das bisherige Übergangsystem durch ein einheitliches neues Übergangsystem abgelöst, das ab dem Schuljahr 2012/2013 eingeführt wurde und schrittweise bis 2018/2019 komplett implementiert werden soll. Das neue Übergangsystem sieht vor, die Berufsorientierung an den allgemeinbildenden Schulen zu stärken, den Übergang in Ausbildung oder Studium zu organisieren und die Aktivitäten vor Ort durch kommunale Koordinierung zu bündeln.

tigen zu können. Projekte mit herkunftsgleichem Personal bieten nicht nur eine fachlich-pädagogische Unterstützung, sondern können auch relativ schnell und erfolgreich Projektmarketing in der Zielgruppe betreiben. Zudem sollten mögliche Hemmnisse, die in der Person bzw. Biographie des Jugendlichen oder in seinem sozialen Umfeld verankert sind, mit in die Beratung aufgenommen werden. Projektansätze, die die Individualität des Jugendlichen und eine persönliche Ansprache berücksichtigen, versprechen bessere Erfolgsaussichten als Projekte, die eine reine Wissensvermittlung (z.B. über den Bewerbungsprozess) vorsehen.

Allerdings müssen solche Projekte flankiert werden durch die aktive Ansprache von Unternehmen, die sich bereit erklären, soziale Verantwortung zu übernehmen und Jugendlichen mit schwieriger Ausgangslage eine Chance zu geben.

5   Fazit und Ausblick

Soziale Organisation, mehrheitsgesellschaftliche ebenso wie Migrantenorganisationen, sind darauf angewiesen, ihre Existenz über die Akzeptanz und Inanspruchnahme ihrer sozialen Dienste und Angebote kontinuierlich sicherzustellen. Sie sind Teil eines sozialen Marktes, der weitgehend nach den Wettbewerbsregeln der Marktwirtschaft funktioniert. Gerade soziale Organisationen, die eine ideelle und gemeinnützige Non-Profit- oder Not-For-Profit-Ausrichtung verfolgen, sind darauf angewiesen, zur Sicherung ihrer Wettbewerbsfähigkeit – auch im Ringen um Fördergelder – spezifische Zielgruppen und Zielsetzungen zu definieren. Die spezifische Zielgruppenansprache ist eine inzwischen notwendige Strategie, um hier Vorteile zu erwerben und am Markt zu bestehen.

Dabei wird jedoch die ethnische Zielgruppenansprache kritisch gesehen, weil sie sich auf Unterschiede bezieht, die politisch-normativ nivelliert werden sollen. Soziale Organisationen in demokratischen Gesellschaften sind sowohl Förderer zivilgesellschaftlicher Pluralität, als auch Vermittler gesellschaftlich erwünschter Sozialisations- und Identifikationsprozesse. Die Gefahr der Reethnisierung und Separierung, die mit ethnischer oder herkunftsspezifischer Zielgruppenansprache verbunden wird, wird insbesondere bei eigenethnischen Organisationen und Engagementformen von Zuwanderergruppen gesehen. Dies gilt vor allem für Zuwanderergruppen, denen aufgrund ihrer Kultur und Religion eine hohe kulturelle Distanz zur Mehrheitsgesellschaft unterstellt wird. Faktisch bezieht sich dies vor allem auf türkeistämmige und arabischsprachige Migranten als ethnische und Muslime als religiöse Gruppe. Die Arbeit ihrer Organisationen wird ambivalent und kritisch bewertet, weil sie herkunftslandbezogene Sozialisations- und Identifikationsprozesse fördern könnten, die als Widerspruch zu den Zielsetzungen der Integrationspolitik, nämlich der Herstellung einer aufnahmegesellschaftlichen Identifikation, gesehen werden.

Allerdings lässt sich der Vorwurf der Herkunftslandorientierung in der Praxis nicht aufrechterhalten, da die meisten ethnischen Organisationen keine überwiegende Herkunftslandorientierung aufweisen und sich zumeist mit Themen beschäftigen, die mit dem Leben in Deutschland und damit mit der Integration in die Aufnahmegesellschaft verbunden sind. Gerade bezüglich der Förderung der Bildung und Ausbildung junger Migranten können solche Argumente gegen die ethnische Zielgruppenansprache nicht geltend gemacht werden. Jede Bemühung, die die kognitive und strukturelle Integration junger Migranten verbessert, ist eine Investition, die sich aus der Perspektive der Integrationspolitik rechnet. Die wirtschaftliche Teilhabe liefert die Basis auch für die gesellschaftliche und kulturelle Teilhabe. Die Förderung der kognitiven und strukturellen Teilhabe ist praktische Integrationspolitik, deren Nutzen die betroffenen jungen Migranten unmittelbar und die Gesellschaft mittelbar erfährt. Projekte und Initiativen von sozialen Organisationen, die über eine ethnische Zielgruppenansprache erfolgreich die Teilhabechancen von jungen Migranten am Ausbildungsmarkt fördern können, sollten sich dafür nicht rechtfertigen müssen.

Aufgrund ihrer demografischen Bedeutung und ihrer jüngeren Bevölkerungsstruktur sind Migranten eine wichtige Humanressource für die zukünftige Entwicklung Deutschlands. Die vorhandenen Disparitäten im Bildungsbereich setzen sich fort im Übergang zur betrieblichen Ausbildung. Ein nicht unerheblicher Teil der Jugendlichen mit Migrationshintergrund gilt aufgrund der geringen schulischen Bildung und der persönlichen Situation als nicht ausbildungsreif, andere werden als ausbildungsunwillig eingestuft.

Trotz zahlreicher Bemühungen und Reformen gelingt es der Politik nicht, den Anteil der „Abgehängten" im Schul- und Ausbildungssystem deutlich zu senken und über ihr Regelangebot die Teilhabelücke zugunsten der jungen Migrantinnen und Migranten entscheidend zu verringern. Ein entscheidender Schritt hierzu wäre, bereits im Schulsystem mehr Chancengleichheit herzustellen und das Übergangssystem so zu straffen und zu organisieren, dass höhere Bildungsabschlüsse erreicht und „Maßnahmenkarrieren" vermieden werden können. Nur so könnten sich die Zukunftschancen junger Migranten im Schul- und Berufsbildungssystem erheblich steigern.

Das neue Übergangssystem im NRW ist ein wichtiger Ansatz, um auch die Teilhabechancen von jungen Migranten im Bildungs- und Ausbildungssystem zu erhöhen. Allerdings benötigen systemische und strukturelle Veränderungen Zeit und Ressourcen, um ihre Wirkung zu entfalten. Projekte können dagegen schnell, flexibel, innovativ und temporär entwickelt und umgesetzt werden, um strukturelle Benachteiligungen vor Ort abzubauen. Interkulturelle und kultursensible Projekte zur Förderung der Ausbildungschancen von jungen Migranten sind somit ein Instrument, um ihren spezifischen Problem- und Bedürfnislagen Rechnung zu tragen. Mehrheitsgesellschaftliche wie auch migrantische soziale Organisationen sollten diese Optionen im Interesse der jungen Migranten wie der Gesamtgesellschaft nutzen – auch mit herkunftsgruppenspezifischer Ansprache, wenn sie angebracht und erfolgversprechend ist.

Literatur

Autorengruppe Bildungsberichterstattung. 2012. Bildung in Deutschland 2012. Ein indikatorengestützter Bericht mit einer Analyse zur kulturellen Bildung im Lebenslauf. Bielefeld: Bertelsmann. http://www.bildungsbericht.de/index.html?seite=10203. Zugegriffen: 07.02.2012.

Becker, Birgit. 2010. Bildungsaspirationen von Migranten: Determinanten und Umsetzung in Bildungsergebnisse. Arbeitspapiere Nr. 137. Mannheim: Mannheimer Zentrum für Europäische Sozialforschung.

Beicht, Ursula, und Mona Granato. 2010. Ausbildungsplatzsuche: Geringere Chancen für junge Frauen und Männer mit Migrationshintergrund. BIBB-Analyse zum Einfluss der sozialen Herkunft beim Übergang in die Ausbildung unter Berücksichtigung von Geschlecht und Migrationsstatus. BIBB Report 15/10. Bielefeld: Bertelsmann http://www.bibb.de/dokumente/pdf/a12_bibbreport_2010_15.pdf. Zugegriffen: 24.02.2013.

Beicht, Ursula, und Mona Granato. 2011. Prekäre Übergänge vermeiden – Potenziale nutzen. Junge Frauen und Männer mit Migrationshintergrund an der Schwelle von der Schule zur Ausbildung. WISO Diskurs. Bonn: Friedrich-Ebert-Stiftung. http://library.fes.de/pdf-files/wiso/08224.pdf. Zugegriffen: 24.02.2013.

Bernecker, Michael, und Eckrich, Klaus. 2003. Handbuch Projektmanagement. München: Oldenbourg Wissenschaftsverlag.

Bourdieu, Pierre. 1983. Ökonomisches Kapital, kulturelles Kapital, soziales Kapital. In Reinhard Kreckel (Hrsg.): Soziale Ungleichheiten. (Sozialen Welt, Sonderband 2), S. 183–198. Göttingen: Verlag Otto Schwartz & Co.

Bundesinstitut für Berufsbildung. 2012. Datenreport zum Berufsbildungsbericht 2012. Informationen und Analysen zur Entwicklung der beruflichen Bildung. Bonn: Bundesinstitut für Berufsbildung. http://datenreport.bibb.de/media2012/BIBB_Datenreport_2012.pdf. Zugegriffen: 10.02.2013.

Bundeszentrale für politische Bildung. 2008. Datenreport 2008 - Ein Sozialbericht für die Bundesrepublik Deutschland 2008. Bonn: Bundeszentrale für politische Bildung.

Gestring, Norbert, Andreas Janßen, und Ayca Polat. 2006. Prozesse der Integration und Ausgrenzung türkischer Migranten der zweiten Generation. Wiesbaden: Verlag für Sozialwissenschaften.

Halm, Dirk, und Martina Sauer. 2007. Bürgerschaftliches Engagement von Türkinnen und Türken in Deutschland. Wiesbaden: Verlag für Sozialwissenschaften.

Halm, Dirk, Martina Sauer, Jana Schmidt, und Anja Stichs. 2012. Islamisches Gemeindeleben in Deutschland. Forschungsbericht 13. Nürnberg: Bundesamt für Migration und Flüchtlinge.

Haug, Sonja, Stephanie Müssig, und Anja Stichs. 2009. Muslimisches Leben in Deutschland - im Auftrag der Deutschen Islam Konferenz. Forschungsbericht 6 des Bundesamtes für Migration und Flüchtlinge. Nürnberg: Bundesamt für Migration und Flüchtlinge.

OECD – Organisation for Economic Co-operation and Development. 2009. Ergebnisse der PISA-Studie 2009 für Deutschland. http://www.oecd.org/berlin/presse/lesekompetenzderschulerinnenundschulerindeutschlandverbessertaberweiterhingroerabstandzurspitzeundungleichebildungschancen.htm. Zugegriffen: 08.02.2013.

Pfaff-Czarnecka, Joanna. 2011. From ‚identity' to ‚belonging' in social research: Plurality, social boundaries, and the politics of the self. Working Paper in Development Sociology and Social Anthropology No. 368. Bielefeld: Universität Bielefeld. https://www.uni-bielefeld.de/(de)/tdrc/ag_sozanth/publications/working_papers/WP368.pdf. Zugegriffen: 12.02.2013.

Sauer, Martina. 2011. Partizipation und Engagement türkeistämmiger Migrantinnen und Migranten in Nordrhein-Westfalen. Ergebnisse der elften Mehrthemenbefragung 2010. Eine Analyse im Auftrag des Ministeriums für Arbeit, Integration und Soziales des Landes Nordrhein-Westfalen. Essen: Stiftung Zentrum für Türkeistudien und Integrationsforschung. https://www.zfti.de.

Schnitzlein, Daniel D. 2013. Wenig Chancengleichheit in Deutschland: Familienhintergrund prägt eigenen ökonomischen Erfolg. DIW Wochenbericht (4): 3-10. http://www.diw.de/documents/publikationen/73/diw_01.c.414565.de/13-4-1.pdf

Statistisches Bundesamt. 2012a. Bevölkerung und Erwerbstätigkeit. Bevölkerung mit Migrationshintergrund. Ergebnisse des Mikrozensus 2011. Fachserie 1 Reihe 2.2. Wiesbaden: Statistisches Bundesamt.

Statistisches Bundesamt. 2012b. 10,7 Millionen Migranten aus 194 Ländern leben in Deutschland. Pressemitteilung Nr. 448 vom 18.12.2012. Wiesbaden: Statistisches Bundesamt. https://www.destatis.de/DE/PresseService/Presse/Pressemitteilungen/2012/12/PD12_448_122.html. Zugegriffen: 02.2013.

Statistische Ämter des Bundes und der Länder. 2010. Bildungsvorausberechnung. Vorausberechnung der Bildungsteilnehmerinnen und Bildungsteilnehmer, des Personal- und Finanzbedarfs bis 2025. Methodenbeschreibung und Ergebnisse. Ausgabe 2010. Wiesbaden: Statistische Ämter des Bundes und der Länder. https://www.destatis.de/DE/Publikationen/Thematisch/BildungForschungKultur/Bildungsstand/Bildungsvorausberechnung5210003109004.pdf?__blob=publicationFile. Zugegriffen: 25.02.2013.

Stoll, Bettina. 2008. Balanced Scorecard für soziale Organisationen: Qualität und Management durch strategische Steuerung. Regensburg: Walhalla Fachverlag.

Förderung der Berufswahl und Ausbildung für Jugendliche mit türkischem Migrationshintergrund

Jürgen van Capelle, Cengiz Yildirim & Nevzat Izci

1 Einleitung

Das stark selektive Schulsystem in Deutschland produziert Bildungsgewinner und Bildungsverlierer. Die Bildungsselektion berührt zwar nicht nur ethnische Minderheiten, doch bei Jugendlichen mit Migrationshintergrund wirkt sie deutlich stärker. Darüber hinaus lässt sie sich im Bildungsverlauf auch nur schwer kompensieren: Aus dem überproportional hohen Anteil von Jugendlichen mit Migrationshintergrund an Haupt- und Förderschulen entsteht in der Folge ein statistisch überproportional hoher Anteil von Jugendlichen mit Migrationshintergrund ohne Berufsausbildung.

Diese Benachteiligungen von Jugendlichen mit Migrationshintergrund im Schul- und Ausbildungssystem sind vielfach empirisch belegt; im BIBB-Datenreport zum Berufsbildungsbericht 2012 sind sie detailliert beschrieben: Jugendliche mit Migrationshintergrund besitzen überdurchschnittlich oft einen Hauptschulabschluss, verlassen die Schule mit einem etwas schlechteren Notendurchschnitt als Jugendliche ohne Migrationshintergrund und die Eltern verfügen über einen niedrigeren Bildungsstatus. Personen mit Migrationshintergrund haben geringere Chancen auf einen erfolgreichen Übergang in berufliche Ausbildung, selbst bei gleichen schulischen Qualifikationen. Die Benachteiligungen sind bei Jugendlichen mit türkisch-arabischer Herkunft besonders ausgeprägt. Selbst ein höherer schulischer Abschluss führt nicht zu einer entsprechenden Verbesserung der Zugangschancen in betriebliche Ausbildung (Bundesinstitut für Berufsbildung 2012, S. 10 und S. 82).

Diese Situation in Deutschland hat für das bevölkerungsreiche Nordrhein-Westfalen eine besondere qualitative und quantitative Dimension. Gut ein Viertel (26,2 %) der rund 2 Millionen Schülerinnen und Schüler an allgemeinbildenden Schulen weist im Schuljahr 2010/11 eine Zuwanderungsgeschichte auf (Information und Technik Nordrhein-Westfalen 2012, S. 2). Türkeistämmige Personen bleiben auch in der zweiten Generation häufig ohne einen beruflichen Abschluss; in Deutschland geborene Personen türkischer Herkunft sind trotz ihrer gestiegenen Qualifikation nicht wesentlich besser in den Arbeitsmarkt integriert als die erste Generation (Information und Technik Nordrhein-Westfalen 2011, S. 5).

Diese Situation bildete den Hintergrund für die Platzierung eines Modellprojekts „Förderung in Berufswahl und Ausbildung – FIBA" in Nordrhein-Westfalen, durch das das ESTA-Bildungswerk zwischen 2010 und 2013 beauftragt wurde, den Eintritt von Jugendlichen mit einer türkischen Familiengeschichte in betriebliche Ausbildungen zu unterstützen.[1] Als Standorte wurden dabei die Städte Bielefeld, Bochum, Dortmund, Duisburg und Oberhausen ausgewählt, an denen jeweils für zwei Jahre Beratungsbüros eingerichtet wurden. Zur Zielgruppe des Projekts gehörten neben den Jugendlichen selbst auch deren Eltern und Angehörige, Migrantenorganisationen sowie Personalverantwortliche in Unternehmen.

Von anderen Maßnahmen unterscheidet sich das Projekt FIBA „Förderung in Berufswahl und Ausbildung" deutlich durch seine Konzentration auf türkeistämmige Jugendliche. Die Projektakteure halten diese ethnische Fokussierung für ambivalent. Sie ist zielführend durch die entsprechende – auch sprachliche – Ausgestaltung der Angebote und Aktivitäten. Zugleich ist sie jedoch problematisch: Dies gilt zum einen für die Selbstwahrnehmung der Jugendlichen, die sich eben nicht durchgängig als „Türkeistämmige" oder „Migranten" verstehen, sondern als Dortmunder oder Bielefelderin. Dies gilt zum anderen aber auch für die Außenwahrnehmung und Positionierung des Projekts. In dieser Ambivalenz auch des wissenschaftlichen Diskurses um primäre und sekundäre migrationsspezifische Merkmale sowie Leistungs- und soziale Herkunftseffekte verstehen die Projektakteure ihren Handlungsauftrag und ihre Herangehensweise als „migrationssensibel" und nicht als „migrationsspezifisch" oder gar „türkeispezifisch". Zwar existieren neben dem Migrationshintergrund auch andere Merkmale (wie Alter, Geschlecht, Religion, Behinderung, sozialer Status), die zu spezifischen

---

1   Das Modellprojekt FIBA wird durch das Ministerium für Arbeit, Integration und Soziales des Landes Nordrhein-Westfalen und durch den Europäischen Sozialfonds gefördert und von der Gesellschaft für innovative Beschäftigungsförderung sowie den betreffenden Regionalagenturen begleitet. Auf der Website des Projekts (www.fiba.esta-bw.de) finden sich weitere begleitende Materialien zu dem Vorhaben, so vor allem eine filmische Begleitung einer jungen Frau auf ihrem Weg zu einer Ausbildungsstelle in Duisburg und ein Porträt von 13 Jugendlichen aus Nordrhein-Westfalen.

Bedarfslagen führen, doch es „bleibt ein Teil von (Miss-)Erfolgsvarianz identifizierbar, der sich am Merkmal „Migrationshintergrund" bindet und der nicht durch andere Variablen zu erklären ist" (Beicht et al. 2011, S. 181).

2   Leistungen und Erfolgsfaktoren des Projekts

Die folgenden konzeptionellen Ansatzpunkte sind für die Durchführung des Projekts in NRW zielführend:

2.1   Direkter Kontakt zu Ausbildungsbetrieben

Im Vordergrund des Modellprojekts steht weniger eine Verbesserung direkt arbeitsmarktrelevanter Ressourcen wie Bildungsabschlüsse, Abschlussnoten oder Sprachkenntnisse der einzelnen Individuen, sondern die direkte Ansprache der in den Betrieben verantwortlichen Personen. In vorbereitenden und begleitenden Betriebsbesuchen wird aktiv dafür geworben, den jungen Menschen eine Ausbildungs- oder vorbereitende Praktikumsstelle anzubieten. Die Beraterinnen und Berater des ESTA-Bildungswerks fungieren hier als wirkungsvolle Türöffner für betriebliche Ausbildungskarrieren. Zugleich wird deutlich, dass durch den persönlichen Kontakt etwaigen ethnischen Selektions- und Diskriminierungsmechanismen aktiv entgegengearbeitet werden kann. So wie die eingesetzten Beraterinnen und Berater von vielen Jugendlichen als authentische Person der Unterstützung und des Vorbilds („großer Bruder/große Schwester") wahrgenommen werden, so werden sie im Betrieb von den Personalverantwortlichen als professionelle Lotsen und ggf. Problemlöser/innen wahrgenommen.

Die Teilnehmenden können in den Praktika ihre beruflichen Vorstellungen und Wünsche mit ihren Fertigkeiten abgleichen, festigen oder auch ändern. Unpräzise oder falsche Berufsvorstellungen können somit korrigiert werden. Praktikumsphasen forcieren die Entscheidungskompetenzen der Jugendlichen und führen im Einzelfall auch zu Erweiterungen der oft sehr engen und traditionellen Auswahlberufe. Auch bringt die Absolvierung eines Praktikums in der Regel Erfolgserlebnisse mit sich, wodurch die Motivation und das Selbstwertgefühl der Jugendlichen steigt.

Auf Seiten der Betriebe führen vorgeschaltete Praktikumsphasen zu einem deutlichen Abbau zunächst vorgetragener Vorbehalte gegenüber der Zielgruppe. Durch persönliche Eigenschaften wie Zuverlässigkeit, Flexibilität, Pünktlichkeit, Freundlichkeit, Offenheit und Fleiß ist es vielen Bewerberinnen und Bewerbern möglich, ihre teilweise unzureichenden fachlichen und schulischen Kompetenzen klar zu kompensieren.

Positive Erfahrungen von Personalverantwortlichen im Umgang mit Jugendlichen in Ausbildung und Praktikum sind der wirkungsvollste und nachhaltigste
Anker für den Abbau diskriminierenden Verhaltens im Berufsleben. Erfolgsför-
dernd beim Kontakt zu den Betrieben ist dabei die "Zusicherung" einer gewissen
Nachbetreuung der Auszubildenden durch die Projektmitarbeitenden; hierdurch
kann die Risikovermutung einer vermeintlichen Fehlbesetzung auf Seiten der Be-
triebsverantwortlichen deutlich gemindert werden.

Durch die Beraterinnen und Berater konnten zahlreiche Jugendliche und
junge Erwachsene in Praktikums- oder Ausbildungsplätze vermittelt werden, die
bisher aufgrund ihrer vorhandenen schulischen Leistungen vor allem die Erfahrung des Scheiterns gemacht hatten. Mit der angebotenen professionellen Unterstützung gelingt es Jugendlichen vor Ort, die oft schlechten schulischen Leistungen massiv zu kompensieren und in eine betriebliche Ausbildung einzutreten.

2.2 Unterstützung der Jugendlichen und systematische Einbindung der Eltern

Die Beratungsangebote des Projekts richten sich an Jugendliche ohne Ausbildungsstelle und an deren Eltern. Die Erfahrungen bestätigen, dass häufig keine
ausgeprägten Kenntnisse über den Übergang von der Schule in die Ausbildung
existieren, dass jedoch ausgeprägte Bildungsambitionen bei der Zielgruppe existieren. Diese Ambitionen richten sich allerdings deutlich eher auf schulische Karrieren als auf betriebliche Ausbildungen. Bei Eltern existierten selten klare und
zielführende Vorstellungen und Kenntnisse, den Berufseintritt ihrer Kinder zu gestalten bzw. zu unterstützen. Das Wissen über die Vielfalt der Ausbildungsberufe
und das System als solches sind oft gering ausgeprägt und veraltet. Bei vielen
älteren Jugendlichen liegen Erfahrungen des Scheiterns in teilweise erheblichem
Umfang vor.

Die Unterstützungsleistungen des Projekts führen bei den Jugendlichen oft
zu grundlegenden Verbesserungen bei der Einsicht in die eigene Verantwortung
der Berufsweg- und Lebensplanung, bei der Identifizierung von Interessen und
Einschätzung von Fähigkeiten und Neigungen und bei der aktiven Umsetzung
der Anforderungen eines Bewerbungsverfahrens. Die umfassende Unterstützung
der Beraterinnen und Berater „aus einer Hand" ist dabei eines der wesentlichen
Erfolgsmerkmale. Die Jugendlichen erhalten Einschätzungen und Hilfestellungen zu allen situativen Problemlagen, egal, ob es sich um Fragen der schulischen
Karriere, einer betrieblichen Ausbildung, der Berufswahlorientierung, eines Be-
werbungstrainings oder einer Stellenanalyse handelt.

Die systematische Einbindung der Eltern in den schulischen und außerschulischen Prozess der Berufsorientierung ist mittlerweile gute Praxis in vielen Maßnahmen, die familiäre Einbindung bleibt jedoch weiterhin eine zwingende Aufgabe. Der Elterneinfluss gilt als die wichtigste Determinante in der Berufswahlentscheidung der Kinder. Dabei haben besonders die Mütter einen starken bis sehr starken Einfluss auf ihre Kinder. „Demgegenüber muss die berufswahlrelevante Hilfe der Berufsberater und Lehrer als eher gering eingeschätzt werden" (Hentrich 2011, S. 93). Diese Einschätzung wird durch die Erfahrungen im Modellprojekt deutlich gestützt. Zwischen den Bildungsvoraussetzungen (Abschlussart und Schulnoten) auf der einen Seite und (Aus)Bildungserwartungen auf der anderen Seite besteht oft eine beträchtliche Kluft. Dies trifft zwar auch auf Schülerinnen, Schüler und Eltern der Mehrheitsgesellschaft zu, nach unseren Erfahrungen ist die Kluft bei den Eltern der Jugendlichen mit Migrationshintergrund jedoch besonders ausgeprägt.

Die Einbindung der Eltern kann nur als kontinuierlicher Prozess verstanden werden. Die Beraterinnen und Berater des ESTA-Bildungswerks zielen darauf ab, den Eltern nicht nur ein Mehr an Informationen zu liefern, sondern auch das Format der Informationsvermittlung so zu gestalten, dass die Eltern als Partner im Dialog eingebunden sind. Diese dialogische Gestaltung wird sowohl im familiären Kontext (vor allem bei Hausbesuchen), als auch im Gruppenkontext und in gemeinsamen Veranstaltungsformaten umgesetzt. Durch die Durchführung von Elterngesprächskreisen beispielsweise in Moscheevereinen werden Eltern erreicht, die durch reguläre Ansprache-Konzepte von Schule und Beruf oft nicht erreicht werden. Die Beraterinnen und Berater des FIBA-Projekts werden seitens der Eltern oft mit Lehrkräften an Schulen gleichgesetzt, jedoch mit der Besonderheit der Möglichkeit des muttersprachlichen Austauschs. Während in der Arbeit mit den Jugendlichen die türkische Sprache kaum Verwendung findet, so ist dies bei Informations- und Beratungsangeboten für Eltern die Regel. Dies gilt auch für die Zusammenarbeit mit Einrichtungen der türkeistämmigen Community.

Wie bei allen Jugendlichen vor dem Eintritt in den Beruf, so spielen auch bei den Jugendlichen mit Migrationshintergrund die Ausbildungs-Präferenzen der Individuen und Gruppen eine große Rolle. Die elterlichen Einflussfaktoren auf den Berufswahlprozess der Jugendlichen sind nicht in jedem Fall hilfreich, falls der Kenntnisstand der Eltern über die Vielfalt der Ausbildungsberufe gering ist. Erst durch intensive Aufklärung über einzelne Berufsbilder und die Karrierewege bestimmter beruflicher Ausbildungen können Vorbehalte aufgeweicht werden, die Wahlentscheidungen auf eine breitere Basis gestellt werden und hierdurch der elterlichen Unterstützung zu einer neuen Qualität verholfen werden.

2.3   Kompetenzentwicklung der Jugendlichen

Eine individuelle Verbesserung der schulischen Zeugnisnoten führt für Hauptschülerinnen und Hauptschüler mit türkischer Familiengeschichte kaum zu einer verbesserten Situation beim Eintritt in betriebliche Ausbildung. In der Logik
des Projekts findet entsprechend so gut wie keinerlei schulische Qualifizierung
im eigentlichen Sinne statt, doch in der Auseinandersetzung mit den Jugendlichen geht es sehr wohl um die Entwicklung von Kompetenzen, genauer: um die
Kompetenzen, ein gelingendes Leben für sich zu verwirklichen und Handlungs-
fähigkeit zu erhalten, d.h. Entscheidungen zu treffen, Talente zu erkennen und zu
entwickeln, für die eigene Gesundheit und das Wohlbefinden zu sorgen und am
sozialen und politischen Leben teilzunehmen. Die Eröffnung von Einstiegs- und
Aufstiegsmöglichkeiten, aber auch die Darstellung der Mühen einer betrieblichen
Ausbildung, werden im Projektgeschehen so oft es geht an eine Perspektive des
kontinuierlichen, lebensbegleitenden Lernens und der gesellschaftlichen Teilhabe gekoppelt. Durch die dem Projekt immanente hohe Flexibilität und Offenheit
gegenüber konkreten Themensetzungen und durch die Bereitschaft zur Vor-Ort-
Arbeit kann ein erhebliches gesellschaftspolitisches Interesse unter den Jugendlichen stimuliert werden, das zunächst kaum vermutet werden konnte.

Die außerschulische Lebenswelt der Jugendlichen kann eine positive Res-
source sein, in der Kompetenzen und Verantwortungen entwickelt und übernommen werden. Gleichwohl kann sie jedoch auch als weiterer Belastungsfaktor
wirken, durch den Handlungsspielräume weiter eingeschränkt werden. In einem
institutionalisierten Kontext von Bildung und Beratung bleiben solche Belastun-
gen oft unentdeckt; die informelle Qualität der Projekt-Aktivitäten führt dagegen
zu einer hohen Bereitschaft seitens der Jugendlichen, sich mit der eigenen Situation ernsthaft und intensiv auseinanderzusetzen und Schritte zu einer erfolgreichen
Zukunftsgestaltung zu gehen.

Um eine Unterstützung über die Laufzeit des Projekts aufrechtzuerhalten,
konnten punktuell unter einigen Jugendlichen Mentoren gewonnen werden, die
ihre Erfahrungen und Kenntnisse an nachfolgende Jugendliche weitergeben.
Hierdurch wird zumindest in Ansätzen eine Unterstützungsressource aus den Rei-
hen der Jugendlichen selbst erschlossen.

2.4   Vertrauensvolle Zusammenarbeit

Viele türkeistämmige Jugendliche blicken mit geringer Zuversicht in die Zukunft.
Negative Vorerfahrungen, unstete Bildungsbiografien und Erfahrungen mit insti-
tutionellem Scheitern schlagen sich auf die Selbstkonzepte der Jugendlichen nie-

der. Zusätzlich sind die Jugendlichen mit Zuschreibungen konfrontiert, die ihre bisherige Bildungsbiografie abwerten. Das Projekt setzt daran an, im Umgang mit den Jugendlichen ihre Stärken zu erkennen und daraus Strategien und Maßnahmen zum Eintritt in Ausbildung zu entwickeln. Die Beraterinnen und Berater unterstützen dabei die freiwilligen Aktivitäten der Jugendlichen; sie bereiten Betriebsbesuche vor und flankieren die individuellen Bemühungen. Die Jugendlichen fühlen sich in gewisser Hinsicht „verpflichtet", die Hilfestellungen der Beraterinnen und Berater nicht ins Leere laufen zu lassen und zeigen entsprechend oft ein überdurchschnittliches Engagement.

Der Aufbau einer persönlichen Bindung zu den Jugendlichen ist eine der wesentlichen Erfolgskriterien im Projektverlauf. Vor allem durch diese Beziehungsqualität werden die Jugendlichen – und in der Folge deren Eltern – emotional erreicht und dafür aufgeschlossen, die nachfolgenden Schritte und Beratungsinhalte umzusetzen.

2.5   Interkulturelle Kompetenz der Beraterinnen und Berater

Alle eingesetzten Projektmitarbeiterinnen und -mitarbeiter besitzen hohe Kompetenzen hinsichtlich der Mehrsprachigkeit und interkulturellen Sensibilität, hinsichtlich spezifischer Arbeitserfahrungen und hinsichtlich der räumlichen und zeitlichen Flexibilität. Hierdurch gelingt es, die Angebote sowohl in die Strukturen und Netzwerke der Minderheitsgesellschaft als auch in die Angebotsstrukturen der Mehrheitsgesellschaft einzubetten. Auf diese Weise werden nicht zuletzt einige der Integrationshemmnisse vor Ort beseitigt – und dies gilt für beide Seiten: bei den Akteuren der Mehrheitsgesellschaft werden die Kenntnisse über migrations- und kulturspezifische Hintergründe der Zielgruppe gefestigt; bei den Eltern und Familien steigen die Kenntnisse über das System schulischer und beruflicher Bildung sowie die Partizipationsmöglichkeiten und -pflichten durch Eltern und Jugendliche.

2.6   Flexible Gestaltung der Angebote aus einer Hand

Die Angebote des Projekts sind im Vergleich zu regulären Beratungs-, Bildungs- und Integrationsstrukturen außerordentlich flexibel gestaltet. Diese Flexibilität bezieht sich auf mehrere Dimensionen:

2.6.1   Ort der Leistungserbringung und Zielgruppen

Die Beratungen werden sowohl in den Büros angeboten als auch in den Familien der Jugendlichen, an Orten der Freizeitgestaltung und/oder in den (kirchlichen) Gemeindezentren. Zwar gehören Schüler/innen der Abgangsklassen an Hauptschulen zur primären Zielgruppe, oftmals werden jedoch auch ältere und jüngere Schüler/innen (z.B. als Familienmitglieder) erreicht. In Gesprächskreisen mit Ausbildungsverantwortlichen und durch Betriebsbesichtigungen erleben viele Eltern erstmalig einen persönlichen Kontakt zu den potentiellen Ausbildungsbetrieben ihrer Kinder.

2.6.2   Zeit und Umfang der Beratungen

Auch die Tageszeit und der Umfang der Beratungen sind höchst individuell und unterschiedlich. In der Regel finden die meisten Beratungen der Jugendlichen in den Nachmittagsstunden statt. Die Beratungen der Eltern fallen dagegen in den Abendbereich, soweit die Eltern berufstätig sind. Informations- und Beratungsveranstaltungen an Orten der Religionsausübung finden regelmäßig im Abendbereich oder an Wochenenden statt. Der Umfang der Beratungen ist ebenfalls höchst unterschiedlich und ist vor allem vom individuellen Bedarf und den individuellen Ambitionen der Jugendlichen abhängig.

2.6.3   Beratungsgegenstand

In der Informations- und Beratungspraxis steht natürlich die Unterstützung bei der Suche nach betrieblichen Ausbildungsplätzen an erster Stelle. Wo immer möglich, wird den Jugendlichen die Inanspruchnahme der regulären Unterstützungsangebote der Bundesagentur für Arbeit und der Jobcenter sowie der schulischen und außerschulischen Angebote empfohlen. Je nach Intensität der Zusammenarbeit und individuellem Bedarf kann sich das Thema jedoch auch verschieben und zu einer eher generellen Unterstützung bei der Lebensplanung werden. Personen mit spezifischem Unterstützungsbedarf werden über die vorhandenen Regelangebote informiert und ggf. an diese weitergeleitet.

3   Fazit

Als Erfolgsfaktoren des Projekts und damit als Empfehlung für arbeitsmarkt- und integrationspolitische Vorhaben können folgende Punkte formuliert werden:

1. Der direkte Kontakt zu Ausbildungsbetrieben dient als Türöffner für betriebliche Ausbildungskarrieren und wirkt betrieblicher Diskriminierung entgegen.
2. Die systematische Einbindung der Eltern in die Beratungen und Unterstützungen der Jugendlichen ist zwingend notwendig, falls in den Familien geringe Kenntnisse über die Ausbildungswege existieren, wobei die Einbeziehung der Eltern dialogisch gestaltet werden sollte.
3. Die Kompetenzentwicklung der Jugendlichen sollte in eine Perspektive des dauerhaften lebensbegleitenden Lernens gestellt und nicht auf eine Verbesserung schulischer Noten reduziert werden.
4. Die vertrauensvolle Zusammenarbeit mit den Beteiligten muss die oftmals vorliegenden Erfahrungen des Scheiterns berücksichtigen.
5. Die Anforderungen an die interkulturellen Kompetenzen der Beraterinnen und Berater sind in jedem Fall zu erheben und zu bedienen.
6. Die Angebotsgestaltung sollte flexibel und aus einer Hand erfolgen.

Literatur

Bundesinstitut für Berufsbildung. 2012. Datenreport zum Berufsbildungsbericht 2012. Informationen und Analysen zur Entwicklung der beruflichen Bildung. Bonn: Bundesinstitut für Berufsbildung.   http://datenreport.bibb.de/media2012/BIBB_Datenreport_2012.pdf.   Zugegriffen: 10.02.2013.

Information und Technik Nordrhein-Westfalen. 2011. 50 Jahre Zuwanderung aus der Türkei. Zum Stand der strukturellen Integration in Nordrhein-Westfalen. Statistik kompakt 10/11. Düsseldorf: Information und Technik Nordrhein-Westfalen.

Information und Technik Nordrhein-Westfalen. 2012. Bildungsbeteiligung von Schülerinnen und Schülern mit Zuwanderungsgeschichte. Statistik kompakt 03/12. Düsseldorf: Information und Technik Nordrhein-Westfalen.

Beicht, Ursula, Mona Granato, und Joachim Gerd Ulrich. 2011. Mindert Berufsausbildung die soziale Ungleichheit von Jugendlichen mit und ohne Migrationshintergrund? In Granato, Mona, Dieter Münk, und Reinhold Weiß (Hrsg.): Migration als Chance, S. 177–207. Bielefeld: Bertelsmann.

Hentrich, Karoline. 2011. Einflussfaktoren auf die Berufswahlentscheidung Jugendlicher an der ersten Schwelle. Eine theoretische und empirische Analyse. Magdeburger Schriften zur Berufs- und Wirtschaftspädagogik, Heft 1, 2011. Magdeburg: Otto-von-Guericke-Universität. http://www.ibbp.ovgu.de/inibbp_media/downloads/bp/Heft1_2011.pdf. Zugegriffen: 15.03.2013.

Lektion gelernt?! – Modelle für mehr Chancengleichheit in Ausbildung und Arbeit in Ostwestfalen-Lippe

Wolfgang Sieber[1]

1 Einleitung

Die Einladung zu einem Vortrag auf der Fach- und Transferkonferenz „Bildungs- und Arbeitsmarkt für Menschen mit Migrationsgeschichte" im Rahmen des Programms FIBA - Förderung in Berufswahl und Ausbildung des ESTA-Bildungswerks am 31.10.2012 in Dortmund war seitens des Veranstalters mit der Bitte verbunden worden, regionale Erfahrungen aus Lippe bzw. Ostwestfalen-Lippe zum Thema berufliche Integration von Migrantinnen und Migranten darzustellen. Ein Titel war schnell gefunden und das Fragezeichen und das Ausrufungszeichen hinter „Lektion gelernt" sollen die Unsicherheit bei der Veränderung der Ansätze verdeutlichen: Die Erfahrungen, die das Netzwerk Lippe in einer ganzen Reihe von arbeitsmarktpolitischen Integrationsprojekten gemacht hat, und die im Folgenden vorgestellt werden sollen, lassen sich in drei „Lektionen" darstellen:

1. Ressourcenorientierung versus Defizitorientierung,
2. Berücksichtigung und Stärkung des sozialen Umfelds von Migrantinnen und Migranten,
3. Einbezug von Unternehmen und gute Beispiele und große Hürden.

---

1 Der Text entstand in Zusammenarbeit mit dem MIGRA-Team des Netzwerk Lippe: Anika Eltgen, Sandra Krüger, Armin Schauf und Timm Wobbe. In diesem Team sind alle Projekte zusammengefasst, die sich mit den Themen Migration und Integration befassen.

Hierauf bezieht sich das Ausrufungszeichen. Diese Lektionen sind allerdings nie „ausgelernt", sondern stellen sich immer wieder neu als Herausforderung sowohl für die Akteure der Mehrheitsgesellschaft als auch für die Menschen mit Migrationsgeschichte und ihre Organisationen. Hierauf bezieht sich das Fragezeichen. Die Lektionen verdeutlichen einen Perspektivwechsel, der die Verantwortung für das Thema Integration gerade im Bereich der Arbeitsmarktpolitik deutlich auch bei der Mehrheitsgesellschaft verankert. Der politisch-gesetzliche Rahmen der arbeitsmarktlichen Integration von Migrantinnen und Migranten wird in diesem Zusammenhang nur punktuell gestreift: Das Netzwerk Lippe arbeitet im Rahmen von ESF-Projektförderungen, z.B. konkret in der Erstberatung zum Thema Feststellung und Anerkennung ausländischer Abschlüsse und der beruflichen Integration von Bleibeberechtigten und Flüchtlingen.

2   Das Netzwerk Lippe

Das Netzwerk Lippe (NWL) wurde 1995 als kommunale Beschäftigungsförderungsgesellschaft gegründet, um arbeitsfähige Sozialhilfebeziehende zu beraten und in den ersten Arbeitsmarkt zu (re)integrieren. Öffentlich geförderte Projekte (durch EU, Bund, Land, kommunale Mittel, Agentur für Arbeit, Jobcenter Lippe) im arbeitsmarktpolitischen Bereich bilden seit 1995 einen der Kernbereiche. Das Netzwerk Lippe ist eine gemeinnützige GmbH, deren Hauptgesellschafter der Kreis Lippe ist. Zu dem Gesellschafterkreis gehören acht Städte und Kommunen, die IHK Lippe zu Detmold, die Kirchen und der Landesverband Lippe. Im Gesellschaftervertrag der Netzwerk Lippe gGmbH sind die Ziele und Arbeitsschwerpunkte festgehalten. Hierzu gehören die Beratung, Betreuung, arbeitsmarknahe Qualifizierung und Vermittlung von benachteiligten Zielgruppen des Arbeitsmarktes, Vernetzung der bestehenden Angebote und Akteure sowie die Entwicklung neuer zielgruppenspezifischer Handlungskonzepte. Derzeit führt das Netzwerk Lippe verstärkt Maßnahmen und Projekte für ältere Langzeitarbeitslose, Alleinerziehende, Migrantinnen und Migranten, für Jugendliche im Übergang von der Schule in den Beruf und Menschen mit Behinderungen mit ca. 1.500 Teilnehmenden pro Jahr durch. Das Netzwerk Lippe ist an folgenden laufenden arbeitsmarktpolitischen Projekten beteiligt, die an Menschen mit Migrationshintergrund gerichtet sind:

- Regieträgerschaft für berufsbezogene Sprachkurse im Rahmen der ESF-Förderung durch das Bundesamt für Migration und Flüchtlinge
- Erstberatungsstelle zur Feststellung und Anerkennung im Ausland erworbener Berufsabschlüsse im Rahmen des IQ-Netzwerks Nordrhein-Westfalen

- XENOS Integration und Vielfalt: Kompetenzwerkstatt Vielfalt und Ausbildung

- XENOS-Bleiberecht – Teilprojekt HORIZONT in alpha OWL (Heranführung von Bleibeberechtigten und Flüchtlingen an den deutschen Arbeitsmarkt und Integration möglichst vieler Personen).

In der jüngeren Vergangenheit wurden verschiedene weitere arbeitsmarktpolitische Modellprojekte in Verknüpfung mit dem Thema Integration von Migrantinnen und Migranten durchgeführt: Zur Arbeitsmarktintegration von Russlanddeutschen und anderen Zuwanderern aus der ehemaligen Sowjetunion das vom Ministerium für Arbeit und Soziales des Landes Nordrhein-Westfalen mit Mitteln des Europäischen Sozialfonds finanzierte Projekt „Perestrojka" (2009 bis 2011), im Auftrag des Bundesarbeitsministeriums die mit Mitteln des Europäischen Sozialfonds finanzierten XENOS-Projekte „PONTE" und „Fachkräfte morgen – Integration heute" und „HORIZONT". Im Auftrag des Kreises Lippe wurden verschiedene Projekte im Rahmen der KOMM-IN-Förderung („Kommunale Integration") des Landes Nordrhein-Westfalen durchgeführt.

Die 60 sozialversicherungspflichtig Beschäftigten weisen hohe fachliche Kompetenz und zumeist langjährige Projekterfahrung auf. NWL ist ein anerkannter Ausbildungsbetrieb. Das Netzwerk Lippe ist nach DIN EN ISO 9001:2008 und AZAV zertifiziert.

2.1   Kooperationsstrukturen

Das Netzwerk Lippe war und ist sowohl in kontinuierliche als auch projektbezogene Kooperationsstrukturen vor allem in Ostwestfalen-Lippe einbezogen. Im Rahmen der „Initiative für Beschäftigung OWL" leitet der Verfasser dieses Beitrags seit über acht Jahren den Themenkreis Integration, der weit über 100 Mitglieder aus arbeitsmarktpolitischen Institutionen (Agenturen für Arbeit, Jobcenter, kommunalen Beschäftigungsförderungsgesellschaften etc.), regionalen Unternehmen sowie Wohlfahrtsverbänden und Bildungsträgern hat. Eines der Hauptthemen dieser Vernetzungsstruktur, an der sich aktiv regelmäßig über 40 Akteure beteiligen, ist die arbeitsmarktpolitische Integration von Migrantinnen und Migranten. Eine sehr aktive Teilstruktur ist der „Arbeitskreis berufsbezogenes Deutsch", in dem alle Träger der ESF-BAMF-Kurse aus OWL vertreten sind. NWL ist weiterhin Mitherausgeber des arbeitsmarktpolitischen Magazins „Forum OWL".

Die projektbezogenen Kooperationen in der Region lassen sich nur exemplarisch und themenbezogen aufführen: Im Bereich der Erstberatung zur Feststellung und Anerkennung im Ausland erworbener beruflicher Abschlüsse sind die Handwerkskammer OWL, die Industrie- und Handelskammer sowie die Arbeitsverwaltungen der Region (Arbeitsagenturen und Jobcenter), die tbz Bildung gGmbH/Paderborn sowie die Mozaik gGmbH aus Bielefeld zu nennen.

Mit der bereits erwähnten „Initiative für Beschäftigung OWL" wurde ein Kooperationsprojekt abgeschlossen: „Fachkräfte morgen – Integration heute", ein weiteres, die „Kompetenzwerkstatt Vielfalt und Ausbildung" ist im Jahre 2012 angelaufen. An diesem Projekt ist auch die EU-Geschäftsstelle der Bezirksregierung Detmold beteiligt.

„Perestrojka" wurde in Kooperation mit den russlanddeutschen Organisationen „Freundschaft Druschba e.V." und Monolith e.V., dem ESTA-Bildungswerk, der tbz Bildung gGmbH, den regionalen ARGEn in Höxter, Lippe und Paderborn durchgeführt. Beim XENOS-Bleiberechtsprojekt „alpha OWL" schließlich ist die REGE mbH in Bielefeld Hauptpartner.

2.2   Einige Grundinformationen zu OWL und Lippe

Ostwestfalen-Lippe ist die Hauptzuwanderungsregion aus den GUS (Gemeinschaft unabhängiger Staaten) in Nordrhein-Westfalen. Der allein durch diese Zuwanderung verursachte Bevölkerungszuwachs liegt rein quantitativ in der Größenordnung der Gesamtbevölkerung des Kreises Paderborn. Insgesamt betrug das Bevölkerungswachstum durch Zuwanderung seit 1987 knapp 300.000 Personen.

Im Kreis Lippe, der insgesamt zehn Städte und sechs Gemeinden umfasst, leben ca. 353.000 Menschen. Der Anteil der Menschen mit Migrationshintergrund liegt bei 23,5%. Hierzu gehören zu 6,7% Personen mit ausländischer Staatsangehörigkeit und zu 16,8% Deutsche und Eingebürgerte, die selbst oder deren Eltern zugewandert sind. Der etwas über dem Landesdurchschnitt liegende Wert ist insbesondere auf die hohe Zuweisung von Spätaussiedlerinnen und Spätaussiedlern seit Ende der 1980er Jahre zurückzuführen. Diese bilden neben den Türkeistämmigen die Kerngruppen der Migrantinnen und Migranten in Lippe. Insgesamt sind 140 Herkunftsländer vertreten (Kreis Lippe Ausländeramt 2012).

Die Analyse der schulischen und beruflichen Situation von Migrantinnen und Migranten ergibt ein klares Bild. Sowohl hinsichtlich der schulischen als auch der beruflichen Bildungsabschlüsse hinken Menschen mit Zuwanderungshistorie im Durchschnitt zwar der Mehrheit hinterher, aber es gibt auch sehr viele Erfolgsgeschichten. So sind junge Frauen mit einem Aussiedlerhintergrund sehr häufig die besten Bewerberinnen um Ausbildungsplätze.

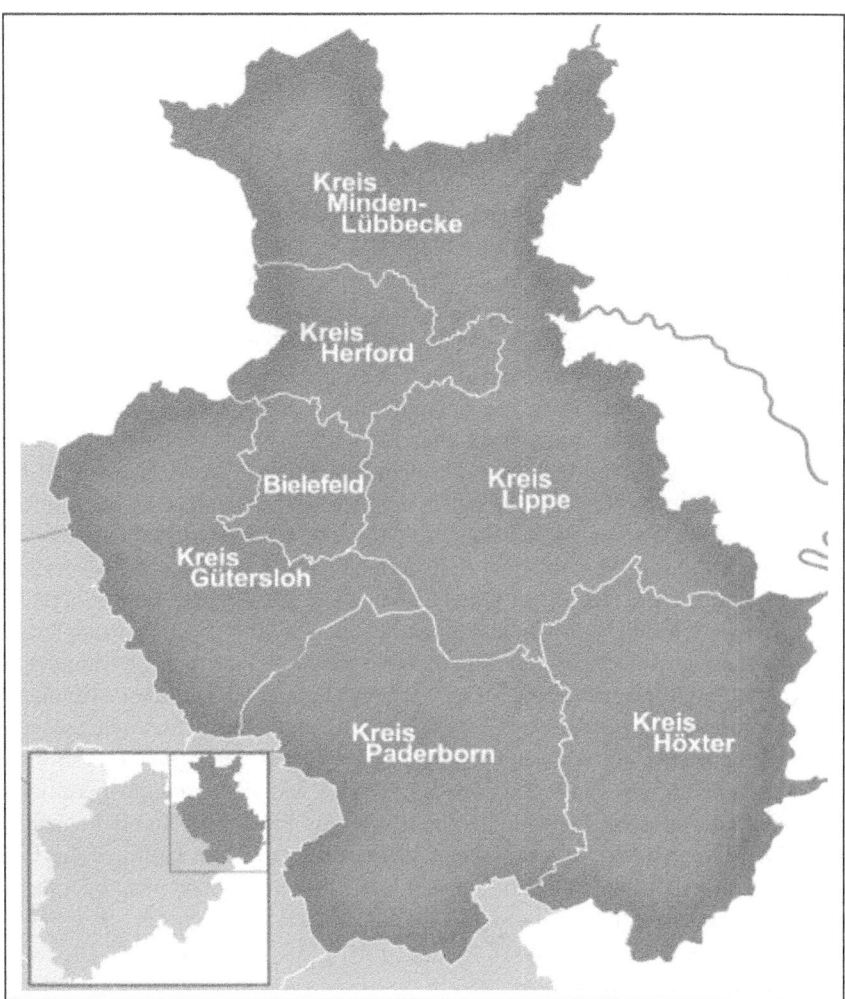

Quelle: Wikipedia, Ostwestfalen-Lippe

Abbildung 1: Ostwestfalen-Lippe

Die Integration der zugewanderten Bevölkerung in den regionalen Arbeits- und Ausbildungsmarkt stellt eine enorme Herausforderung dar, die weitgehend erfolgreich bewältigt wird, in einigen Bereichen aber gesonderter und konzentrierter Anstrengungen bedarf.

23,3 % der Bevölkerung von OWL hat eine Zuwanderungsgeschichte (NRW 23,1%)

21,9 % der Erwerbstätigen in OWL haben eine Zuwanderungsgeschichte (NRW 21,2 %)

58,8 % der Zuwanderer in OWL haben einen beruflichen Abschluss (NRW 59 %).

In den Jobcentern in Ostwestfalen-Lippe haben Schätzungen zufolge durchschnittlich zwischen 40 % und 60 % der SGB II-beziehenden Personen einen Migrationshintergrund. Da die in den Arbeitsmarkt integrierten Migrantinnen und Migranten i.d.R. häufig weit unterhalb ihrer formalen Qualifikation eingestellt worden sind bzw. nur in geringem Maße an Weiterbildungsangeboten partizipieren, tragen sie hohe Arbeitsmarktrisiken.

Die starke Zuwanderung von Aussiedlerinnen und Aussiedlern in Ostwestfalen-Lippe hat zu sehr unterschiedlichen Auswirkungen am regionalen Arbeitsmarkt geführt. Während sich eine Gruppe der „frühen" Aussiedler seit Mitte der 1980er Jahre vergleichsweise gut in den Arbeitsmarkt integriert hat, gibt es eine wachsende Gruppe gerade jüngerer Migrantinnen und Migranten aus den GUS-Staaten, die mit erheblichen Schwierigkeiten der Arbeitsmarktintegration zu kämpfen haben. Dies gilt in hohem Maße auch für türkeistämmige Jugendliche. Wissenschaftliche Untersuchungen belegen zudem, dass Chancengleichheit auf dem Ausbildungs- und Arbeitsmarkt nach wie vor nicht gewährleistet ist (vgl. Uhly und Granato 2006). Der Sachverständigenrat deutscher Stiftungen für Integration und Migration (SVR) stellt strukturelle Benachteiligungen von Jugendlichem mit Migrationshintergrund im Übergang von der Schule in eine Berufsausbildung fest (SVR 2010, S. 164). Umso wichtiger sind das berufliche Orientierungsverhalten, persönliche Suchstrategien, Flexibilität und Durchhaltevermögen. Wenn auch von den Jugendlichen selbst und ihren Familien die Bedeutung von schulischer und beruflicher Bildung und Ausbildung nicht oder nicht richtig erkannt wird, dann ist die prekäre Arbeitsmarktsituation oder dauerhafte Arbeitslosigkeit vorprogrammiert.

3   Lektion 1: Ressourcenorientierung vs. Defizitorientierung –
       Entwicklung konkreter Ansätze

In der integrationspolitischen Debatte wird verstärkt seit Mitte des vergangenen Jahrzehnts ein Paradigmenwechsel von der Defizitorientierung hin zur Ressourcenorientierung propagiert (vgl. Die Bundesregierung 2007). Das Netzwerk Lippe hat sich erstmals im Rahmen eines Teilprojekts der EQUAL-Entwicklungspartnerschaft In.OWL (2001 bis 2003) systematisch mit Fragen der arbeitsmarktlichen Integration von Migrantinnen und Migranten beschäftigt. Konkreter Auslöser für eine explizite Thematisierung der Ressourcen zugewanderter Menschen war jedoch später die Einführung der Integrationskurse im Rahmen der Implementierung des Zuwanderungsgesetzes im Jahr 2005. Gemeinsam mit dem Kreis Lippe wurde eine Austauschstruktur mit den Kursträgern und anderen integrationspolitischen Akteuren einschließlich von Migrantenorganisationen auf Kreisebene aufgebaut. Hier kam die Diskussion schnell auf Potenziale und Defizite der Teilnehmenden und es wurde im Rahmen einer KOMM-IN-Förderung des Landes Nordrhein-Westfalen eine Befragung von Teilnehmenden der Integrationskurse durchgeführt (vgl. Finke und Lindecke 2007).

3.1 Befragung von Teilnehmenden von Integrationskursen

Insgesamt beteiligten sich 274 Teilnehmerinnen und Teilnehmer von Integrationskursen mit der Qualifikationsstufe B 1 an der Befragung, die im Frühjahr 2007 durchgeführt wurde. Der Fragebogen beinhaltete fünf Frageblöcke: Persönliche Daten, Bewertung des Integrationskurses, Kompetenzen und Wünsche der Teilnehmer, weitere Wünsche.

Im Ergebnis standen arbeitsmarktlich relevante Feststellungen: Das Hauptinteresse der arbeitsfähigen Migrantinnen und Migranten lag ganz deutlich auf Maßnahmen und Aktivitäten, die ihnen eine Teilhabe am Arbeitsmarkt ermöglichen. Die Motivation zur beruflichen Integration und zum Erwerb der deutschen Sprache wurde klar herausgestellt. Allerdings wurden auch Behörden (u.a. Arbeitsverwaltung) als Blockierer benannt. Es wurde sehr deutlich, dass mangelnde sprachliche und berufspraktische Erfahrungen eine fast unausweichliche Spirale aus kurzfristigen Maßnahmen (gelegentlich auch tatsächlichen Beschäftigungen) und sich wieder anschließenden (dequalifizierenden) Phasen von Arbeitslosigkeit erzeugen. Im Anschluss an die Untersuchung ergab sich für das Netzwerk Lippe sehr klar die Konsequenz, bei weiteren Aktivitäten an den Kompetenzen anzusetzen.

Wichtig ist hierbei, dass es nicht nur um Kompetenzbereiche wie berufspraktische Erfahrungen oder absolvierte Ausbildungen geht, sondern auch jene Kompetenzen in den Blick geraten, die gerade Zugewanderte mitbringen. Zu nennen wären hier beispielsweise Zweisprachigkeit oder interkulturelle Kompetenzen, aber auch Schlüsselkompetenzen wie Durchhaltevermögen, Frustrationstoleranz, Teamfähigkeit usw.

Diese Kompetenzen für die Migrantinnen und Migranten selbst, aber auch für Institutionen und Arbeitgeber sichtbar zu machen, war das zentrale Anliegen. Aus diesem Grund wurde die Entwicklung eines Profiling- bzw. Assessmenttools angestrebt, mit dem möglichst alle verwertbaren Kompetenzen (soziale, sprachliche, interkulturelle und berufspraktische) sichtbar gemacht werden. Weiterhin sollte dieses Tool so konzipiert sein, dass es nicht nur für bestimmte ethnische oder kulturelle Teilgruppen einsetzbar ist, sondern sich auf kulturübergreifende Kompetenzen fokussiert und daher auch in kulturgemischten Gruppen erfolgreich eingesetzt werden kann. Zentrale Begriffe sind hier, neben der Auffassungsgabe, die konkreten berufpraktischen und allgemeinen haptischen Fertigkeiten und besonders die Soft-Skills (Hilfsbereitschaft, Emphatie, Verständnis etc.).

3.2   *Micro-Assessmentcenter*

Um diese auszuloten, wurden spezielle Micro-Assessmentcenter entwickelt und durchgeführt. Dabei wird an Kompetenzmessungsverfahren (ACs) angeknüpft, die in verschiedenen Bereichen eingesetzt werden und deren Wurzeln fast 100 Jahre zurück liegen. Die Entscheidung für ACs ist nach gründlicher Abwägung und Prüfung vor allem biographisch orientierter subjektiver Selbstauskunftsverfahren gefallen. Deren Nutzen wurde und wird nicht infrage gestellt, ist jedoch stark kontextabhängig. Das Netzwerk Lippe hat dagegen nach Verfahren gesucht, die intersubjektiv arbeitsmarktpolitisch anschlussfähig sind. Arbeitgebern sollten schlüssige Informationen über die Kompetenzen der Jugendlichen mit Migrationshintergrund vermittelt werden, um deren Chancen auf einen Ausbildungsplatz zu erhöhen.

Im Assessmentcenter werden die Jugendlichen bei verschiedenen Gruppen- und Einzelaufgaben durch geschulte Beobachterinnen und Beobachter anhand eines standardisierten Beobachtungsbogens eingeschätzt. Im Zentrum der Beobachtungen stehen bei den Assessments Softskills wie Verantwortung und Verlässlichkeit, Aufmerksamkeit und Konzentration, Kreativität, Teamfähigkeit, Konfliktfähigkeit, Durchsetzungsvermögen, Kontakt- und Kommunikationsfähigkeit, Ordnungsbereitschaft und Präsentationsfähigkeit. Nach jeder Übung erfolgen Feedbackgespräche, in denen den Teilnehmenden die Beobachtungen direkt gespiegelt werden. Am Ende eines Assessmentcenters findet eine ausführliche Besprechung aller Assessorinnen und Assessoren (Beobachterinnen und Beobachter) über die beobachteten Personen statt. Den Jugendlichen wird die Möglichkeit gegeben, an einer ausführlichen Abschlussbesprechung der Assessmentergebnisse teilzunehmen. Das Angebot, die eigenen Stärken und Schwächen kennen zu lernen, soll dazu beitragen, ein Bewusstsein der eigenen Potenziale zu schaffen. Auf diese Weise wird durch die Assessments das Thema Empowerment aufgegriffen und umgesetzt. Viele Jugendliche verfügen über kein positives bzw. stabiles Selbstbild. Dies wirkt sich auch auf die Berufswahl aus. Die Assessments sollen die Jugendlichen unterstützen, ein realistisches und positives Selbstbild aufzubauen.

Der Ansatz der Assessmentverfahren für Jugendliche mit Migrationshintergrund wurde im Rahmen der KOMM-IN-Förderung des Landes NRW entwickelt und während des XENOS-Projekts PONTE kreisweit ausgeweitet. Eine "aufsuchende" Art der Ansprache und Durchführung sollte einen niedrigschwelligen Zugang ermöglichen.

Die Akquise von Jugendlichen zur Durchführung der Assessmentcenter fand in der ersten Phase des Projektes über lokale Migrantenorganisationen, insbesondere über die DiTiB-Moscheegemeinden statt. Ein weiterer Zugang wurde über die örtlichen Jugendzentren gesucht. Auch Schulen zeigten sich an der Kompetenzerfassung durch Assessmentverfahren interessiert. Im Januar 2010 haben Schülerinnen und Schüler einer Hauptschule an einem Assessmentcenter teilgenommen. Noch größer war die Nachfrage an den Berufskollegs. In den Jahren 2010 und 2011 wurden 17 Assessmentcenter mit verschiedenen Berufsgrundschuljahren am Bonhoeffer-Berufskolleg und am Felix-Fechenbach-Berufskolleg in Detmold sowie am Lüttfeld-Berufskolleg in Lemgo durchgeführt.

Die Lehrkräfte der Berufskollegs gingen bereitwillig auf das Angebot ein, im Anschluss an die Assessmentcenter in Auswertungsgesprächen die Ergebnisse genau zu besprechen und Perspektiven für die Jugendlichen zu entwickeln. Während des Projektes fanden Schulungen von Assessorinnen und Assessoren statt, um für die Assessments auf ausreichend qualifizierte Beobachterinnen und Beobachter zurückgreifen zu können. Die Durchführung der Assessorenschulungen lag bei der Arbeitslosenselbsthilfe (ASH) Gütersloh. Bei der Schulung der Assessorinnen und Assessoren wurde darauf geachtet, dass diese entweder über Migrationshintergrund oder eine hohe Kultursensibilität verfügen.

Es wurden und werden ständig Treffen mit den Assessorinnen und Assessoren veranstaltet, um die Durchführungsqualität zu verbessern. Themen sind unter anderem Berufsorientierung von Jugendlichen, Umgang mit Vorurteilen, Wahrung der Objektivität, Assessmentberichte, Umgang mit den Bewertungskriterien etc.

Insgesamt haben rund 700 Jugendliche mit Migrationshintergrund bis Anfang 2012 an den Assessments teilgenommen. Allerdings stellte sich heraus, dass die Arbeitgeberseite während der KOMM-IN- und XENOS-PONTE-Projektphasen zu unsystematisch einbezogen worden war, so dass eine systematische Erfolgskontrolle nicht stattfinden konnte. Die Assessments hatten einen stark motivierenden Charakter. Wenn jedoch konkrete Anschlussperspektiven fehlen, kann aus punktueller Motivation schnell ein Strohfeuer werden. Im XENOS-Anschlussprojekt „Kompetenzwerkstatt Vielfalt und Ausbildung" wird daher modellhaft eine systematische Verknüpfung des Kompetenzfeststellungsansatzes mit der Auszubildendenakquise und Personalentwicklung von Unternehmen in ganz OWL vorgenommen. Zwei Unternehmen beteiligen sich bereits verbindlich, weitere 10 werden derzeit gewonnen.

3.3 Befragung zu Wünschen von Migrantinnen und Migranten an Arbeitgeber

Zum Thema der Ausbildungsbeteiligung und Arbeitsmarktintegration von Menschen mit Migrationshintergrund wird die Perspektive von Arbeitgebern sehr ausführlich beleuchtet. Im Rahmen des Projekts PONTE wurde daher die Frage aufgeworfen, welche Erwartungen und Wünsche Migrantinnen und Migranten an Arbeitgeber haben. Trotz ausführlicher Recherchen konnten nur sehr wenige Informationen gefunden werden, so dass das Netzwerk Lippe eine eigene Untersuchung zu diesem Thema durchführte.

Zunächst wurde ein Fragebogen entwickelt, der an verschiedene Organisationen weitergeleitet wurde. Verschiedene Träger von Integrationskursen und Unternehmen, aber auch im Projekt PONTE ausgebildete Mentorinnen und Mentoren haben diese Untersuchung unterstützt und so konnten 264 Fragebögen am Ende der schriftlichen Befragung ausgewertet werden. Der zweite Schritt der Untersuchung bestand in Leitfadeninterviews. Auch hier wurde zunächst ein Fragekonzept entwickelt. Neun Personen mit verschiedenen Migrationshintergründen erklärten sich zu einem etwa einstündigen Interview bereit. Die Untersuchung wurde zwischen März und Oktober 2011 durchgeführt.

In der Untersuchung wurden Fragen zur bevorzugten Unternehmensgröße, zur Sicherheit des Arbeitsplatzes, zur Freude und Zufriedenheit an der Arbeit, zum Verhältnis zu den Kolleginnen und Kollegen, zur Sprache, zu Bewerbungen und Ausschreibungen und zu der Frage „Was können Arbeitgeber unternehmen, um auf die Bedürfnisse von Migrantinnen und Migranten einzugehen?" gestellt.

Im Ergebnis der Untersuchung standen folgende Wünsche und Erwartungen an Arbeitgeber und an Rahmenbedingungen des Arbeitsmarktes:

- faire Chancen auf dem Arbeitsmarkt, beginnend mit „einladenden" Stellenausschreibungen (einfache Sprache, genaue Stellenbeschreibungen, Vermeidung von Anglizismen)

- weder negative noch positive Diskriminierung, sondern „normale" Behandlung im Unternehmen
- Vereinbarkeit von Familie und Beruf (u.a. Möglichkeit zum Urlaub im Herkunftsland!)
- Anerkennung von schulischen und beruflichen Abschlüssen
- Bevorzugung großer Unternehmen als vermeintlich „sichere" Arbeitgeber
- hohe Bewertung guter Sprachkenntnisse am Arbeitsplatz, um Arbeits- und Sicherheitsanweisungen verstehen zu können, aber auch um von anderen Kolleginnen und Kollegen nicht diskriminiert zu werden
- verständliche Arbeitsanweisungen und ggf. eine längere Einarbeitungszeit
- Unterstützung beim Abbau außerbetrieblicher Hemmnisse (Wohnungssuche etc.).

Leider wurde keine Vergleichsgruppe aus der Mehrheitsbevölkerung in die Untersuchung einbezogen, doch die Ergebnisse weisen deutlich auf den Wunsch nach der Herstellung von Chancengleichheit hin. Die „Normalität" der Wünsche und Erwartungen spricht zudem dagegen, Migrantinnen und Migranten generell als eine gesonderte Gruppe von Beschäftigten wahrzunehmen. Eine Ausnahme bildet allerdings der Personenkreis, der berufliche Abschlüsse im Ausland erworben hat.

3.4 Erfahrungen aus der Erstberatung im Rahmen der Feststellung und Anerkennung im Ausland erworbener Abschlüsse

Viele Zugewanderte können im Ausland erworbene Bildungsabschlüsse vorweisen, welche jedoch nur zu einem geringen Anteil in Deutschland anerkannt sind. Dementsprechend sind auch nur wenige in Beschäftigungen, die ihren Qualifikationen entsprechen. Hinzu kommt, dass die Arbeitslosenquote von Migrantinnen und Migranten im Kreis Lippe mit 22,6% dreimal so hoch wie die durchschnittliche Quote in NRW ist. Bezogen auf die vorhandenen, aber ungenutzten Qualifikationen der Zugewanderten fehlen leider aufgrund mangelnder Erfassung konkrete Daten, weshalb hier nur von ungefähren Werten gesprochen werden kann. Bundesweit wird die Zahl der erwerbsfähigen Personen mit nicht anerkannten Abschlüssen auf 285.000 geschätzt. Davon haben ca. 246.000 einen Ausbildungsberuf in ihrer Heimat erlernt, 16.000 können einen (Fach-)Hochschulabschluss und etwa 23.000 haben einen Abschluss an einer Meister-/Technikerfachschule erworben (vgl. Statistisches Bundesamt 2010). Nimmt man diese Zahlen als Bemessungsgrundlage, so kann die Zielgruppengröße für den Kreis Lippe auf etwa

1.500 Personen geschätzt werden. Jeder vierte erwerbstätige Migrant in NRW ist unterhalb seines Ausbildungsniveaus beschäftigt. Bei Personen ohne Migrationshintergrund ist es nur jeder Zehnte (G.I.B. 2012). Die Zahlen machen zum einen die Bedarfslage, aber auch die Potenziale – insbesondere mit Hinblick auf den Fachkräftemangel – deutlich. Die Gründe für diese Entwicklung sind vielfältig. Oftmals wurden keine Anerkennungsverfahren eingeleitet, da zum Beispiel – mit Ausnahme der Gruppe der Spätaussiedlerinnen und Spätaussiedler – kein Rechtsanspruch auf ein Anerkennungsverfahren bestand. Weitaus häufiger liegt die Ursache jedoch in mangelnder Information und Transparenz der Anerkennungsmöglichkeiten, zuständigen Stellen und der vorhanden Beratungs- und Unterstützungsangebote. Es fehlt an Orientierung und notwendigen Begleitstrukturen. Dieses gilt nicht nur für das formale Anerkennungsverfahren, welches alleine häufig noch nicht den Weg in den deutschen Arbeitsmarkt und zurück in den erlernten Beruf ebnet, sondern auch für den Bereich der beruflichen Weiterbildung, Anpassungsqualifizierungen und den damit verbundenen Fördermöglichkeiten für Migrantinnen und Migranten. Hier setzt das Teilprojekt für den Kreis Lippe im Rahmen des Regionalen Netzwerks IQ an.

Angestrebte Ansätze sind lokale und regionale Orientierungs- und Weiterleitungsstrukturen für die Ratsuchenden in Kooperation mit den strategischen Partnern vor Ort. Mit der IHK Lippe zu Detmold, dem Jobcenter Lippe, der Arbeitsagentur, den Migrationserstberatungen, den Ausländerbehörden sowie den Migrantenorganisationen wurden gut funktionierende Arbeitsbeziehungen aufgebaut, die für eine effektive Gestaltung der Strukturen im Sinne einer Prozesskette genutzt werden können. Erreicht wird die Zielgruppe über verschiedene Ansprachekonzepte. Neben der gezielten Öffentlichkeitsarbeit (mehrsprachige Flyer, Presseberichte, Auftritte auf Messen und Veranstaltungen, Projektfilm etc.) werden die lokalen Akteure vor Ort mit eingebunden.

Ein weiterer Zugang zu Teilnehmenden stellen die laufenden Integrationskurse dar. Hier wird vor Ort in regelmäßigen Abständen über das Thema und das Projekt informiert. Das Netzwerk Lippe ist Regieträger der berufsbezogenen Sprachkurse des Bundesamts für Migration und Flüchtlinge (BAMF). Auch hier bestehen gute Möglichkeiten, die Zielgruppe zu erreichen. Des Weiteren wird eine offene Sprechstunde eingerichtet, in denen die Teilnehmenden mit ihren Fragen zu den Mitarbeiter/-innen kommen können und weitere Schritte geklärt werden. Auf diese Weise wird eine Kombination von „Komm- und Gehstrukturen" erreicht. Bislang wurden im Kreis Lippe 115 Personen in Gruppenveranstaltungen sowie 145 Personen in intensiven Einzelberatungen erreicht.

Fazit Lektion 1:

Der ressourcenorientierte Ansatz ist zielführend. Voraussetzung für den weiteren Entwicklungsprozess ist der Einbezug der Kompetenz von Migrantinnen und Migranten. Grundsätzlich gilt auch: Die formale Anerkennung von Abschlüssen reicht nicht aus, um Chancengleichheit auf dem Arbeitsmarkt herzustellen.

4 Lektion 2: Berücksichtigung und Stärkung des sozialen Umfelds bei gleichzeitiger individueller Unterstützung

Eine Schlüsselerfahrung der Arbeit des Netzwerk Lippe stellte ab 2006 der Aufbau von Kontakten zu und die Entwicklung von Kooperationen mit Migrantenorganisationen dar. In den Ansatz sind Erfahrungen aus mehreren durch den Europäischen Sozialfonds geförderten Modellprojekten eingeflossen. Im Bereich der Aktivierung und Qualifizierung von Ehrenamtlichen sind hier u.a. die Projekte MUM (MigrantInnen unterstützen MigrantInnen) in Trägerschaft der Arbeiterwohlfahrt Ostwestfalen-Lippe sowie von Mozaik Consulting eingearbeitet. Auch das bundesweite IQ-Netzwerk mit seinen regionalen „Auslegern", der Qualifizierung von Bildungsbeauftragten in Migrantenselbstorganisationen, ist hier zu benennen. Kompetenzfeststellungsverfahren bei genannter Zielgruppe wurden ebenfalls im Rahmen von EQUAL-Entwicklungspartnerschaften (u.a Migranet) erprobt. Die Förderung von Kommunen und Wohlfahrtsverbänden durch das Programm KOMM-IN des Ministeriums für Generationen, Familie, Frauen und Integration des Landes Nordrhein-Westfalen hat seinerzeit umfangreiche Erfahrungen in lokalen und regionalen Vernetzungsprozessen generiert.

4.1 Migrantenorganisationen (MO) und Vernetzungen

Die Zusammenarbeit mit Migrantenorganisationen ist von großer Bedeutung, um Transparenz über den Ausbildungs- und Arbeitsmarkt herzustellen und Orientierung zu ermöglichen. Für viele türkeistämmige Familien ist beispielsweise der Moscheeverein der wichtigste soziale Anlaufpunkt. In den Migrantenorganisationen existiert ein enormes ehrenamtliches Engagement. Sie können eine wichtige Rolle bei der Aktivierung, dem Empowerment und der Orientierung der Einzelnen einnehmen, in deren Ergebnis eine verbesserte Bildungsbeteiligung und Arbeitsmarktintegration steht. Grundlage hierfür ist eine gezielte Qualifizierung und Begleitung der Ehrenamtlichen. Hier geht es einerseits um fachliche Inhalte, andererseits um die Vernetzung mit den Institutionen der Mehrheitsgesellschaft. Hier sind Schule, Arbeitsverwaltung, Ausländeramt etc. zu benennen. Zum Anderen ist auch der Kontakt zu ehrenamtlich tätigen Vereinen und Initiativen sinnvoll, die seitens der Mehrheitsgesellschaft im Übergang von der Schule in den Beruf tätig sind und Erfahrungen z.B. mit Patenschaftsprojekten haben. Beispielhaft sei hier der Verein „An die Arbeit Lippe e.V." benannt, der mit weit über 160 Mitgliedern kreisweit tätig ist und viele Mitglieder aus leitenden Positionen in Wirtschaft, Bildung und Verwaltung hat. Hier ergibt sich die Möglichkeit eines direkten örtlichen Dialogs und konkreter Zusammenarbeit.

Die Vernetzung mit Migrantenorganisationen wurde in den vergangenen Förderphasen immer unterstützt, ist jedoch – auch untereinander – unterschiedlich ausgeprägt. Vor allem türkische und russlanddeutsche MOs hatten bislang kaum Kontakt untereinander.

Im Rahmen der Vernetzung wurde der nachhaltige Aufbau einer Multiplikatorenstruktur im Bereich der Migrantenorganisationen angestrebt, die das Orientierungsverhalten der Zuwandererfamilien in Bezug auf Ausbildung und Arbeitsmarkt deutlich verbessern sollten.

Gelegenheiten für den Ausbau von Vernetzungsstrukturen ergaben sich insbesondere durch die Teilnahme an „runden Tischen" (Arbeitskreise Integration des Kreises sowie der Städte und Kommunen), die Durchführung von Fachveranstaltungen sowie der Besuch regionaler Veranstaltungen zum Thema.

4.2   *Mentorinnen und Mentoren*

Das soziale Umfeld von Jugendlichen mit Migrationshintergrund spielt bei der Berufsorientierung und für den Erfolg im Beruf eine zentrale Rolle. Dieses Umfeld gilt es auch deshalb umso mehr zu stärken, als die Eltern bzw. die Familie sehr häufig wenige oder fehlerhafte Kenntnisse des schulischen und beruflichen Bildungssystems in Deutschland haben. Die Eltern werden von den Jugendlichen in signifikant geringerem Maße in den beruflichen Orientierungsprozess einbezogen als die Eltern von Jugendlichen ohne Migrationshintergrund (vgl. Granato 2006).

Aus diesem Grund ist es wichtig, die Jugendlichem mit Migrationshintergrund bei ihren eigenen Strategien für ihre berufliche Zukunft zu stärken und ein größeres Maß an individueller Unterstützung zu ermöglichen.

Daher wurden im XENOS-Projekt PONTE Mentorinnen und Mentoren ausgebildet, die den Jugendlichen Informationen, Orientierung, Beratung und

Unterstützung geben können. Im Modellprojekt Perestrojka wurden nach einem ähnlichen Ansatz Multiplikatorinnen und Multiplikatoren qualifiziert. Im Kreis Höxter hat sich dieser Ansatz als derart erfolgreich erwiesen, dass sich aus dieser Gruppe eine neue russlanddeutsche Migrantenorganisation konstituiert hat, der Verein MOCT, die „Brücke".

Zielgruppe für die Mentorenschulungen waren Menschen – in der Regel mit Migrationshintergrund –, die ehrenamtlich mit Jugendlichen in Kontakt stehen, z.b. Trainer in Sportvereinen. Durch die professionelle Schulung von ehrenamtlichen Multiplikatoren in den Bereichen Beratung, Berufsorientierung und Bewerbung wurde eine sehr niedrigschwellige Unterstützungsstruktur für Jugendliche mit Migrationshintergrund entwickelt und etabliert. Es ging explizit nicht darum, die Institutionen in Schule, Arbeitsmarkt und Übergangssystem infrage zu stellen, sondern darum, sie zu ergänzen. Die Mentoren sollten beruflich integriert, der deutschen Sprache mächtig und bereits mit Jugendlichen tätig sein.

Im Rahmen von PONTE wurden drei aneinander angelehnte Mentorenschulungen entwickelt und angeboten. Die jeweiligen Curricula hatten inhaltliche Überschneidungen, aber auch Unterschiede. Es gab die Schulung für erwachsene Mentorinnen und Mentoren, die hinsichtlich Inhalt und Umfang während der Projektlaufzeit erarbeitet, erprobt und weiterentwickelt wurde. Sie bildete den Ausgangspunkt für weitere Schulungsangebote. Darüber hinaus entstanden auf Nachfragen Schulungen für jugendliche Gruppenleiter und Gruppenleiterinnen in Jugendzentren und für Hausaufgabenhelfer und -helferinnen.

Bei der Entwicklung der Curricula wurden zunächst Umfang und Inhalt der Schulung diskutiert. Der entscheidende Punkt war, hier die Balance zwischen Qualität und Machbarkeit im Hinblick auf die eingeschränkten zeitlichen Ressourcen der Ehrenamtlichen herzustellen. Die Qualität und die Notwendigkeit der angebotenen Inhalte wurden kontrovers diskutiert, aber am Ende fand sich ein guter Kompromiss. Die Inhalte erstreckten sich von Grundlagen der Kommunikation über Beratungsgespräche, Gruppenprozesse, Zeitmanagement, Organisation, Sozialrauminformationen bis hin zum deutschen Schul- und Ausbildungssystem.

Insgesamt kamen so drei Schulungen für die erwachsenen Mentorinnen und Mentoren problemlos zu Stande. Je konkreter die Schulungstermine wurden, desto mehr Anstrengungen wurden erforderlich, um die nötige Teilnehmerzahl zu erreichen, da besonders bei den sehr engagierten, ehrenamtlichen Akteuren Zeit ein sehr knappes Gut ist. Das große Interesse an der Teilnahme musste teilweise hinter dem Zeitbudget des Einzelnen zurückstehen. Hier gibt es einen klaren Hinweis auf eine mögliche Überforderung des Ehrenamtes. Insgesamt war die Resonanz auf die Schulungsangebote jedoch überaus positiv. Die Akquise der Teilnehmenden für die Gruppenleiter- und Hausaufgabenhelferschulung gestaltete sich anders und für das Projektteam weniger arbeitsintensiv. Die Jugendzentren und Initiativen der Hausaufgabenhilfe informierten die potenziellen Teilnehmenden, meldeten diese auch teilweise direkt zentral an oder veranlassten eine individuelle Anmeldung.

Mit den Interessenten für die Schulung der erwachsenen Mentorinnen und Mentoren wurden Interviews geführt, um die Motivation, die bisherigen Aktivitäten und die Sprach- und Bildungsniveaus zu erfassen. Außerdem wurden Schulungsbedarfe und thematische Wünsche erfragt, um das Schulungsangebot anzupassen. Nach den Interviews diskutierte das Team über die Eignung des potenziell Teilnehmenden. Bei den Schulungen der Gruppenleiterinnen und -leiter sowie der Hausaufgabenhelferinnen und -helfer entfielen die Interviews, da die potenziell Teilnehmenden den Kooperationspartnern bereits persönlich bekannt waren und die Vorauswahl der Teilnehmenden bei den Kooperationspartnern lag.

In der Regel führten zwei Dozentinnen und Dozenten des Projektteams die Schulungen durch. Zu speziellen Schulungsinhalten referierten externe Expertinnen und Experten. Die Teilnehmenden bewerteten Art und Inhalt der Schulungen stets sehr positiv. Insgesamt wurden im Projekt 63 Mentorinnen und Mentoren im Alter von 14 bis 65 Jahren mit 15 verschiedenen Migrationshintergründen geschult.

4.3   Einsatzgebiete der Mentorinnen und Mentoren

Die Mentorinnen und Mentoren haben sehr unterschiedliche Einsatzgebiete. Einige, wie z.B. die Gruppenleiterinnen und -leiter sowie Hausaufgabenhelferinnen und -helfer sind eng an Organisationen und Institutionen angebunden, wie z. B. Jugendzentren oder auch Schulen. Andere sind, wie ursprünglich in der Konzeption geplant, bei unterschiedlichen Vereinen in vielfältigen Funktionen ehrenamtlich tätig und haben so einen engen Kontakt zu den Jugendlichen der Zielgruppe. Zu nennen sind hier Trainer aus Sportvereinen oder auch ehrenamtliche Mitarbeiterinnen eines Stadtteiltreffs für Mädchen.

Einige Teilnehmerinnen und Teilnehmer hatten zu Beginn der Schulung keinen Kontakt zu Jugendlichen aus der Zielgruppe. Da ein Matching im Projekt nicht vorgesehen war, hatten diese Mentorinnen und Mentoren teilweise Schwierigkeiten, Mentees zu finden. Bei einigen hat dies für Frustration gesorgt. Als Alternative konnte für andere eine gute Einsatzmöglichkeit in den Sprachcafés gefunden werden, die im Rahmen des Projekts PONTE in Detmold und in Blomberg ins Leben gerufen wurden. Die Sprachcafés wurden von Mentorinnen und Mentoren durchgeführt, die bei ihren Aufgaben vom Projektteam PONTE begleitet wurden. Die Idee der Sprachcafés wurde geboren, als die Förderung für das XENOS Bleiberecht-Projekt HORIZONT zunächst eingestellt wurde. Angeboten werden wöchentliche Treffen á ca. 3 Stunden, die von Mentorinnen und Mentoren vorbereitet, organisiert und nachbereitet werden. Die Treffen haben zum Ziel, die Deutschkenntnisse der Teilnehmenden durch gezielte Übungen und den gegenseitigen Austausch auf Deutsch zu stabilisieren und zu verbessern. Die Mentorinnen und Mentoren unterstützen diesen Prozess, dienen aber auch als Ansprechpersonen für auftretende Problemlagen wie z.B. Wohnungssuche, Unterstützung bei Behördengängen etc. Bei der Lösung schwerwiegender Probleme werden die Mentorinnen und Mentoren von hauptamtlichen Mitarbeiterinnen und Mitarbeitern des Netzwerk Lippe unterstützt.

Fazit Lektion 2:

Der Aufbau und die Pflege von direkten persönlichen Kontakten ist grundlegend im Rahmen der Berufswahl- und Arbeitsmarktorientierung insgesamt. Auf der individuellen Ebene der Jugendlichen mit Migrationshintergrund ist es von zentraler Bedeutung, ein persönliches Unterstützungsnetz, Ansprechpersonen und Vorbilder zu haben. Diese Netze können im Rahmen von Projektförderungen gestärkt und teilweise auch aufgebaut werden. Im Mittelpunkt sollte immer die Unterstützung der Jugendlichen in der Umsetzung ihrer eigenen Strategien stehen. Institutionelle Vernetzungen, z.B. mit Migrantenorganisationen sind dabei sehr wichtig. Zu beachten ist dabei die realistische Einschätzung der Ressourcen der jeweils vor Ort tätigen Organisationen. Arbeitsmarktpolitische „Geh-Strukturen" können so die „Komm-Strukturen" der Institutionen der Mehrheitsgesellschaft ergänzen.

5 Lektion 3: Einbezug von Unternehmen – gute Beispiele und große Hürden

Ein wichtiger Schlüssel für die erfolgreiche soziale Integration ist die individuelle Integration in den Arbeitsmarkt. Dabei spielen Unternehmen bzw. Arbeitgeber eine zentrale Rolle, denn die Integration erfordert auch von ihnen Veränderungsbereitschaft. Der Einbezug von Unternehmen in Projekte der arbeitsmarktpolitischen Integration von Migrantinnen und Migranten ist jedoch nicht auf der Basis moralischer und/oder politischer Überzeugungsarbeit möglich, sondern grundlegend auf der Verdeutlichung des Nutzens für das Unternehmen.

Es geht hier in erster Linie um die Handlungsfelder Personal- bzw. Auszubildendenrekrutierung und -entwicklung. Vor dem Hintergrund des demographischen Wandels werden die sich abzeichnenden Engpässe auf dem Arbeitsmarkt zu einer zentralen Rahmenbedingung für jedwede unternehmerische Entwicklung. Diejenigen Unternehmen bzw. Arbeitgeber, die bewusst ein Risikomanagement Personal betreiben, werden vermutlich erhebliche Wettbewerbsvorteile haben.

In einer Situation, in der in Großstädten an die 50% der Schulabgängerinnen und Schulabgänger einen Migrationshintergrund haben, wäre es absurd, die Gruppe nicht in die Rekrutierung einzubeziehen. Dies wird auch in der Studie „Perspektive 2025" der Bundesagentur für Arbeit (2011) deutlich: Jugendliche mit Migrationshintergrund stellen ein Arbeitsmarkt- bzw. Qualifikationspotenzial par excellence dar.

Die Globalisierung der Wirtschaft bringt zudem neue Anforderungen für die Belegschaften mit sich. Auf internationalen Märkten für internationale Kunden tätig zu sein, erfordert spezifische auch interkulturelle Kompetenzen in den Unternehmen, die gerade Jugendliche mit Migrationshintergrund mitbringen könnten.

Die vielen Erfolgsgeschichten von Migrantinnen und Migranten in Unternehmen und die vielen Erfolgsgeschichten von Unternehmen mit Belegschaften unterschiedlichster Herkunft belegen, dass es sich keinesfalls um eine „Stunde Null" handelt.

Allerdings gibt es wenig Erfahrungen mit einschlägigen arbeitsmarktpolitischen Instrumenten.

Die Erfahrungen des Netzwerk Lippe basieren auf verschiedenen Ansätzen, die im Folgenden kurz dargestellt werden.

5.1   Charta der Vielfalt

Die „Charta der Vielfalt" ist eine Unternehmensinitiative zur Förderung von Vielfalt in Unternehmen. „Diversity Management ist eine Unternehmensstrategie, bei der Unterschiede als Bereicherung angesehen und Vielfalt als Mehrwert verstanden werden" (Charta der Vielfalt – eine Initiative der Bundesregierung 2006).

Die Initiative will die Anerkennung, Wertschätzung und Einbeziehung von Vielfalt in der Unternehmenskultur in Deutschland voranbringen. Unternehmen sollen ein Arbeitsumfeld schaffen, das frei von Vorurteilen ist. Alle Mitarbeiterinnen und Mitarbeiter sollen Wertschätzung erfahren – unabhängig von Geschlecht, Nationalität, ethnischer Herkunft, Religion oder Weltanschauung, Behinderung, Alter, sexueller Orientierung und Identität. Das Netzwerk Lippe identifiziert sich mit diesen Zielen, ist seit 2009 aktives Charta-Mitglied und gehört zu den aktiven Förderern im Initiativkreis „Unternehmen Vielfalt OWL". Dieser umfasst im Kern 6 bis 8 aktive Unternehmen, während 160 Unternehmen und Institutionen aus der Region insgesamt die Charta unterzeichnet haben. Hier wird offensichtlich eine strukturelle Barriere sichtbar, das Thema „Diversity" in der Breite voranzubringen, obwohl in der Region verschiedene konkrete Versuche (Einladungen zu Veranstaltungen etc.) unternommen worden sind. Die Erfahrung zeigt, dass das konkrete Engagement auf Unternehmensseite offensichtlich abhängig von einzelnen Personen ist, die entweder selbst einen Migrationshintergrund oder sonstige persönliche Bezüge (Ehepartner mit Migrationshintergrund) zum Thema haben.

Die intensive Diskussion innerhalb des unternehmensgetragenen Netzwerks „Unternehmen Vielfalt OWL" weist auf konkrete Handlungsfelder hin: Die Identifikation unternehmensinterner Blockaden (mittlere Führungsebene in kleinen und mittleren Betrieben), der hohe Bedarf an interkulturellen Trainings sowie ein bereits umgesetztes Projekt sprachlich vereinfachter Betriebsanweisungen.

5.2   Jobbörse International

Eine weitere Aktivität war die Zusammenarbeit mit der Fachhochschule OWL. Im Vorfeld der „Jobbörse International" der Initiative für Beschäftigung OWL (IfB OWL e.V.) wurden ausländische Studierende in Seminarform theoretisch auf Vorstellungsgespräche vorbereitet. Die Studierenden hatten zudem die Möglichkeit, mit den Projektmitarbeitern in den Räumen der Netzwerk Lippe gGmbH ein Vorstellungsgespräch zu simulieren. Im Anschluss an die Gespräche bekamen die Studierenden ein ausführliches Feedback. Die Beteiligung an dieser Trainingsmöglichkeit war sehr groß und alle Teilnehmenden betonten im Nachhinein den großen Nutzen des Trainings.

5.3   Veranstaltungen

„Vielfalt im Betrieb – ein Mehrwert im Geschäftsergebnis!?" war die Leitfrage einer Veranstaltung des Netzwerk Lippe im November 2011. Angesichts des Fachkräftemangels ist Vielfalt verstärkt in den Fokus der Personalgewinnung und -entwicklung gerückt. Referenten der Ruhr-Universität Bochum zeigten dabei positive Beispiele für den Nutzen von Diversity für Unternehmen auf, welche sie im Rahmen des XENOS-Projekts „Ökonomie mit Vielfalt" kennen gelernt und entwickelt haben. Unternehmen verfolgen das Thema häufig vor allem aufgrund ökonomischer Gesichtspunkte. Vorteile von Vielfalt im Hinblick auf Marketing, Zugang zu Märkten und Kunden stehen im Mittelpunkt.

Die Beteiligung von beschäftigten Migrantinnen und Migranten an Angeboten der Fort- und Weiterbildung wurde vom Netzwerk Lippe im Rahmen von mehreren Veranstaltungen, v.a. in Zusammenarbeit mit der russlanddeutschen Migrantenorganisation Druschba-Freundschaft e.V. unterstützt. Hintergrund ist die Fördermittelberatung im Rahmen des Bildungsschecks Nordrhein-Westfalen und der Bildungsprämie des Bundes. Bis Mitte 2012 sind vom Netzwerk Lippe z.B. 1.000 Bildungsschecks ausgestellt worden. Trotz intensiven Bewerbens des Instruments bei Migrantenorganisationen und „ethnischen" Unternehmen, öffentlichen Veranstaltungen etc. war der Erfolg bei der Zielgruppe noch „entwicklungsfähig".

5.4   *„Rote Karte für Intoleranz"*

Unter diesem Motto entstand im Projekt PONTE die Idee zu einem Fußballturnier, um ein öffentlich wahrnehmbares Zeichen für Toleranz und ein faires Miteinander, nicht nur auf dem Sportplatz, zu setzen. In Kooperation mit dem SC DiTiB Detmold e.V. wurde das Turnier in den Jahren 2010 und 2011 durchgeführt. Insgesamt nahmen 33 Hobby- und Betriebsmannschaften sowie über 500 Zuschauerinnen und Zuschauer teil und setzten so ein weithin sichtbares Zeichen gegen Diskriminierung und Intoleranz. Die Teilnahmen von regionalen Großbetrieben wie Phoenix Contact, Weitmüller Interface und Wortmann verdeutlichen die Akzeptanz des Themas. Gleichzeitig konnte so gezeigt werden, dass das Thema Integration nicht immer nur in problembeladenen Diskussionsrunden behandelt werden muss, sondern auch einfach mal nur Spaß bedeuten kann.

Der ausgespielte Pokal ist ein Wanderpokal und der Gewinner des Turniers übernimmt auch die Verantwortung für die Ausrichtung des Turniers im nächsten Jahr. In 2012 wurde das Turnier durch die Firma Teckentrup in Verl ausgerichtet, im Jahr 2013 wird es die Firma Husemann aus Gütersloh sein. Damit hat sich die Idee aus Lippe heraus in OWL verbreitet und ist bei Unternehmen angekommen. Themen der beruflichen Integration und Entwicklung von Migrantinnen und Migranten sind so auf „spielerische" Weise transportiert worden.

5.5   Kompetenzwerkstatt Vielfalt und Ausbildung

Das Netzwerk Lippe entwickelt Ansprache- und Begleitkonzepte für Jugendliche mit Migrationshintergrund und führt Kompetenzfeststellungen (ACs) durch. Unternehmen werden direkt einbezogen, wobei derzeit verschiedene Varianten in der Erprobung sind. Die Unternehmen erhalten auf diese Weise Unterstützung bei der Besetzung von Ausbildungs- und Arbeitsplätzen. Im Ergebnis sollen modellhafte Instrumente der Personalentwicklung zur Gewinnung von insbesondere Auszubildenden mit Migrationshintergrund stehen. Von besonderer Bedeutung ist auch hier der Mentoringansatz. Über ein Mentorennetzwerk wird die berufliche Orientierung von Jugendlichen flankiert. Ein innerbetriebliches Mentoring soll in Zukunft zusätzlich die Bindung der Auszubildenden und Mitarbeiterinnen und Mitarbeitern mit Migrationshintergrund an die Unternehmen unterstützen und Abbrüche minimieren.

Fazit Lektion 3:

Unternehmen reagieren aus verständlichen Gründen nicht oder kaum auf abstrakt formulierte Angebote. Begriffe wie „Diversity Management" und „Kultursensibilität" sind gerade bei kleinen und mittleren Unternehmen keine Türöffner. Als positiv hat sich die direkte Ansprache von Personalverantwortlichen erwiesen. Es gibt eine große Gesprächsbereitschaft, aber ein ebenso großes Zögern, auf praktische Angebote einzugehen. Aktuell beteiligt sich jedes zehnte angesprochene Unternehmen beispielsweise an der Kompetenzwerkstatt Vielfalt und Ausbildung. Jedes zunächst ergebnislose Gespräch bringt aber auch Erkenntnisgewinne zur Einschätzung der Situation. Hierzu gehört auch, dass in vielen Unternehmen bereits teilweise seit vielen Jahren Mitarbeiterinnen und Mitarbeiter mit Migrationshintergrund tätig sind. Ein größeres Maß an Chancengleichheit ist dennoch nach wie vor notwendig. Einen Automatismus gibt es jedoch nicht.

6   Schluss

Der Beitrag wurde ganz bewusst als Lernprozess formuliert. Aus Sicht des Netzwerk Lippe kann die Feststellung getroffen werden, dass in der Region OWL viel in Bewegung gekommen ist. Es ist allerdings unmöglich, aus der Sicht einer operativ tätigen Arbeitsmarktorganisation alle politischen und sozialen Aspekte des

Themas adäquat zu erfassen und „einzuordnen". Der Text erhebt keinen wissenschaftlichen Anspruch, sondern versucht, Erfahrungswissen zu systematisieren. Das ist insofern spannend, als Mittelgeber im Bereich der Förderung des Europäischen Sozialfonds ja explizit die Frage nach der Nachhaltigkeit von Modellprojekten stellen. Der reinen Lehre folgend fließen positive Erfahrungen dann in den Mainstream der Arbeitmarktpolitik ein. Die Erfahrung zeigt allerdings, dass sehr viele positive Ansätze nach Auslaufen der Förderung einfach abbrechen. Wertvolles Wissen geht dann verloren. Projektförderungen aus diesem Grund ganz abzulehnen, als „Projektitis" zu verdammen, ist allerdings auch ein gedanklicher Kurzschluss. Bei knapper werdenden öffentlichen Mitteln ist eine Regelförderung nicht denkbar.

Das Netzwerk Lippe ist den Weg gegangen, das gewonnene Wissen über ein „Projektpatchwork" zu erhalten. Das Wissen wird zwar in Projektberichten und Handlungsleitfäden konserviert, wird aber entscheidend in der Organisation weiterentwickelt und idealer Weise in die Unternehmen und zu anderen Akteuren transferiert.

Chancengleichheit in Arbeit und Ausbildung wird vermutlich unter dem Druck der demographischen Entwicklung zunehmen. Der Prozess kann jedoch gestaltet werden.

Projektförderungen an den Schnittstellen von Arbeitsmarktpolitik und Integrationspolitik können hier eine wichtige Brückenfunktion erfüllen. Wenn den Akteuren und Institutionen der Mehrheitsgesellschaft und hier insbesondere den Unternehmen eine künftige Schlüsselrolle zukommt, dann können über Projekte die vorbereitenden Schritte getan und Lernprozesse angestoßen werden. In den Projekten können die konkreten Werkzeuge entwickelt werden, die praktisch einsetzbar sind.

Literatur

Bundesagentur für Arbeit. 2011. Perspektive 2025: Fachkräfte für Deutschland. Nürnberg: Bundesagentur für Arbeit.

Charta der Vielfalt – eine Initiative der Bundesregierung 2006. Berlin: Die Bundesregierung. http://www.charta-der-vielfalt.de. Zugegriffen: 09.01.2013.

Die Bundesregierung. 2007. Der Nationale Integrationsplan: Neue Wege – neue Chancen, Berlin: Die Bundesregierung.

Finke, Frank-Peter, und Christiane Lindecke. 2007. Projekt „Vielfalt in Lippe" – Ergebnisse einer Teilnehmer/innen – Befragung (unveröffentlichtes Manuskript). Detmold.

G.I.B. – Gesellschaft für innovative Beschäftigungsförderung mbH (Hrsg.). 2012. Arbeitsmarktreport NRW 2012. Sonderbericht: Migrantinnen und Migranten auf dem Arbeitsmarkt in NRW. Bottrop: Gesellschaft für innovative Beschäftigungsförderung mbH.

Granato, Mona. 2006. Ungleichheiten beim Zugang zu einer beruflichen Ausbildung: Entwicklungen und mangelnde Perspektiven für junge Menschen mit Migrationshintergrund. http://www.dji. de/dasdji/thema/0607/bva1_0706_granato.pdf. Zugegriffen: 09.01.2013

Kreis Lippe. 2012. Ausländeramt – unveröffentlichte Daten. Detmold.

Statistisches Bundesamt. 2010. Bevölkerung und Erwerbstätigkeit. Bevölkerung mit Migrationshintergrund. Ergebnisse des Mikrozensus 2008. Fachserie 1, Reihe 2.2. Wiesbaden: Statistisches Bundesamt.

SVR - Sachverständigenrat deutscher Stiftungen für Integration und Migration. 2010. Einwanderungsgesellschaft 2010. Jahresgutachten mit Integrationsbarometer. Berlin: Sachverständigenrat deutscher Stiftungen für Integration und Migration. http://www.svr-migration.de/content/wp-content/uploads/2010/11/svr_jg_2010.pdf. Zugegriffen: 26.11.2012.

Uhly, Alexandra, und Mona Granto. 2006. Werden ausländische Jugendliche aus dem dualen System der Berufsausbildung verdrängt? *Berufsbildung in Wissenschaft und Praxis* 35 (3): 51–55.

Wikipedia Stichwort Ostwestfalen-Lippe, http://de.wikipedia.org/wiki/Ostwestfalen-Lippe. Zugegriffen: 09.01.2013.

Vorbild Österreich? Bedarfsgerechte Gestaltung beruflicher Bildung für Migrantinnen und Migranten

Monika Pramreiter

1 Zuwanderung in Österreich

1.1 Struktur der Gesellschaft

Die Nettozuwanderung beträgt in Österreich insgesamt ca. 20.000 Personen pro Jahr. Der Anteil von Personen mit migrantischem Hintergrund – also entweder selbst im Ausland geboren oder zumindest ein Elternteil nicht in Österreich geboren – liegt bei knapp 20%. Der Anteil der Personen, die praktisch die zweite Generation abbilden, umfasst insgesamt eine Gruppe von 140.000 Personen.

Anfang 2012 stammen knapp 42% der insgesamt 1.493.000 österreichischen EinwohnerInnen mit nicht-österreichischer Staatsangehörigkeit und/oder ausländischem Geburtsort aus einem anderen Mitgliedstaat der Europäischen Union oder des Europäischen Wirtschaftsraums (EWR) bzw. der Schweiz, wie Abb.1 zeigt. 44% kommen aus weiteren europäischen Ländern wie beispielsweise den Nachfolgestaaten Jugoslawiens oder aus der Türkei. Aus Übersee stammen lediglich 14%.

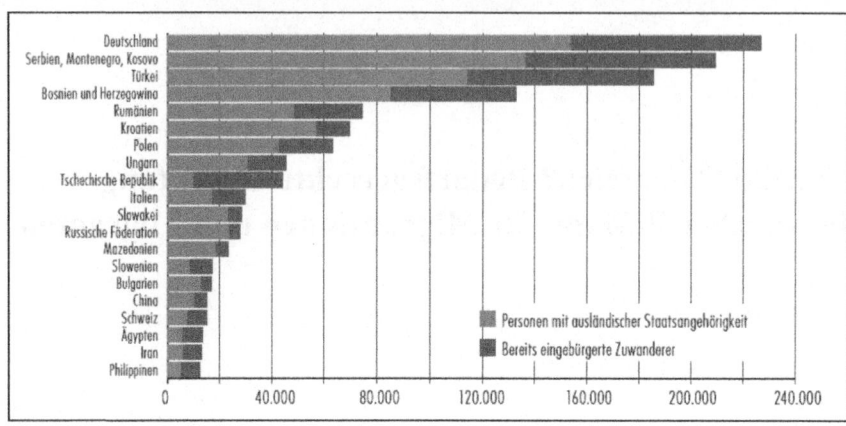

Quelle: STATISTIK AUSTRIA, Statistik des Bevölkerungsstandes.

Abbildung 1:   Ausländische Staatsangehörige bzw. im Ausland geborene
Österreicher/-innen am 1.1.2012

Absolut gesehen stammen die meisten ZuwandererInnen aus Deutschland,
kommen also aus unserem Nachbarstaat, mit dem wir im Wesentlichen sowohl
die Sprache als auch die Kultur teilen. Im Jahr 2011 lebten 227.000 Deutsche in
Österreich, der größte Teil aus den sogenannten neuen Bundesländern auf der
Suche nach Beschäftigung.

Die derzeit zweitgrößte Gruppe sind ZuwandererInnen aus dem ehemaligen
Jugoslawien mit insgesamt 430.000 Personen, 185.000 Personen stammen aus
der Türkei und 114.000 Personen aus asiatischen Ländern (ohne Türkei). Die af-
rikanische Community umfasst 40.000 Menschen.

Von den insgesamt 1,5 Mio. Personen mit Migrationshintergrund sind über
500.000 bereits eingebürgerte ÖsterreicherInnen, 830.000 sind im Ausland geborene AusländerInnen und 140.000 wurden bereits in Österreich geboren, stellen
also die sogenannte 2. Generation.

1.2   Zuwanderung in der jüngeren Geschichte

1.2.1   Die Gastarbeit

Zuwanderung in der öffentlichen Wahrnehmung der jetzt lebenden Bevölkerung
beginnt mit der Gastarbeitertradition. Ende der 1950er Jahre bis Mitte der 1970er

Jahre wurden ArbeiterInnen aus den Ländern des ehemaligen Jugoslawien und der Türkei aktiv angeworben. 265.000 Menschen sind zwischen 1961 und 1974 zugewandert, davon waren 78,5% jugoslawische und 11,8% türkische StaatsbürgerInnen. 2014 sind die 1974 Zugewanderten 40 Jahre in Österreich und stehen praktisch vor der Pensionierung.

Das Konzept der Gastarbeit - wenn hier überhaupt von einem Konzept gesprochen werden kann -, sah vor, dass man den akuten Arbeitskräftebedarf decken wollte. Im Fokus stand also die zugewanderte Arbeitskraft und ihre Ressourcen für die österreichische Wirtschaft. Gastarbeiter wurden in firmeneigenen Quartieren mehr schlecht als recht arbeitsplatznah untergebracht und versorgt. Massenquartiere für Männer in jungen und mittleren Jahren waren nicht die Ausnahme, sondern die Regel. Gastarbeit war männlich, wenig qualifiziert, aber jung und kräftig, ohne besondere Ansprüche an ein auf Österreich konzentriertes soziales und familiäres Leben. In Österreich haben viele noch die Bilder jener im Kopf, die sich an den Wochenenden vollbepackt mit Dingen des täglichen Konsums auf eine kurze Reise in die Heimat machten. Die verdienten Gelder wurden nicht selten in den Hausbau in der Heimat gesteckt, die geplanten Idyllen fanden jedoch häufig nicht statt. Der Aufbruchstimmung folgte auf verschiedensten Ebenen die Enttäuschung. Die Lebenssituation trug nicht zu einem stabilen Familienleben bei, Trennung, Frust und instabile persönliche Biografien waren die Folge einer Zerrissenheit zwischen Heimatregion und Gastland. Viele verlegten im Verlauf der Zeit ihren Lebensmittelpunkt ins Gastland, gründen Familien und bekamen Kinder. Die Kinder und Kindeskinder der Gastarbeiter stellen heute noch ein Potenzial dar, das aufgrund der sozialen Prägungen und struktureller Hürden schwerer Zugang zu Bildung und Arbeitsmarkt findet.

Die Politik hatte kein Konzept für Gastarbeit jenseits der Erwartung, dass die Arbeiter irgendwann wieder in ihre Heimat zurückkehren sollten. Aber Menschen leben nicht für die Arbeit allein, soziale Beziehungen, Familiengründungen, Verlegung des Lebensmittelpunktes ins Gastland waren die Konsequenzen der Politik; Konsequenzen, die von Seiten der Politik ausgeblendet wurden. Integrationskonzepte, Förderkonzepte für Bildung etc. standen in den 1970er, 1980er und auch noch 1990er Jahren nicht auf der Agenda der herrschenden Parteien. Ohne Gastarbeit wäre allerdings der Traum vom Wirtschaftswunder einer geblieben; die Anerkennung für den geleisteten Beitrag zum wirtschaftlichen Erstarken blieb den Akteuren und Akteurinnen allerdings verwehrt. Somit stellt sich die Situation der Gastarbeiterzuwanderung in Österreich der in Deutschland sehr ähnlich dar.

1.2.2   Die Flüchtlinge aus dem Osten

1968 kamen 162.000 tschechische Flüchtlinge über die Grenze, als der tschechische Frühling jäh beendet wurde, davon blieben 12.000 im Land, heute sind sie assimiliert.

1981/82 überschritten 120.000 polnische Flüchtlinge die Grenzen, sie blieben nicht in Österreich, sondern wandern weiter in die traditionell starken polnischen Communities in Übersee.

Im Zuge der Jugoslawienkrise kamen und blieben zwischen 1992 und 1995 ca. 100.000 Menschen. 20 Jahre nach diesem letzten europäischen Kriegsereignis lebt ein Großteil der Flüchtlinge nach wie vor in Österreich. Sie stellen die zweitgrößte Gruppe der ZuwandererInnen, definieren sich allerdings nicht mehr als „Jugoslawen", wie das in der Vergangenheit salopp etikettiert wurde, sondern bilden in der Diaspora, angestoßen von den Entwicklungen im Herkunftsland, eine neue national determinierte Identität aus. Nicht mehr Jugoslawen sind anzutreffen, sondern Kroaten, Serben, Bosnier. Sie sprechen zwar nach wie vor eine gemeinsame Sprache, ziehen aber auch im Kontext der Entwicklung in der Herkunftsregion neue - in diesem Fall - Sprachgrenzen auf. Personen aus Bosnien werden in Österreich – im Unterschied zu Menschen aus Afrika oder Asien – kaum als „Fremde" wahrgenommen, sind sie doch Teil der K.u.K.-Monarchie und damit des europäischen Kulturraumes. Bosnische Soldaten haben bereits im ersten Weltkrieg für die österreichische Monarchie gekämpft, der Islam ist auch deswegen bereits seit 1912 anerkannte Religion in Österreich. Allerdings - und das gilt bis heute - werden bosnische Muslime als RepräsentantInnen eines säkularen Staates kaum als Bedrohung wahrgenommen. Sie gelten im Wesentlichen als integriert, Teil eines größeren Ganzen und als Bereicherung, wenngleich auch sie das Schicksal aller ZuwandererInnen in aller Welt teilen – sie müssen in der sozialen Skala ganz unten einsteigen. So findet man auch in dieser Community die Phänomene der Dequalifizierung, der brüchigen Bildungsbiografien und der Hürden im sozialen Aufstieg.

1.2.3   Das Erbe der Gastarbeit

Zuwanderung fand in den 1980er und 1990er Jahren primär durch den Familiennachzug statt, Kinder, Elternteile und Großeltern sowie weitere Verwandte prägten die Struktur des Zuzugs. Geerbt hat Österreich damit die Früchte früherer Zuwanderungspolitik, nicht - wie gewünscht - gut qualifizierte FacharbeiterInnen stürmten das Land, sondern wenig bildungsaffine Folgegenerationen ließen sich in Österreich nieder.

2 Zuwanderungspolitik in Österreich

In der Zeit versuchte die Politik durch restriktive Maßnahmen Hürden der Zuwanderung aufzubauen und Steuerungselemente einzusetzen, die diesem generellen österreichischen Phänomen gerecht werden sollten. Es dauerte allerdings Jahre, bis neue Pfade beschritten werden konnten. Populistische Politik, die vorwiegend mit Pauschalierungen und Stereotypisierungen die „Fremden"angst der Bevölkerung zum eigenen Vorteil nutzten, verhinderte eine offene Diskussion.

2.1 Versuch einer Trendwende

Erst mit der Überwindung dieser Phase der Politik von Rückzug und Abschottung konnten neue Wege in der Zuwanderungspolitik beschritten werden. Nicht zuletzt die demografische Entwicklung, wie sie in Abbildung 2 sichtbar wird, die aus eigenen Ressourcen nicht deckbare Nachfrage nach Arbeitskräften im Pflegebereich und Facharbeitern allgemein und die Akzeptanz eines globalisierten Prozesses von Migration haben zu einem Umdenken geführt.

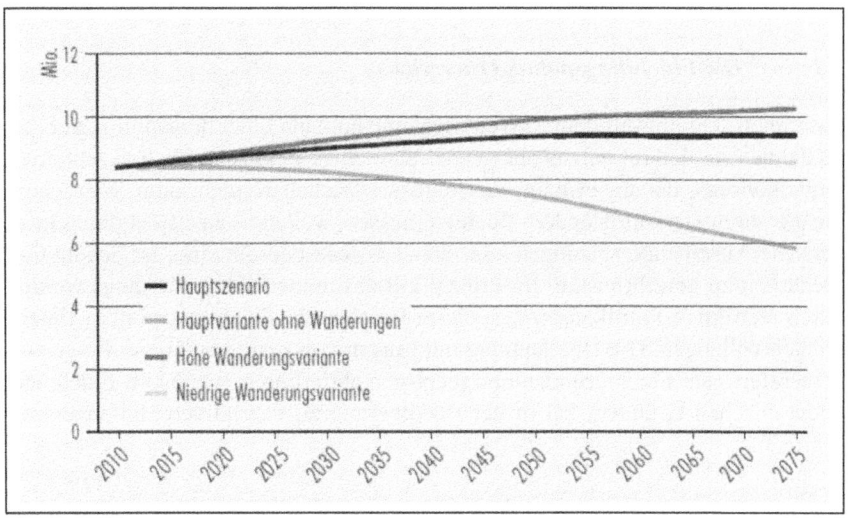

Quelle: STATISTIK AUSTRIA, Statistik des Bevölkerungsprognose 2011.

Abbildung 2: Prognostizierte Bevölkerungsentwicklung Österreichs bis 2075 nach ausgewählten Prognosevarianten

Ausdruck hierfür ist die Einführung der Rot-Weiß-Rot-Card nach dem kanadischen Modell, mit der seit einigen Jahren versucht wird, qualifizierte Personen ins Land zu locken, bislang allerdings mit mäßigem Erfolg. Österreich dürfte als Einwanderungsland zuwenig geschätzt werden. Der Paradigmenwechsel in der Politik ist zwar theoretisch vollzogen, die Praxis spiegelt allerdings immer noch die alten Ansätze wider. Erst mit der Implementierung eines Staatssekretariats für Integrationsfragen im Jahre 2011 wurde eine Trendwende im Umgang und in der Konnotierung der Agenda herbeigeführt. Trotz aller Problemlagen wie struktureller Zugangsprobleme im Bildungswesen und am Arbeitsmarkt sowie der tendenziell zuwanderungsfeindlichen Haltung großer Teile der Bevölkerung gelingt es immer besser, die Chancen von Diversität in den Diskurs einzubringen. Die Spaltung zwischen den realen Gegebenheiten und dem immer wieder genährten Wunschbild einer homogen-autochthonen Bevölkerungsstruktur wird sichtbar und Strategien eines Wandels werden diskutierbar. Zahlreiche Initiativen im Bildungsbereich, in der Zivilgesellschaft, wie z.b. die Proteste gegen die Abschiebung gut integrierter Mitmenschen, haben dazu beigetragen, dass die Wahrnehmung von Zuwanderung als Phänomen und die Beiträge von Zugewanderten für die Gesellschaft eine positive Konnotion erfahren.

2.2   *Die Flüchtlingspolitik Österreichs*

Österreich schreibt seit dem 2. Weltkrieg eine humane Flüchtlingspolitik auf seine Fahnen. In der Tat gab es über viele Jahre einen gesellschaftlich akzeptierten Grundkonsens, der im Prinzip wie folgt beschrieben werden kann: Menschen, die aus ihren Herkunftsländern flüchten müssen, weil sie - ausgelöst durch kriegerische Auseinandersetzungen - in ihrer Existenz bedroht sind, ist Schutz und Sicherheit zu gewährleisten. Im Prinzip gilt das immer noch, allerdings wurden durch restriktive Politikansätze, auch im Bereich der Flüchtlingspolitik, Einengungen vollzogen. Die Überlappung mit Fragen von Kriminalität, der Frage von gerechtfertigten Fluchtgründen und nicht-gerechtfertigten, wie bspw. Flucht aus ökonomischen Gründen, hat in der Bevölkerung zu restriktiven Haltungen geführt.

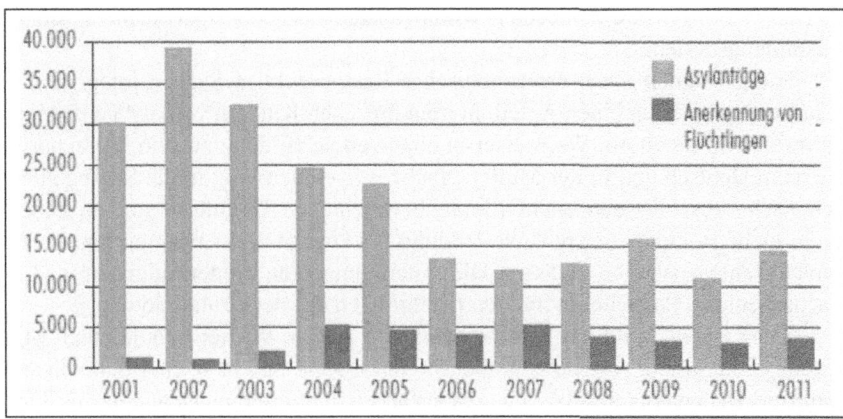

Quelle: BMI, Asylstatistik 2001-2011. – Die Anzahl der Anerkennungen steht in keinem Zusammenhang mit der Zahl der im selben Jahr gestellten Asylanträge.

Abbildung 3:   Asylanträge und Anerkennung in Österreich 2001 - 2011

Insgesamt ist davon auszugehen, dass aktuell pro Jahr ca. 15.000 Neu-Anträge gestellt werden, ca. ein Drittel wird positiv entschieden, wie Abbildung 3 zeigt.

3   Problemzonen und Handlungsfelder

3.1   Schulische Bildungssysteme

Das österreichische Schulsystem ist nach wie vor hoch selektiv, es kompensiert nicht, sondern vertieft soziale Gräben und Benachteiligungen, es fördert nicht die Potenziale, sondern verleidet den SchülerInnen das Lernen. Europäische und internationale Rankings stellen ein schlechtes Zeugnis aus, bei aller Kritik an den Verfahren des Rankings. Migrantische Kids drücken die Leistungskurven im Lesen, die grundsätzlich schon unter dem europäischen Schnitt angesiedelt sind. Grundkompetenzen – Lesen, Schreiben, Rechnen, digitale Kompetenz, politische Grundbildung - sind Mangelware bei AbsolventInnen der Pflichtschulen. Die Schule folgt den Lehrplänen, die Inhalte sind das Dogma der Lernprozesse, die Prüfungen orientieren sich an Stoffgebieten, kompetenzorientierte Leistungsmessung ist vielfach noch unbekanntes Terrain. Die Schule ist, salopp gesagt, nicht auf die Anforderungen unseres Jahrhunderts ausgerichtet, gerade den Herausforderungen von Diversität im System begegnet sie mit antiquierten Antworten. Die

Betriebe beklagen die schlechten Kompetenzen der EinsteigerInnen ins duale Ausbildungssystem.

Sonderschulen – ein österreichisches Restprodukt in Sachen integrativem Schulwesen - weisen einen Anteil an migrantischen Kindern von 30% auf. Migration scheint damit ein Wegweiser in abgewertete Bildung zu sein, Sprachprobleme in Deutsch und in der Muttersprache weisen den Weg in die Segregation. Schulische Abschlüsse zweiter Ordnung bzw. fehlende Abschlüsse sind im Leben kaum mehr zu kompensieren. Wo Bildung ist, kommt meist Bildung hinzu, der Umkehrschluss ist auch zulässig. Die Beteiligungen an Weiterbildungen im Erwachsenenleben korrelieren mit den Erfahrungen aus der Grundbildung.

Jedes zweite Kind hat beim Schuleintritt in eine Wiener Schule einen Migrationshintergrund, Anteile von über 80 bis zu 95% sind in Wiener Schulen anzutreffen. In den nobleren Wohngegenden sehen die Verteilungen anders aus, hier manifestieren sich die Prozesse der sozialen Schichtung, die - durch starke private Segmente gesteuert - nicht durch politische Eingriffe korrigiert werden können. Schulen sind unterschiedlich auf diese Situation vorbereitet, die Ressourcenverteilung richtet sich kaum nach den Anforderungen, die Schule als unbewegliches systemisches Verwaltungs-Monstrum ist den Anforderungen einer divers konstruierten Gesellschaft nicht gewachsen. Seit Jahrzehnten befindet sie sich in Geiselhaft der Politik und verweigert de facto jede Reform.

5% der SchülerInnen jeden Jahrgangs verlassen die Pflichtschule nach Zeitablauf ohne positiven Abschluss und zumeist ohne weiterführende Perspektive (Steiner et al. 2006). Die Einstiegsquoten in weiterführende schulische Bildungsgänge repräsentieren nicht die migrantischen Potenziale aus der Pflichtschule. Die Drop-out-Raten liegen zwischen 30% (allgemeinbildende mittlere Schule) und 45% (berufsbildende höhere Schule). Die Betroffenheit migrantischer Kids ist vierfach erhöht, wenn man Angehörige der 2. Generation berücksichtigt. Kommt man aus einem Nicht-EU-Land ist das Risiko eines vorzeitigen Bildungsabbruches siebenfach erhöht (Steiner 2009).

3.2   Beteiligung von Mädchen/jungen Frauen aus traditionellen Familien am Erwerbsleben

Die Erwerbsbeteiligung von Frauen und Mädchen mit türkischen Wurzeln bleibt weit hinter den üblichen Verhältnissen zurück; liegt sie im Schnitt bei ca. 70%, sind türkische Frauen nur zu 45% am Arbeitsmarkt beteiligt. Das mag mit einer der Gründe sein, warum in Österreich so häufig von Integrationsunwilligkeit gesprochen wird. Hinter diesen Zahlen verbirgt sich aus meiner Sicht die

Konsequenz sozio-kultureller Prägung. Mit der Kategorie des Wollens wird man sozialen Phänomenen meist nicht beikommen. Was man will, was man wollen kann, darf und sich selbst zugesteht, ist meist Ergebnis der eigenen Sozialisation und Biografie, fußt auf den gemachten Erfahrungen und dem, was sozial belohnt, damit verstärkt und was abgestraft wurde. Bilder von Familie, Beziehung und Geschlechterrollen sind – wie man ja auch aus der österreichischen Geschichte ablesen kann – stark von kulturellen Faktoren geprägt. Kollektive Kulturen mit einer starken familiären Grundstruktur haben gänzlich andere Vorstellungen vom Leben eines Individuums als individualistische Kulturen. Diese Gegensätze manifestieren sich auch im alltäglichen Leben, in der Beteiligung am öffentlichen Leben, an Bildungs- und Arbeitsprozessen. Die geringe Beteiligung am Arbeitsmarkt lässt sich oft auf diese Differenzen in den Lebensentwürfen zurückführen, Änderungsprozesse sind mühsam und nur mit geeigneten Interventionstechniken überhaupt initiierbar. Häufig werden Anpassungsprozesse auch für kommende Generationen gedacht und nicht (mehr) für das eigene Leben – die Motivation, in die Bildung der Kinder zu investieren, ist beispielsweise in den Zuwanderfamilien besonders hoch.

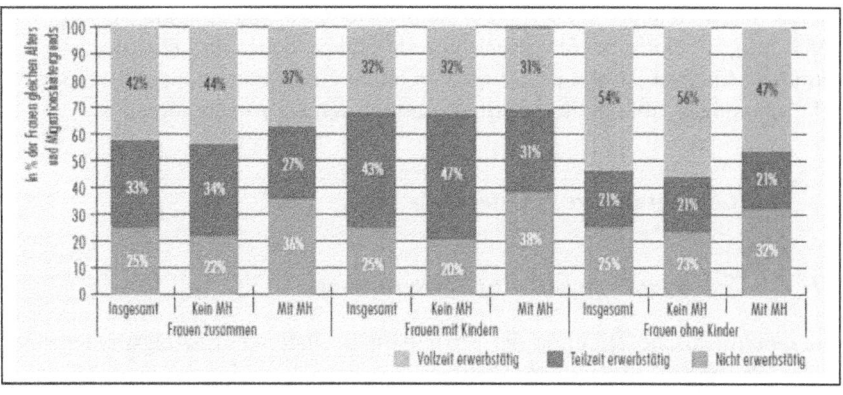

Quelle: STATISTIK AUSTRIA, Mikrozensus-Arbeitskräfteerhebung 2011, Jahresdurchschnitt über alle Wochen. – Bevölkerung in Privathaushalten.

Abbildung 4: Erwerbstätigkeit von Frauen zwischen 20 und 59 Jahren 2011 nach Lebensform und Migrationshintergrund

3.3   NEETs[1] – Jugendliche, die zwischen den Welten verschwinden

Nicht immer gelingt es, eine Verbindung zwischen den schulischen und den Aus-
bildungswelten aufrechzuerhalten. Eine jüngst für Österreich und dann auch für
die EU publizierte Studie (European Foundation for the Improvement of Living
and Working Conditions 2012) zeigt Alarmierendes auf: 12,9% aller Jugendlichen der EU zwischen 15 und 24 Jahren sind weder in einer schulischen oder
beruflichen Ausbildung noch am Arbeitsmarkt verankert, in Österreich sind das
6,9%. Im Vergleich mit dem EU-Durchschnitt ist die Quote in Österreich akzepta-
bel, aber Jugendliche ohne Anbindung an Strukturen des Arbeitens oder Lernens
laufen massiv Gefahr, zu marginalisierten Gruppen zu werden. Die Gefahr der
dauerhaften Ausgrenzung ist für Neets-Jugendliche (not in employment, education or training) bedenklich erhöht. Zu den Neets-Jugendlichen zu gehören, heißt
entweder krank oder beeinträchtigt zu sein, familiären Verpflichtungen nachkommen zu müssen, einen gefährlichen bzw. selbstgefährdenden Lebensstil zu
pflegen, sich aufgrund von Enttäuschung und Frustration keine weitere Beschäftigung zu suchen etc. Es kann aber auch sein, dass man jener Gruppe angehört,
die freiwillig mit oder ohne Duldung der Angehörigen nicht aktiv, aber versorgt
ist, also bspw. SchulabbrecherInnen, die frustriert und ohne Energie, versorgt von
den Eltern, auf eine Chance warten. Junge Mädchen, denen ihr Lebensweg als tra-
ditionelle Ehefrau vorgezeichnet wird, gehören zu dieser Gruppe, die insgesamt
sehr inhomogen, aber in dieser Strukturiertheit schwer zu adressieren ist.

4   Lösungsansätze in Österreich

4.1   Sozialpartnerschaft als Politikgrundsatz

Die österreichische Tradition der Sozialpartnerschaft – ein Erfolgsmodell über
viele Jahrzehnte – intendiert Abstimmungsprozesse zwischen Interessensver-
treterInnen verschiedenster gesellschaftlicher Schichten zum Wohle der Allge-
meinheit. Der Grundkonsens besteht darin, dass es als allgemein vereinbart gilt,
politische Interventionen verträglich im Sinne der vertretenen Gruppen auszuge-
stalten und als übergeordnetes Ziel der gesellschaftliche Zusammenhalt gefördert
bzw. aufrechterhalten werden soll. Dieses Modell hat zwar mit der schwindenden
Wichtigkeit der herrschenden Großparteien im Laufe der Zeit an Bedeutung ein-
gebüßt, es spielt jedoch in der Gestaltung sozial-politischer Maßnahmen noch

---

1   NEETs: Young people *not* in *employment, education* or *training*

immer eine entscheidende Rolle. Dieses Bekenntnis der beiden tragenden Gruppen – ArbeitnehmerInnen und ArbeitgeberInnen – hat in krisenhaften Situationen immer wieder einen Kompromiss und Ausgleich zwischen den Interessen ermöglicht und so manche Härten in den letzten Krisenjahren abgefedert. Modelle von Kurzarbeit, gekoppelt mit Schulungsmodellen, Verhinderung von Personalabbau und Modelle zum Ausgleich von Härten haben sich insbesondere in den Krisenjahren 2009/2010 bewährt und dazu beigetragen, dass Österreich mit leichten Schrammen davongekommen ist. Die auf europäischer Ebene herausragend geringe Quote in der Jugendarbeitslosigkeit lässt sich zum Großteil auch auf diesen Konsens zurückführen.

Wenngleich die Bedeutung der Sozialpartnerschaft künftig analog zur Bedeutungssteigerung europäischer Politik abnehmen wird, lässt sich mittelfristig noch in den hier ausgeführten zentralen Problemfeldern - im Bereich Integration in Arbeitsmarkt und Bildungspolitik - auf eine zentrale Rolle der Sozialpartnerschaft verweisen. Die jüngsten Interventionen im Bereich der Arbeitsmarkt- und Sozialpolitik sind ohne diesen gesellschaftlichen Grundkonsens, der stellvertretend im Gremium der Sozialpartner hergestellt wird, nicht denkbar. Lohnpolitik, Arbeitsmarktpolitik und Sozialpolitik finden ihren Rahmen im Interessensausgleich der Beteiligten. Die gesellschaftlichen Entwicklungen sind jedoch zunehmend durch supranationale Ebenen bestimmt und gelenkt, sodass nicht nur nationale Gremien, sondern vielmehr noch informelle Gremien wie bspw. die Sozialpartnerschaft zunehmend ihren Gestaltungsspielraum verlieren. Die zu verhandelnden Sachverhalte werden immer weniger. Wenn 80% aller Beschlüsse des Nationalrats nur im Nachvollzug von europabestimmter Politik bestehen, verkommt die Sozialpartnerschaft zu einem charmanten Überbleibsel gestriger Politik. Nichtsdestotrotz sind einige der hier vorgestellten Initiativen im Bereich der Integrationspolitik bzw. Bildungspolitik ohne diesen Konsens zwischen den relevanten AkteurInnen nicht denkbar.

4.2   Modell Österreich – Strategien gegen Jugendarbeitslosigkeit[2]

4.2.1   Überbetriebliche Lehrausbildung, Jugendbildungssicherungsgesetz, integrative Berufsausbildung

Den Fokus auf die Jugendbeschäftigung zu legen, ist eine lange beschäftigungspolitische Tradition in Österreich. Schon in den 1990er Jahren wurde die Basis

---

2   Die hier dargestellten Modelle und Ansätze verstehen sich nicht als universelle Übersicht, sondern rücken jene Ansätze in den Fokus, von denen ich annehme, dass sie in Deutschland nicht

für die kommenden Beschlüsse in Form der überbetrieblichen Lehrausbildung geschaffen. Bereits damals gab es eine Kluft zwischen angebotenen Lehrstellen und Nachfragenden, wobei die Differenzen nicht nur in den absoluten Zahlen, sondern auch in den angebotenen Branchen und den Rahmenbedingungen der Ausbildung – beispielsweise regionale Unterschiede - lag. Dieses Angebot an überbetrieblicher Lehrausbildung wurde kurze Zeit später im nationalen Aktionsplan verankert und ausgebaut. Durch den Beschluss des Jugendausbildungssicherungsgesetzes im Jahre 1998 wurde der Rahmen für differenzierte Angebote zur Sicherstellung einer professionellen, flächendeckenden beruflichen Erstausbildung geschaffen. In der Umsetzung wurden dabei neben den bereits bekannten überbetrieblichen Ausbildungsgängen in den Lehrwerkstätten großer Betriebe auch die Möglichkeiten für Bildungsträger geschaffen, Lehrausbildungen in Kooperation mit Lehrwerkstätten, aber auch mit unterschiedlichsten Partnerbetrieben zu realisieren. Die integrative Berufsausbildung für „benachteiligte" Jugendliche eröffnete die Möglichkeiten zumindest einen Teilabschluss in einem Beruf zu erreichen.

4.2.2   Ausbildungsgarantie

Die durchschnittliche Erwerbsquote der Altersgruppe der 15 bis 19-Jährigen lag 2008 bei 45,7%, gegenüber 40,5% im Jahr 1999. Zur Erwerbsbeteiligung tragen auch jene Jugendliche bei, denen es gelingt, eine Lehrstelle zu erlangen. Allerdings ist die Zahl der LehranfängerInnen in den letzten 30 Jahren trotz der Initiativen und Modelle deutlich zurückgegangen. Waren im Jahr 1980 in Österreich noch rund 62.000 Jugendliche in ihrem ersten Lehrjahr, betrug der vergleichbare Wert für 2008 nur mehr 39.700. Der Rückgang der LehranfängerInnen um ein Drittel übertrifft die Verschmälerung der demografischen Basis deutlich: Im selben Zeitraum hat sich die Zahl der Jugendlichen im Alter von 15 Jahren nur um ein Viertel reduziert. Die Zahl aller Lehrlinge hat sich von 194.000 im Jahr 1980 auf 132.000 im Jahr 2009 (gemessen am Jahresendstichtag) verringert. In Wien waren im Jahr 2009 18.800 Jugendliche in einer Lehrausbildung (gegenüber über 31.000 im Jahr 1980) (Lenger et al. 2010).

    Die Grundproblematik liegt auf der Hand: Die Betriebe nehmen ihre Verpflichtung zur beruflichen Ausbildung immer weniger wahr, sie beklagen den schlechten Bildungsstand der Jugendlichen, den Mangel an Facharbeitskräften und verlagern die Verantwortung und die Kosten für die Ausbildung auf die öf-

---

so bekannt bzw. nicht Teil des Instrumentariums sind. Auf die nähere Beschreibung des Modells der Produktionsschule, sowie den unterschiedlichen Angeboten im Bereich der Berufsberatung und Orientierung sowie die Darstellung innovativer Modellprojekte wird daher verzichtet.

fentliche Hand. Nachdem die Bereitschaft der Betriebe, die erforderlichen Aus-bildungsplätze zur Verfügung zu stellen, stetig zurückging, wurde die Notwendigkeit einer Intervention der öffentlichen Hand sichtbar.

Im Jahr 2011 einigte sich die Politik mit den Sozialpartnern angesichts der drohenden Jugendarbeitslosigkeit auf eine Ausbildungsgarantie für Jugendliche. Die im Vorfeld ausgebrochenen Streitereien um die Begrifflichkeiten und eine beschworene Notwendigkeit zur Ausbildungspflicht glich dabei einem Scheingefecht. Die Zielsetzung war klar, es sollte darum gehen, dass möglichst vielen/ allen Jugendlichen eine Stelle zur beruflichen Erstausbildung angeboten werden sollte.

4.2.3 Jugendchoaching

Jugendchoaching ist die österreichische Antwort auf die Untersuchungen zum Thema NEETs und Jugendarbeitslosigkeit. Das Modell versucht nicht, die Systeme im Schulischen zu reparieren, sondern zu kompensieren, insbesondere jene Problematik an der Schnittstelle Schule und Beruf. Schulen und ihre RepräsentantInnen sehen in der Regel die Verantwortung für den Übergang ihrer Schüler in das Berufsleben nicht bei sich. Sie stellen sich kaum die Frage, ob die weiteren Lebensverläufe der Jugendlichen ursächlich mit ihrer Arbeit in Zusammenhang zu bringen sind, sondern beenden ihre Verantwortlichkeit mit dem Ablauf der Schulzeit, ohne sich nachhaltig um die Anbindung an die nächsten Herausforderungen für die ihnen Anvertrauten zu kümmern. Jahr für Jahr versickern an dieser Schnittstelle tausende Jugendliche und tauchen Jahre später in den Beratungseinrichtungen der Arbeitsmarktservicestellen wieder auf.

Jugendcoaching versucht nun – wie viele im zweiten Bildungsweg gesetzte Interventionen – dieses Problem zu kompensieren, in dem es eine Brückenfunktion wahrnimmt. Jugendliche ohne konkreten Plan bezüglich ihrer weiteren schulischen oder beruflichen Entwicklung werden über einen Zeitraum von zwei Jahren in einer niederschwelligen offenen Form betreut. Der Betreuungsprozess endet mit der nachhaltig erfolgreichen Integration in den Arbeitsmarkt, betriebliche Ausbildung oder schulische Bildung. Jugendcoaching wird derzeit in drei Bundesländern pilotiert und geht Anfang 2013 flächendeckend in Österreich in die Umsetzung.

**4.3   Initiative Erwachsenenbildung – zweiter Bildungsweg als zentrales
        Modell**

Die Initiative Erwachsenenbildung – kurz IEB – ist die Antwort der Erwachsenenbildung auf die Versäumnisse der Erstausbildung in den Segmenten Grundbildung und Pflichtschulabschluss.

Diese neuen Modelle ermöglichen einen Bildungseinstieg für alle zu jeder
Zeit und verstehen sich damit auch als Beitrag zur Realisierung der Strategien des
Lebenslangen Lernens. Die dadurch geschaffene Möglichkeit, den Pflichtschulabschluss als Grundvoraussetzung für den Einstieg in berufliche oder auch weitere schulische Ausbildungen nachholen zu können, steht ganz in der Tradition
des zweiten Bildungsweges, der in Österreich einen zentralen Stellenwert in der
Bildungspolitik einnimmt.

Quantitativ ist das Programm auf vorerst drei Jahre ausgerichtet, soll nach
den derzeit vorliegenden Erfahrungen darüber hinaus Bestand haben und zentraler Bestandteil der Bildungslandschaft bleiben, solange es erforderlich ist. Im
Bereich der Basisbildung sollen im Zeitraum 2011 bis 2014 3.500 Personen erreicht werden, die Gesamtbedarfslage wird auf 50.000 Personen geschätzt – konkrete Zahlen sind in dem Bereich nicht verfügbar. Für den Pflichtschulabschluss
liegt die Zielzahl bei 2.400 Personen bei einer Zielgruppengesamtgröße von ca.
280.000 Personen. Die Vorhaben können zwar nicht unbedingt als ambitioniert
bezeichnet werden, es handelt sich aber um den ersten Schritt in einem auf lange
Sicht wirksamen Programm, das mittlerweile auch politisch unbestritten Gewicht
hat (Länder-Bund-Initiative 2010).

Grundlage für die Initiativen ist ein nationales Programm und eine darauf
fußende Vereinbarung mit den Bundesländern. Trotz der Überlappung politischer
Zuständigkeiten, Missbrauchsversuchen im Sinne eines parteipolitischen Kalküls
und Budgetnöten ist es gelungen, diesen bildungspolitischen Meilenstein auf den
Weg zu bringen. Derzeit sind bereits alle Bundesländer beteiligt und es wurden in
allen Bundesländern bereits entsprechende Initiativen gesetzt.

Zentrale Elemente für die Umsetzung sind neben der gesetzlichen Verordnung ein kompetenzorientiertes Curriculum und ein akkordiertes Programmplanungsdokument.

Im Programmplanungsdokument sind die Eckpfeiler festgeschrieben. Ziele und Strategien geben den Pfad vor, die Förderbereiche Basisbildung, Pflichtschulabschluss und Berufsreifeprüfung sind in Bedarfs- und Zielgrößen beschrieben. Das Programmmanagement definiert den Steuerungsbedarf und -elemente,
die operative Struktur, das Akkreditierungsprozedere der Träger, die Finanzbe-

stimmungen und Dokumentationsnotwendigkeiten sowie das dazugehörige Wirkungsmonitoring.

4.3.1 Programmgrundlagen

Im Zentrum des Konzeptes steht der Kompetenzaufbau als Leitlinie für das Verständnis des geplanten Lernprozesses Es geht primär darum, Anforderungen in unterschiedlichen alltäglichen Situationen bewältigen zu können. Dies bedeutet einen Perspektivenwechsel von einer Inhaltsorientierung hin zu einer Handlungsorientierung sowie zu einer reflektierten Anwendung von Wissen. Kompetenzorientierung umfasst in der hier geltenden Form nicht nur die Anerkennung und Wertschätzung vorhandener, aufgebauter oder aus anderen Bildungszusammenhängen mitgebrachten Kompetenzen, sondern auch die Gestaltung des Lernzieles und des Lernprozesses. AbsolventInnen aus den vorbereitenden Lehrgängen sollen über all jene definierten Kompetenzen verfügen, die sie zum Einstieg in weitere Ausbildungswege auf Sekundarstufe II benötigen, die die Chancen am Arbeitsmarkt erhöhen, berufliche Möglichkeiten erweitern und die die Basis für eine nachhaltige Partizipation am Arbeits- und Berufsleben sicherstellen sowie die Grundlage für eine aktive Teilhabe an und Mitgestaltung der Gesellschaft bilden.

4.3.1.1 Individualisierung[3]

Um auf unterschiedliches Vorwissen, Vorerfahrungen, Stärken, Lernstrategien und -präferenzen der Lernenden bestmöglich eingehen zu können, erfolgt unter Berücksichtigung des allgemeinen Bildungszieles so weit wie möglich eine Differenzierung der Aufgabenstellungen. Die Differenzierung bezieht sich beispielsweise auf die Art, die Anzahl der gestellten Aufgaben, den Schwierigkeitsgrad, das Arbeitstempo oder den Anteil an Selbstständigkeit bei der Aufgabenbewältigung. Um die Lernenden, die einen weiterführenden Bildungs- bzw. Ausbildungsweg anstreben, auf die jeweiligen Anforderungen ausreichend vorzubereiten, wird eine entsprechende individuelle Unterstützung angeboten. Mehrsprachigkeit wird berücksichtigt und bei den Aufgabenstellungen der Grad der Deutschkenntnisse in Betracht gezogen. Bei Bedarf erfolgen spezifische Förder- und Unterstützungsmaßnahmen für Personen mit Lernschwierigkeiten,

---

3   Die folgenden Passagen beziehen sich auf einen Auszug aus dem verordneten Curriculum Lehrgänge zur Vorbereitung auf die Pflichtschulabschluss-Prüfung. Vgl. Bundesministerium für Unterricht, Kunst und Kultur 2012.

Personen mit Migrationshintergrund, Personen mit sozialer Benachteiligung usw. Bei Lernenden mit entsprechendem Potential wird auch über das im Curriculum definierte Mindestniveau hinausgegangen. Um eine entsprechende TeilnehmerInnenorientierung zu gewährleisten, wird auch der Kompetenzentwicklungsprozess eines/einer Lernenden im Team der Lehrenden laufend reflektiert.

4.3.1.2   Lebensweltorientierung

Die Aufgaben, Themen sowie eingesetzten Materialien orientieren sich an der Lebenswelt und an den speziellen Bedürfnissen der Lernenden. Die Lerninhalte und -schritte werden mit dem Alltag der Lernenden in Verbindung gebracht. Die Lernenden sollen die Lernsituation als eine für sie selbst relevante Aufgabe entdecken, indem Lernaufgaben auf realistische Verwendungssituationen bezogen sind. In der Vermittlung neuen Wissens wird an die Vorkenntnisse und vorhandenen Erfahrungen der Lernenden angeknüpft.

4.3.1.3   Chancengleichheit und Diversität

Der Bildungsprozess zielt auf Chancengleichheit und die Wertschätzung von Diversität ab. Zugehörigkeitsordnungen und Ausgrenzungsmechanismen, die entlang unterschiedlicher Differenzlinien wie Nationalität, Ethnizität, Geschlecht, Behinderung, Alter, sexueller Orientierung und sozialem Status entstehen, werden kritisch reflektiert. Eine offene Auseinandersetzung mit unterschiedlichen Vorstellungen von Kultur und mit Identitätsprozessen sowie eine differenzierte Betrachtung von Gemeinsamkeiten und Unterschieden von Gesellschaften werden angestrebt. Die Genderperspektive wird in allen Bereichen des Lernens und Lehrens berücksichtigt, mit dem Ziel, einen geschlechtergerechten Bildungsprozess zu gewährleisten.

4.3.1.4   Selbstbestimmung und Selbststeuerung

Gerade in der Erwachsenenbildung muss es darum gehen, strukturell und im Bildungszugang benachteiligten Personen über den Bildungsprozess ein erweitertes Handlungsspektrum zu eröffnen, indem die Vermittlung von Grundkompetenzen mit einem Prozess der Selbstermächtigung verbunden wird. Wenn Kompetenz die Verbindung zwischen Wissen und Können herstellt und als Befähigung zur Bewältigung unterschiedlicher Situationen zu sehen ist, dann setzen kompetenzorientierte Fördermodelle genau an den neuralgischen Punkten enttäuschend verlaufener Lernprozesse mit alternativen Erlebnismöglichkeiten an, die für eine nachhaltige Kompetenzaneignung in Verbindung mit persönlicher Entwicklung erforderlich ist, um eine Trendumkehr an den bildungsbiografischen Krisenpunkten einleiten zu können.

Die Lernenden sollen in ihrer Fähigkeit, alltagspraktische Lernaufgaben selbstständig und in Kooperation mit anderen zu lösen, gestärkt werden. Die Rolle der Lehrenden ist neben der handlungsorientierten Vermittlung des erforderlichen Grundlagenwissens insbesondere die Lernbegleitung, die Moderation des Lernprozesses und die Gestaltung der passenden Lernumgebung. Es gibt Freiräume und Entscheidungsspielräume, damit die Lernenden Eigenverantwortung für den eigenen Lernprozess übernehmen können. Die Stärkung der Eigenverantwortung und der dazugehörigen Lernmotivation sind deshalb wesentliche pädagogische Zielsetzungen. Sie tragen dazu bei, dass die Pflichtschulabschluss-Prüfung für jede Absolventin und jeden Absolventen nicht nur ein fachliches Fundament darstellt, sondern tatsächlich mehr Chancen im weiteren Lebensweg bringt. Individuelle Lernprozesse und soziales Lernen werden durch den Einsatz passender Medien unterstützt. Der Lehr-/Lernprozess ist von gegenseitiger Wertschätzung und Respekt im Sinne eines dialogischen Prinzips getragen.

4.3.1.5   Vielfalt der Lehr-/Lernarrangements

Generell wird Formen wie Lernen in der Gruppe und PartnerInnenarbeit der Vorzug gegeben. Darüber hinaus werden individuelle Selbstlernphasen organisiert. Der Bildungsprozess ist als aktiver Aneignungsprozess gestaltet, bei dem die Fähigkeit zur kritischen Auseinandersetzung gefördert wird. Es werden möglichst praxisorientierte Lernformen wie beispielweise exemplarisches Lernen gewählt. Es geht primär um das Arrangieren von Anwendungs- und Anforderungssituationen (Problem, Aufgabe, Kontext) im Lernprozess. Besondere Bedeutung kommt dem Projektlernen zu. Die gewählten Lehr-/Lernarrangements bieten Gelegenheit zur Entwicklung überfachlicher Kompetenzen (methodischer, personaler und sozialer Kompetenzen wie z.B. verantwortungsvolle und gezielte Mediennutzung, Selbstbewusstsein, Konfliktlösungsfähigkeit), da diese als Teil der umfassenden Handlungskompetenz verstanden werden. Zeitgemäße Technologien und Medien, insbesondere die Möglichkeiten des Internets, werden in den Lernsequenzen genutzt. Digitale Kompetenz stellt dementsprechend eine Querschnittsmaterie dar. Es werden Methoden und Instrumente eingesetzt, die den Kompetenzentwicklungsprozess für die Lernenden sichtbar und den Lernprozess reflektierbar machen - wie beispielsweise Portfolios - und die Entwicklung von Lernkompetenz fördern sowie die Fähigkeit zur Selbsteinschätzung verbessern helfen.

4.3.2 Programmumsetzung: Kompetenzorientiertes Curriculum

In einer eigenen Verordnung wurde der Umsetzung ein eigens entwickeltes kompetenzorientiertes Curriculum zugrunde gelegt. Das Curriculum beschreibt die mit den Vorbereitungslehrgängen für die Pflichtschulabschluss-Prüfung intendierten Lernergebnisse.

Im Curriculum sind acht verschiedene fächerübergreifend angelegte Kompetenzfelder definiert, die zumeist fachübergreifend angelegt sind:

1. Deutsch – Kommunikation und Gesellschaft
2. Englisch – Globalität und Transkulturalität
3. Mathematik
4. Kreativität und Gestaltung
5. Gesundheit und Soziales
6. Weitere Sprache
7. Natur und Technik
8. Berufsorientierung

Für jedes Kompetenzfeld sind intendierte Lernergebnisse in Form von Deskriptoren beschrieben. Bei den Deskriptoren handelt es sich um die nähere Beschreibung der angestrebten Teilkompetenzen. Darüber hinaus gibt es Hinweise und Beispiele zur Konkretisierung. Hier werden die Deskriptoren veranschaulicht und weiter ausdifferenziert.

In jedem der acht Kompetenzfelder erfolgt die Struktur entlang von Anwendungsbereichen. Dies verdeutlicht, dass Kompetenz als Handlungskompetenz verstanden wird. Es geht um die Bewältigung bestimmter Situationen unter Einsatz unterschiedlicher Kompetenzbereiche. Im Handeln zeigen sich sowohl fachliche als auch überfachliche und selbstregulative Kompetenzen. Die Inhaltsdimensionen werden in jedem Kompetenzfeld einleitend beschrieben und spiegeln sich in den Deskriptoren und in den Hinweisen und Beispielen zur Konkretisierung wider.

Die Verordnung sieht vor, dass die Kompetenzfelder Deutsch, Englisch, Mathematik und Berufsorientierung Pflichtfelder darstellen und Kreativität und Gestaltung, Gesundheit und Soziales, Natur und Technik sowie eine weitere Sprache als Wahlfelder gelten. Die Prüfungsformen sehen neben den standardisierten Formen (schriftliche Arbeiten und mündliche Prüfungen) auch alternative Kompetenznachweise vor. So ist zum Beispiel für die Berufsorientierung eine Portfolioarbeit vorgesehen, Projektarbeiten und Präsentationen können alternativ anerkannt werden. Die endgültige Ausgestaltung der Prüfungen liegt noch nicht vor, es kann jedoch jetzt schon davon ausgegangen werden, dass allein mit der Orientierung der Prüfungen an Kompetenzfeldern für die Prüfenden, so sie aus dem schulischen Praxiskontext kommen, umfangreiche Umstellungen verbunden sind. Die Pilotierungen stoßen jetzt an die Grenzen der Prüfungsschulen, deren Prüfungsverständnis ausschließlich an den Fächerkanon mit den dazugehörigen Fachkompetenzen gekoppelt ist.

4.3.3   Richtiger Ansatz – suboptimaler Kompromiss

Die ursprünglich definierten Prinzipien wurden im Verlauf des Arbeitsprozesses abgeändert und gewissermaßen auch ausgedünnt, die letztlich publizierte Verordnung enthält bedauerlicherweise grundlegende Prinzipien nicht mehr. Der Rahmen für die Umsetzung durch die unterschiedlichen Trägerorganisationen wird damit sehr weit gefasst, letztlich bleibt derzeit noch offen, ob es gelingen wird, qualitativ hochwertige Angebote trägerübergreifend zu realisieren. Im Endspurt der Beschlussfassungen in den politischen Gremien wurden durch die Arbeit von Lobbyisten, insbesondere aus den schulischen Sektionen, noch manche Ecken so abgeschliffen, dass ein breiter Konsens mit unterschiedlichen Interessensgruppen zustande kam. So ist beispielsweise der Zugang für TrainerInnen und Unterrichtende noch stark reglementiert worden bzw. sind TrainerInnen aus der Erwachsenenbildung mit einem allerdings nur formal anspruchsvollen Kompetenzprofil nur beschränkt zugelassen. Die inhaltlichen Anforderungen wurden insbesondere in den Bereichen Natur und Technik zurückgeschraubt, was aufgrund der ständigen Klagen über die mangelnde Kompetenz der AbsolventInnen gerade in diesen Bereichen doch einigermaßen verwundert.

Bei genauer Betrachtung lässt sich feststellen, dass es in der publizierten Fassung einerseits zu einer Verdichtung, aber auch einer damit einhergehenden Ausdünnung konzeptiver Überlegungen gekommen ist. Ansätze im Kontext Interkulturalität, die auf dem Ideal einer Gleichwertigkeit in der Betrachtung kulturell unterschiedlich determinierter Kompetenzen beruhen, überfordern sicherlich noch zu einem Großteil unsere Gesellschaft bzw. spiegeln die aktuelle Realität nicht wider. Die RepräsentantInnen der Mehrheitsgesellschaft bestehen letztlich auf einem gewissen „Primat der eigenen kulturellen Prägungen". Letztlich stellt das verordnete Curriculum dennoch einen gelungenen Ansatz zur Bewältigung bildungspolitischer Problemzonen dar. Die Umsetzung steht noch aus.

Die Bildungsträger in ihrer unterschiedlichen Konstruktion und in ihrem Selbstverständnis sind in den kommenden Jahren gefordert, Kompetenzorientierung ernst zu nehmen und die dazugehörigen Anpassungen struktureller Art in den eigenen Wänden vorzunehmen. Bereits jetzt lässt sich feststellen, dass Fragen des Images der Organisationen einen sehr hohen Beitrag in der Zielgruppenadressierung leisten. Träger, die sich an dem Programm beteiligen wollen – und das sind in Zeiten knapper Budgets im Wesentlichen alle – müssen sich in der Landschaft sozialer Milieus richtig verorten, um Zukunftspotentiale sichern zu können. KundInnen können intuitiv unterscheiden, ob sie angesprochen werden oder doch nur das dahinterliegende Förderprogramm. Im Tun wird sich die Spreu vom Weizen scheiden, die Fördergeber täten gut daran, genau zu analysieren bzw. analysieren zu lassen, inwieweit AbsolventInnen Kompetenzen vorweisen können oder doch nur über die Inhalte aktuell Bescheid wissen.

4.4   Relevanz für migrantische Zielgruppen

Die besonderen Angebote im zweiten Bildungsweg sind insbesondere deswegen für die Fragestellung einer zielgruppengerechten Bildung von Interesse, weil sie aufgrund ihrer konzeptiven Rahmenbedingungen geeignet sind, integrative Settings zu provozieren. In den Lehrgängen zur Verbesserung der Basisbildung, aber ganz besonders in den Lehrgängen zur Vorbereitung auf den Pflichtschulabschluss und in den überbetrieblichen Lehrausbildungen finden sich gemischte Lerngruppen, je nach Trägercharakteristik zwischen 30% und 70% (Steiner et al. 2006). Diese Modelle sind daher gut geeignet, eine Antwort auf die spezifischen Problemlagen migrantischer Zielgruppen zu legen, ohne aufgrund von Exklusivität einen segregativen Charakter zu entwickeln. Die den Modellen eigene inklusive Pädagogik mit ihren zahlreichen Facetten kommt dann jenen zugute, die auf eine besondere, individuell ausgerichtete Förderung angewiesen sind.

Besondere Angebote für spezifische homogen migrantische Zielgruppen werden auch weiterhin erforderlich sein – insbesondere in den niederschwelligen Beratungs- und Betreuungsangeboten. Die Zukunft liegt aber in integrativen Angeboten, die ihre Rahmenbedingungen so ausgestalten, dass divers konstruierte Lerngruppe darin ihren Platz finden. Insofern sind diese Angebote richtungsweisend, auch deshalb weil es sich nicht um ein isoliertes innovatives Projekt ohne Anschlussperspektive handelt, sondern um die nachhaltige Implementierung in die österreichische Bildungslandschaft.

5   Schlussfolgerungen

Die Herausforderungen an die divers konstruierte Gesellschaft des 21. Jahrhunderts sind selbstverständlich vielfältig, die derzeitigen Antworten in Österreich sind das nicht immer. Aber wir sind auf der richtigen Spur. Die Befunde liegen auf dem Tisch, die Politik zögert, hadert und kann sich - getrieben von Interessenpolitik und im Schwitzkasten des Förderalismus - nicht einigen. Nach jahrzehntelangem Stillstand in der Schulreform gibt es leichte Anzeichen einer Bewegung. Schule ist für die Zukunft zentral – Versäumtes belastet und beschäftigt die Folgesysteme, die Misere in der Jugendausbildung ist auch der schlechten Koordinationsleistung der verwaltenden Strukturen geschuldet. An den Schnittstellen versickern Jugendliche im Bildungsnirvana und beschäftigen Jahre später die Beratungsstellen des Arbeitsmarktes und die Sozialsysteme. Die Betriebe stehlen sich aus der Verantwortung, schieben dem öffentlichen Sektor die Aufgaben zu und jammern parallel über mangelnde Fachkräfte. Ob wir überhaupt ein Problem im Bereich Integration sehen, hängt auch von der Perspektive ab - im europäischen Ranking sind wir fast immer ganz vorne. In der Innensicht sind natürlich Beschäftigungsquoten von 47% bei Frauen mit türkischen Wurzeln, Drop-out-Raten und Early-School-Leavers auch in Bereichen von unter 10% problematisch. 5.000 Jugendliche ohne Abschluss aus dem Schulsystem zu entlassen, ohne eine Perspektive in der Tasche zu haben, ist verantwortungslos. Doch die Frage der Verantwortung führt in die Irre, im Konkreten gibt es dazu immer wieder einen anderen ...

Was zu tun wäre wissen wir. Die flächendeckende Einführung der Gesamtschule, die gemeinsame Schule bis zum 14. Lebensjahr, die Verbesserung des Schnittstellenmanagements, die Professionalisierung der Pädagogik in interkulturellen Fragen, die sukzessive Öffnung der geschlossenen Arbeitsmärkte in den Betrieben und verwaltenden Strukturen, die Reform bestehender Bildungssysteme als Anpassungsleistung an die Anforderungen diverser Zielgruppen, die Konzentration der Bemühungen zur Reduktion von Armutsbedrohung, die Hebung des Einkommensniveaus der lohnabhängigen Bevölkerung und letztlich ein gesellschaftlicher Konsens darüber, wie wir uns ein soziales Zusammenleben in Zukunft vorstellen. Wenn es nicht gelingt, das Bild einer weitgehend kohärenten Sozietät zu entwickeln, mit all den dazugehörigen Ableitungen, werden wir auch die Sinnhaftigkeit und Notwendigkeit staatlicher Steuerungen in dem Kontext nicht sehen. Es könnte dann ein Stück normal werden, dass die Schere weiter auseinandergeht und am unteren sozialen Rand ein Potential an Menschen existieren muss, vor denen sich diejenigen fürchten (müssen), die vielleicht gar nicht zuviel, aber zumindest ausreichend existentiell abgesichert sind und zahlreiche Chancen in der Gesellschaft vorfinden.

Literatur

Bundesministerium für Unterricht, Kunst und Kultur. 2012. Curriculum Lehrgänge zur Vorbereitung auf die Pflichtschulabschluss-Prüfung. Wien: Bundesministerium für Unterricht, Kunst und Kultur. http://www.bmukk.gv.at/medienpool/23460/basisbildung_curriculum.pdf. Zugegriffen: 18.12.2012.

European Foundation for the Improvement of Living and Working Conditions. 2012. NEETs Young people not in employment, education or training: Characteristics, costs and policy responses in Europe. Luxembourg: Publications Office of the European Union.. http://www.eurofound. europa.eu/pubdocs/2012/54/en/1/EF1254EN.pdf. Zugegriffen: 18.12.2012.

Länder-Bund-Initiative zur Förderung grundlegender Bildungsabschlüsse für Erwachsene inklusive Basisbildung/ Grundkompetenzen. 2010. Programmplanungsdokument „Initiative Erwachsenenbildung". http://www.vorarlberg.at/pdf/programmplanungsdokument.pdf. Zugegriffen: 18.12.2012.

Lenger, Birgit, Roland Löffler, und Helmut Dornmayr. 2010. Jugendliche in der überbetrieblichen Berufsausbildung. Wien: Österreichisches Institut für Berufsbildungsforschung (öibf)/Institut für Bildungsforschung der Wirtschaft (ibw). http://www.oeibf.at/db/calimero/tools/proxy. php?id=14651. Zugegriffen: 18.12.2012.

Steiner, Mario. 2009. Early School Leaving und Schulversagen im österreichischen Bildungssystem. In Nationaler Bildungsbericht Österreich 2009. Bd. 2. Fokussierte Analysen bildungspolitischer Schwerpunktthemen. Wien: Bundesministerium für Unterricht, Kunst und Kultur. http://www. phsalzburg.at/projektbuero/news-Dateien/ESL/4%20Steiner%20Mario-NBB.pdf. Zugegriffen: 18.12.2012.

Steiner, Mario, Elfriede Wagner, und Gabriele Pessl. 2006. Evaluation der Kurse zur Vorbereitung auf den Hauptschulabschluss. Studie im Auftrag des Bundesministeriums für Unterricht, Kunst und Kultur. Wien: Bundesministerium für Unterricht, Kunst und Kultur. http://pubshop.bmukk. gv.at/detail.aspx?id=197. Zugegriffen: 18.12.2012.

Die Autorinnen und Autoren

Gerburg Benneker, Ethnologin, ist wissenschaftliche Mitarbeiterin im Bundesinstitut für Berufsbildung bei der Koordinierungsstelle Ausbildung bei Selbstständigen mit Migrationshintergrund (KAUSA) im Ausbildungsstrukturprogramm JOBSTARTER.

Jürgen van Capelle, M.A. studierte Politologie, Soziologie und Geschichtswissenschaften in Hannover. Seit 1997 ist er beim ESTA-Bildungswerk beschäftigt und leitet dort den Programmbereich Projektentwicklung und -management, in dem landes-, bundes- und europaweiten Modellprojekte zur beruflichen und politischen Bildung und Integrationsförderung angesiedelt sind.

Dr. Mona Granato, wissenschaftliche Mitarbeiterin am Bundesinstitut für Berufsbildung (BIBB), Arbeitsbereich „Kompetenzentwicklung, Bonn. Forschungsschwerpunkte: Berufliche Bildungsforschung und Übergangsforschung an der Schnittstelle von Gender-, Migrations- und sozialer Ungleichheitsforschung. Ausgewählte Veröffentlichungen: Granato, Mona (2013): Jugendliche mit Migrationshintergrund auf dem Ausbildungsmarkt: Die (Re)Produktion ethnischer Ungleichheit in der beruflichen Ausbildung. In: Sozialer Fortschritt, 63 (1): 14-23; Granato, Mona, und Joachim Gerd Ulrich (2013): Soziale Ungleichheit beim Übergang in Berufsausbildung. In: Zeitschrift für Erziehungswissenschaften, Sonderheft 16 (im Erscheinen); Granato, Mona, Dieter Münk, und Reinald Weiß (2011) (Hrsg.): Berufliche Bildung von Menschen mit Migrationshintergrund - Migration als Chance. Bielefeld: Bettelsmann Verlag.

Nevzat Izci, Bürokaufmann, staatlich geprüfter Betriebswirt und Ausbilder. Von 2008 bis 02/2012 ist er als Personalentwickler, Ausbilder, pädagogischer Mitarbeiter und Integrationscoach mit der Umsetzung von diversen Projekten in der Arbeitsmarkt-, Bildungs- und Vermittlungslandschaft tätig gewesen. Seit 2012 leitet er den Standort Oberhausen bei der Umsetzung des Modellprojekts FIBA (Förderung in Berufswahl und Ausbildung). Seit 2009 ist er Mitglied bei der Auslandsgesellschaft NRW e.V. in Dortmund und im Beitrat der Deutsch-Türkischen Gesellschaft.

Monika Pramreiter ist seit 1980 im Bereich der beruflichen Bildung engagiert und derzeit als Produktentwicklerin beim Berufsförderinstitut Oberösterreich tätig. Sie begann ihre Berufslaufbahn als Trainerin und Betreuerin in der beruflichen Rehabilitation und begleitete Menschen mit besonderen Bedürfnissen in Fragen der Neuorientierung. Ergänzend begann sie sich in konzeptiven und gestalterischen Bereichen zu engagieren. Die Reflexion und Neugestaltung struktureller Rahmenbedingungen in beruflichen Bildungsfragen wurde bald zu einem ihrer Hauptanliegen. Mit dem Wechsel in die Erwachsenenbildung erfuhr diese Ausrichtung durch die Beschäftigung im Produktmanagement eine Vertiefung. Die Konzeption von Projekten und Bildungsinitiativen wurde zum Schwerpunkt ihrer Arbeit. Im Zentrum der Auseinandersetzung stand und steht immer wieder die Frage der Wirksamkeit von Bildung in sozialen Zusammenhängen. Die Entwicklung von Bildungsprojekten im Kontext Integration und sozialem Zusammenhalt der Gesellschaft ist Arbeit, Beruf und Berufung gleichzeitig. „Ich genieße das Privileg über meine gesamte Berufszeit eine Arbeit zu haben, deren Sinnhaftigkeit außer Frage steht" kommentiert sie selbst ihre Tätigkeit.

Wolfgang Sieber, Soziologe, Dr. rer. soc., ist Leiter des Bereichs Arbeitsmarktintegration der Netzwerk Lippe gGmbH in Detmold. Nach dem Studium der Soziologie und Wirtschaftswissenschaften an der Universität Bielefeld und längeren Forschungsaufenthalten in Portugal, Brasilien und Spanien ist er seit Mitte der 1980er Jahre in verschiedenen arbeitsmarkt-, regional- und integrationspolitischen Kontexten tätig. So arbeitete er 10 Jahre in der Umsetzung der durch den Europäischen Sozialfonds kofinanzierten nordrhein-westfälischen Arbeitsmarktpolitik in Ostwestfalen-Lippe und an der Entwicklung kommunaler beschäftigungsfördernder Umsetzungsstrukturen. Beim Netzwerk Lippe liegt der Schwerpunkt in der Förderung von arbeitsmarktpolitischen Zielgruppen und deren Vermittlung. Wolfgang Sieber leitet den Themenkreis Integration der Initiative für Beschäftigung Ostwestfalen-Lippe.

Dipl. soz. Monika Stürzer, geb. 1962, studierte Soziologie, Sozialpsychologie und Kommunikationswissenschaft an der Ludwig-Maximilians-Universität München, Abschluss Diplomsoziologin 1989. Zunächst als wissenschaftliche Hilfskraft an der Universität der Bundeswehr und als Honorarkraft, später als wissenschaftliche Mitarbeiterin am Deutschen Jugendinstitut in verschiedenen Projekten im Bereich Bildung und Ausbildung und der Abteilung Geschlechterforschung und Frauenpolitik. Freiberufliche Tätigkeiten zu den Themen Gender, Familie, Schule, Ausbildung, Gesundheit und Kindertagesbetreuung. 2010 bis 2012 wissenschaftliche Referentin am Deutschen Jugendinstitut in den Projekten

„Schulische und außerschulische Bildungssituation und -chancen von Jugend-lichen mit Migrationshintergrund. Ein Daten- und Forschungsüberblick" und „Kinder-Migrationsreport: Lebenssituation, Entwicklungs- und Bildungschancen für Kinder mit Migrationshintergrund" (Forschungsgruppe Migration, Integration und interethnisches Zusammenleben). Arbeits- und Interessenschwerpunkte: Mi-gration, Schule, Bildung, Ausbildung, Gender.

Inken Sürig, Dr. phil., seit 2007 wissenschaftliche Mitarbeiterin in verschiede-nen Forschungsprojekten zu Migration und Bildung am Institut für Migrations-forschung und Interkulturelle Studien (IMIS) sowie seit 2012 am Lehrstuhl für Mikrosoziologie und qualitative Methoden der Universität Osnabrück, studierte Internationale Migration und Interkulturelle Beziehungen (IMIB), Ethnologie und Afrikanistik in Osnabrück und Leipzig. Aktuelles Forschungsprojekt zur „Analyse des Übergangs von der Schule in den Beruf in Niedersachsen". For-schungs- und Arbeitsschwerpunkte: Migration, Bildung und Ausbildung; soziale Interaktion, Interaktionsordnung und Interaktionssysteme; qualitative Methoden der empirischen Sozialforschung.

Yunus Ulusoy ist Wirtschaftswissenschaftler und wissenschaftliche Mitarbeiter der Stiftung Zentrum für Türkeistudien und Integrationsforschung (ZfTI) in Es-sen und dort verantwortlich für wirtschafts- und arbeitsmarktorientierte Integra-tionsprojekte. In dieser Funktion leitete und koordinierte er diverse zielgruppen-spezifische Projekte im Bereich der lokalen Ökonomie, der ethnischen Ökonomie und des Arbeits- und Ausbildungsmarktes. Er ist zugleich Ausbilder im ZfTI. Zu-dem gehören die Türkei-EU- bzw. Türkei-Deutschland-Beziehungen und die In-tegrationspolitik in Deutschland zu seinen weiteren Arbeitsschwerpunkten. Seine Publikationen befassen sich schwerpunktmäßig mit Fragen der wirtschaftlichen Integration der türkischstämmigen Bevölkerung in Deutschland, der deutsch-tür-kischen Beziehungen und der türkischen Migrationsgeschichte in Deutschland.

Dr. Anne-Kathrin Will studierte Europäische Ethnologie und Kulturwissen-schaften an der Humboldt-Universität Berlin. Im Anschluss setzte sie an der TU Dresden zwei multizentrische Studien zu posttraumatischen Belastungsstörungen bei Personen aus dem ehemaligen Jugoslawien um. Danach arbeitete sie zwei Jahre in der wissenschaftlichen Politikberatung in den Themenfeldern Benachtei-ligtenförderung und Gleichstellung. Sie promovierte berufsbegleitend von 2006 bis 2009 über traumatisierte bosnische Bürgerkriegsflüchtlinge in Berlin. Seit 2009 ist sie in der Geschäftsstelle des Sachverständigenrats deutscher Stiftungen für Integration und Migration tätig und unter anderem für die Umsetzung und Auswertung des Integrationsbarometers zuständig.

Maren Wilmes, MA und Dipl.-Sozialpädagogin (FH), seit 2008 wissenschaftliche Mitarbeiterin am Lehrstuhl für Soziologie/Methodologie interkultureller und interdisziplinärer Migrationsforschung des Instituts für Migrationsforschung und Interkulturelle Studien (IMIS) der Universität Osnabrück, studierte Internationale Migration und Interkulturelle Beziehungen (IMIB), Soziologie und Erziehungswissenschaften sowie Soziale Arbeit in Osnabrück und Eichstätt. Projektkoordination des deutschen TIES-Teams. Forschungs- und Arbeitsschwerpunkte: Irreguläre Migration, Organisationen und Migration, Bildungsprozesse der zweiten Generation, Integration in Kommunen, Methodologie interdisziplinärer Migrationsforschung. Dissertationsprojekt zum strukturellen Wandel in Gesundheitsämtern durch unversicherte Migranten.

Cengiz Yildirim, M.A. Studium der Politikwissenschaft und Öffentliches Recht an der Universität Trier. Seit 2010 arbeitet er im ESTA-Bildungswerk und ist im Modellprojekt FIBA -Förderung in Berufswahl und Ausbildung in Dortmund tätig.

The manufacturer's authorised representative in the EU is Springer
Nature Customer Service Centre GmbH, Europaplatz 3, 69115 Heidelberg,
Germany. If you have any concerns regarding our products, please
contact ProductSafety@springernature.com

Printed and bound by CPI Group (UK) Ltd, Croydon, CR0 4YY
27/04/2026
02097660-0001